大展好書　好書大展
品嘗好書　冠群可期

大展好書　好書大展
品嘗好書　冠群可期

武學釋典：22

神運無方
太極拳論秘譜匯宗

何欣委　編著

大展出版社有限公司

一代宗師張三豐先生自畫像

郝和珍藏本
老三本

《郝氏太極拳譜》

《永年太極拳譜》

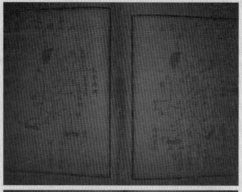

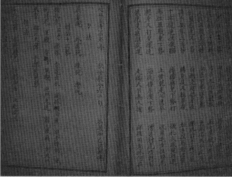

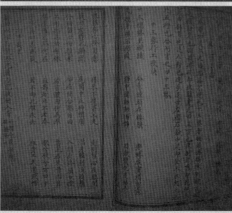

馮超如手抄李亦畬老三本拳譜

手抄拳譜《太極拳述要》

言傳已

民國三十五年歲次丙月十六日兩道人撰

楊氏太極功

第一節　上肢部

第一段

一　運手　二　推掌

三　雲子　四　單揮

第二段

太極拳用法八字秘訣

擎、引、鬆、放、敷、蓋、對、吞。

練功必要

內三合

心與意合、意與氣合、氣與力合。

肩與胯合、肘與膝合、手與足合。又掌拳
肘在施、脇肩胯合、手與足上下九節勁。
分明須知曉，緩與嫩氣，出身心，
動靜多端，虛實分定，有動即有靜而靜即
有動，有虛即有實，有實即
有虛，有遠即有近，有上即有下前

弓前搓伸　四　左右踢脚

第八段

一　左右金雞　九　右左蹬脚

弓左右偏踩　四　左右擺蓮

楊氏太極拳式名稱

一段　步捶式

單边　攬雀尾

提手上势

白鶴亮翅　摟膝拗步

手揮琵琶势

搬攔搥步

武匯川版《太極拳譜》

北平武匯川先生校閱

太極拳譜

上海匯川太極拳社出版

輪□知單輪。

楊露禪老先生語

形胎化。嘗罔結。勸罔變。變胎化。

又曰。太極長拳兩。無間斷無聯綿。

靖若活動。一家。無間變化海浤浤。若壯子方在浤浤。嘗

又曰。拳勢叶食飯。扁鵲前臨師。上下九原氣。

行拳歌

掤履擠按須認眞。上下相隨人難進。任極以力來打我。牽動四兩
撥千斤。引進落空合即出。粘連黏隨不丟頂。

又曰。彼不動。己不動。彼微動。己先動。勁似鬆非鬆。將展未

太極拳譜　　七

展。勁斷意不斷。

太極拳式

攬雀尾。單鞭。提手上式。白鶴亮翅。摟膝拗
步。手揮琵琶式。搬攔捶。如封似閉。十字手。
抱虎歸山。攬雀尾。斜單鞭。肘底看捶。左右
倒攆猴。斜飛式。提手上式。白鶴
亮翅。摟膝拗步。海底針。扇通臂。翻身撇身捶。上步搬

木極拳譜　　八

驗。點頭勢式。提手上式。白鶴亮翅。摟膝拗步。海底針。扇通臂。
雲手。轉身白蛇吐信。上步搬攔捶。攬雀尾。雲
左右分腳。轉身蹬腳。左右摟膝拗步。進步栽
捶。翻身撇身捶。載身二起腳。飛腳。打虎式。雙風貫
耳。披身踢腳。轉身蹬腳。上步搬攔捶。如封似
閉。十字手。抱虎歸山。斜單鞭。七星跨虎。
轉身擺蓮。彎弓射虎。

太極實利式

三通背。大攬星。左攬雀。右攬雀。
入攬。雲絡堵雲。黃蜂入洞。右旋風。左旋
風。等魚式。撲撈蕎蛇。烏龍攪尾。鳳物

太極拳譜　　一

後。有左卽有右。如意要向上。卽寓下意。若將物掀起而加以挫
之之意。斯其根自斷。乃之速而無疑。虛實宜分清楚。一處自
有一處虛實。處處有此一虛。虛實貫串。毋使絲毫間斷
耳。

技擊者。如長江大河。滔滔不絕也。十三勢者。掤履擠按採挒肘
靠。此八卦也。進步退步左顧右盼中定。此五行也。掤履擠按。
即乾坤坎離四正方也。採挒肘靠。即巽震兌乾四斜角也。
進退顧盼定。即金木水火土也。合之則爲十三勢也。

山右王宗岳先生太極拳論

太極者。無極而生。動靜之機。陰陽之母。動之則分。靜之則

太極拳書　　二

《李氏太極拳譜》

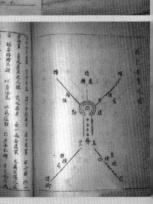

序

太極拳為我國最為著名的內家拳之一，具有極好的養生與技擊效果。其既是拳術，又是道功，歷來為武術愛好者、文人乃至道門中人所喜愛，時於今日，更成為大眾養生健身之法寶。

太極拳源自太上玄門，肇始於三丰祖師，流傳於陳家溝，後經楊露禪宗師弘揚於京師，始廣為世人所知。其後再經武禹襄、李亦畬二位宗師發明理法，可謂圓滿無暇。

太極拳傳承至今，已有數百年之歷史。在漫長的傳承發展過程中，形成了陳、楊、武、吳、孫、趙堡等眾多流派，其派別、架式雖然眾多，但莫不遵循「以柔克剛、運柔成剛」之理，這其中太極拳論的導向作用是顯而易見的。

試觀各派太極，從其淵源流別上可以看出太極拳的形成、演化過程。陳式太極是較為古老的一個流派，依然保存著大量少林和長拳的影子，比如震腳、跌叉、躥蹦跳躍等，體現了中國武術由外家向內家的過渡狀態。這是太極拳形成和發展的第一個里程碑。

楊式太極拳，源於陳式太極，經過三代人的傳承、定架，形成了注重鬆沉、舒展、綿柔的特點，其行功平緩、勻速，勁力如綿裹裹鐵，且剔除了跳躍、震腳等外形較為剛猛的動作，改大槍架為虛實相間的虛步與弓步，邁步如貓行，可謂太極拳發展的第二個里程碑。

武式太極拳，則素以法度嚴謹、架式小巧、轉換靈活、外小內大著稱，較之各家太極，更注重理論之參究，例如傳世之《十三式行功要解》《太極拳解》《十三勢行功心解》《五字訣》《撒放秘訣》等，皆出自武、李之手。武式太極對於太極拳理法之完備，可謂厥功甚偉，是太極拳發展的第三個里程碑。

其後，再由楊式太極演化出偏於柔化的吳式太極拳，由武式太極拳演化出融太極、八卦、形意為一體的孫式太極拳，太極大家庭可謂百花齊放，百家爭鳴。

在太極拳數百年的演變中，各派歷代宗師留下了豐富的拳理拳論著作，其文約、其義深，且多為經驗之談，可謂研習太極之寶貴教程。然各家拳論歷來散見於各類書籍而少見匯集，實不便太極修行者查閱、研修。

今有武式太極拳葛順成一脈之門人何君欣委，匠心獨具，以大願力，歷經數載，收集太極各派之拳理、拳論善本、古本，復歷數月之善巧匯集、嚴謹校對，修正其中舛誤，始成今日之《太極拳經秘譜匯宗》《太極拳論秘譜匯宗》和《太極拳解秘譜匯宗》三部曲。此三部曲，可謂將民國至新中國建國以前之各派拳論著作收羅殆盡，堪為太極拳之百科辭典。

何君欣委，治學嚴謹，其於道學、佛學乃至易筋洗髓經皆有較深研究，此次彙總之歷代《太極拳經、論、解秘譜匯宗》，則更顯其修為。此三部曲，既可作為太極愛好者練習之理論依據，又可成為太極研究者收藏研究之寶貴資料。是書之出，或可成為太極愛好者人手一本之必備參

考書。

　　最後，希望此三部鴻篇巨著能為廣大太極愛好者帶來幫助，為太極拳界添一異彩。是為序。

　　　　　武式太極拳第六代傳人
　　　　　程氏八卦掌第七代傳人　　楊光（理賾）
　　　　　全真龍門伍柳仙宗傳人

自序一

　　術可傳乎，必得之於明師，身教言傳，庶幾可得其真意。藝可成乎，必勤於苦練，方可如春起之苗，未見其增，日有所長。道可證乎，必印之於先賢，按圖索驥，理法方可通融無礙，不至於趨入旁徑。

　　太極拳者，體陰陽，運五行，察八卦，順乎自然之理，合乎虛無之妙，後天逆運，返乎先天之神技也。歷來皆口授身教，罕有文字問世。竊察其因，則有二端：其一，歷來習武者少能通文，是以雖心中默識，下筆則難以成文，故無法言其精微，此其一也；另古人保守，惜藝如金，拳論乃先賢畢生之心得，非遇載道之器則不輕易示人，知音者稀，自然傳之不廣，此其二也。

　　如是者，斯技拳論歷來皆罕有傳播者，及至武派太極開山祖師武禹襄先生將得之舞陽鹽店之王宗岳拳論公之於世，方是太極拳有系統文字之始，亦造就了太極拳別開生面之春。

　　考武禹襄宗師乃學富五車之飽學之士，喜文更好武，先得趙堡陳清萍授以真訣，同時又參以王宗岳拳論遺文，潛心默識，孜孜以求，精研斯技，融而化之，功夫遂臻入化境，終成一代太極宗師。是以效仿先賢，將一生精研之心得撰以成文，流傳後世，可謂厥功至偉也。後習太極者，不論門派，均將其拳論奉為圭旨，研而習之，寶而珍之。宗師後傳之李亦畬、李啟軒諸公則接續其道脈，進一

步對拳論擴而充之，增演妙諦，以廣流傳。而其他各流派宗師亦多有拳論傳世，殫精竭慮，闡述斯技之精微，各有得力，功莫大焉。

拳論乃前輩先賢一生體悟之結晶，歷代宗師結集時無不精益求精，字字珠璣，點滴均從身體力行中感悟而來，可謂慎重至極，無一浮詞，是以一字不可妄加，一字不可妄改。吾遍觀坊間諸譜，亥豕魯魚，錯訛百出者有之，次第顛倒者有之，胡亂竄改者有之，是以碎金珠玉難成牟尼寶珠一串。殊不知，技藝之精微妙義，差之雖毫釐，失之已千里，可不謹而慎乎？

無奈年代久遠，原傳譜文在歷代傳抄授受中均有散失，欲求其正，何其難也。但若順其自然，長此下去，歷代先賢凝聚心血之精論，必將愈傳愈歧，最終會流散於無，誠可惜也。

有鑒於此，愚不懼資質魯鈍，廣搜各派秘譜，並參以坊間流傳之較精版本，相互比對參照，改其錯訛，釐其次第，經數月精校，終至雅而可觀，特結集成冊，出版印行，以永流傳。得斯譜加以勤學善悟，則如有祖師親授，按圖索驥，潛心默識，理法並舉，日久功深則必臻大成，斯不負歷代宗師之拳拳苦心於萬一。是為序。

武式太極拳第六代傳人
達摩易筋洗髓經內功傳人　　何欣委

自序二

　　歷時三年，此套太極拳經、論、解叢書終至彙集成冊，蔚然可觀，作為一個太極拳的傳承者和習練者，想到能為太極拳的發展做出自己力所能及的微薄貢獻，心中甚感欣慰。

　　中華武術，博大精深，門派林立，各有千秋，武林中人對本門功法大多皆諱莫若深，秘而不宣，但隨著時代的進步、資訊的發達，人們的保守意識也已逐步放開，很多以前只在門內秘傳的拳論，如今則大多得以公開流傳於世，此乃思想進步之徵也，更是太極拳發展之大幸也。

　　傳統文化的傳承最貴得真，最宜廣傳，而一門武學精髓的體現主要就是其核心指導思想，用現代的話來說，也就是武學的 DNA，這也是作為一門武學的最核心特質。而保持 DNA 的純正，須具備正知、正見、正信，也只有在這個大前提下所產生的理論方可稱其為正論，也就是所謂的拳論。

　　拳論，是一個拳種的理論指導核心，因其立意於實用，立言於心得，是以皆言簡意賅，不尚浮誇；而其內容則微言大義，無一浮詞，皆自身體力行中感悟而來，其對後學之指導作用則更非淺鮮，頗類禪宗之當頭棒喝，具有明心見性之功效，所謂得其一而萬事畢也。精研拳論，身體力行，日久功深，則頓悟全旨，而收事半功倍之效，自不易誤入旁徑，此即謂得其真傳正法也。

太極拳作為一門特別注重理論參究的拳種，其理法基礎根植於我國傳統文化的沃土，契合傳統文化中的天人合一、陰陽、五行思想，特別和道家思想有很深的淵源，其內涵豐富、深遠、博大，涉及到傳統哲學、心理學、生理學、力學、醫學、運動生理學、物理力學等學科。

由於其理法過於細膩精微，學人初次接觸則多有高山仰止之感，所以一直以來太極拳都是非常難學的一個拳種，既需要明師指點妙竅，同時還須具有極高的悟性，再加以勤學善思、潛心揣摩，朝夕悟於心、體於身，行持無間，體用俱化方可克臻大成，殊為不易。

而筆者則認為，其難學之處，主要在於觀念，而非拳術本身。蓋因其拳理多與人慣有之思維行為相左，如「捨己從人」「以弱勝強」「無中生有」「無為而為」「隨人不隨己」「柔軟勝堅剛」等理論，初看多覺矛盾重重，不知所云，對於人們已建立的知識參照系來說，是一個具顛覆性的理念衝擊和全新的身心體驗，所以很難讓學人一學即曉，當下即悟。

此外，太極拳作為中華文化之瑰寶，其理法則完全體現了中華文化之內涵，其與道家文化水乳交融，與《道德經》以及一些佛家經典亦多有相契，因此對於學人的傳統文化修養要求較高，此亦其難學之處也。

對於廣大學習太極拳的學者來說，要想體悟太極拳之真意，必須要特別重視理論之參究，習拳即是悟道的過程，思想的超脫和轉換非常重要，只有悟道與學拳並舉，方可事半而功倍。所以在習練太極拳時，自身觀念的轉

變，以及對自我的揚棄，思想認識的再造和昇華，身、心、靈的蛻變和轉換，精、氣、神的凝聚和收放，內心的歷練和成熟，均是每日修練之功。可以說習練太極拳就是一個自我身心的再造工程，而太極拳之所以為世人所喜愛，其魅力亦在於斯。既如此，其歷代先賢用心血經驗凝煉之精論，豈可忽哉？豈可不參哉？

縱觀我們身邊的太極拳練習者，很多人都是捧著似是而非的理論，或是混合著外家拳的觀念來習練內家拳，看著外形雖然是太極，而其路數則完全與太極毫無關涉；我們再看看各類太極拳的交流活動中，很多習練者所謂的推手，看起來簡直可以說是摔跤不像摔跤，柔道不像柔道，一個個如頂牛式的對抗拉扯，哪裏還能看到一點點太極拳應有的「沾、黏、連、隨」「引進落空」「四兩撥千斤」這些特質？所看到的都是「頂、匾、丟、抗」「斷、接、俯、仰」，舉動間更是毫無太極之拳意，一門技藝，若其理法不正，則失之真傳亦已遠矣。

筆者目鑒於此，實感憂慮，若長此下去，太極拳這一門精妙的武技也必將會隨著時間的推移而名存實亡。誠然，造成這些情況的原因很多，但我想主要還是因為隨著如今社會經濟的高度發展，人們生活節奏的加快，人心亦大多趨於浮躁，很少有人能夠沉下心來、平心靜氣地去參究拳論，體悟拳理故不能領受祖師之教義，而迷失本真，失其根本而流於枝葉，以致於造成如今太極拳發展之種種現象。正所謂「操練不按體中用，修到終期藝難精」，「武藝雖精竅不真，費盡心機枉勞神」。內家拳首重理法，理

法不明，則練拳必然走偏，所謂差之雖毫釐，謬之已千里萬里矣。

所以，此套太極拳經、論、解叢書的出版，可以在很大程度上使這些問題得到有效的解決。讀者只要能悉心研究和體認先賢之精論，悟於心，體於身，則如有祖師親授而收事半功倍之效，從而能夠更好地領會到太極拳之真傳妙諦，扶危救偏，樹立正信、正知、正見。

我們有理由相信，此套太極拳經、論、解叢書的出版，對於太極拳的傳承和發展都將會起到積極的促進作用，而太極拳這一凝聚歷代宗師智慧和心血的優秀的拳種，也必將隨著人們對先賢拳論、拳經的重視和研究而重放異彩，繼而發揚光大，使太極拳這一精微妙技，在新的歷史發展時期，煥發出勃勃的生機，從而更好地為習練者的健康服務，造福於全人類，光耀於全世界。

武式太極拳第六代傳人　　　何欣委
達摩易筋洗髓經內功傳人

內 容 簡 介

本套叢書共三本，分為經、論、解三編，分別是《妙諦傳心—太極拳經秘譜匯宗》《神運無方—太極拳論秘譜匯宗》《微言大義—太極拳解秘譜匯宗》。

○經

所謂經，路徑也，方法也，規矩準繩也。此編主要匯集了太極拳歷代宗師所傳承授受之口訣秘譜，其內容大多言簡意賅，而其意蘊則微言大義，理法兼備；斯編廣納博收，抉微索引，所集內容之廣，前所未有。

此編命名為《妙諦傳心—太極拳經秘譜匯宗》。

○論

所謂論，論述也，闡發也，引申也。此編主要收錄了各派名家對太極拳之理法、體用所闡發的論述，這些精闢的論述均自實證實修、身體力行而來，乃歷代宗師一生經驗之結晶，可謂是字字千金，彌足珍貴；這些太極拳精論，對於廣大的太極拳愛好者來說，必將有醍醐灌頂、提攜引路之真實妙用。

此編命名為《神運無方—太極拳論秘譜匯宗》。

○解

所謂解，分解也，釋義也，乃先賢對拳經之解悟也。

歷代傳承之拳經、拳論，大多皆言簡意賅、直指真詮，其中之微言大義不經解釋，後學難明；但未經證悟，所解又未必得真，很多時候僅從文字義來理解，不一定即是太極之真意。本編匯集之拳經論解，皆是歷代公認之太極拳宗師所闡述，以求其符合正知、正見、正論之訴求。

此編命名為《微言大義—太極拳解秘譜匯宗》。

意 義

○ 理法共參

該套太極拳經、論、解彙集，三編一體，層層遞進，從點、線、面、體，多角度，分層次立體來解構太極拳的核心修練秘旨，使太極拳之理、法、訣、用，皆可由本套叢書得以全景式的立體呈現，從而還原太極拳之本來面目；使廣大太極拳愛好者，有理可循，有法可依，有據可查，在日常練習中不至於矇昧無依，趨入旁徑。

另外，此經、論、解三編，雖為一體，但各有側重，分別從不同角度深入剖析太極拳之理法、練法、修法，使之顯明而直指，澈見其本體。同時，將各派先賢之拳論匯集一編，亦可供讀者逐一進行比對研究，互參互證，使太極拳之核心內涵更加見幽顯微、透徹明晰，可謂是法訣俱全，真機畢現，實乃日常必備之資料，堪為習拳悟道之圭旨。

○ 挽救資料

此套太極拳經、論、解叢書，抉微索隱，勾沉起軼，將散在各個論著裏的歷代太極拳宗師拳論均進行了細緻入微的整理分類，匯集為三冊；通過條分縷析的分類匯集整理，使歷代先賢之拳論資料得以眉目分明，理法兼備，顯明而直指，讀者無論是查閱檢索抑或是研究參悟，均可展

卷而盡覽，一目而了然。

其次，從保護傳統文化的角度來講，此經、論、解三編將歷代宗師之拳論整理匯集成冊，可以在很大程度上有效地挽救和保存歷史資料，使這些珍貴的太極拳文字資料不至於隨著時間的久遠而散失，這也是太極拳在傳承發展過程中非常迫切的一件現實工作。

所以，整理和匯集前賢之精論，對於太極拳文字資料的歷史留存，刻不容緩，意義重大。

結　語

　　中華武術，博大精深，源遠流長，雖門派個別，但均各有得力。而太極拳作為一門內外兼修、煉養結合的優秀拳種，其拳理根植於我國傳統文化的沃土，伴隨著歷代前賢的傳承發揚，業已成為我國傳統文化的重要組成部分，一直以來都深受各界人士所推崇和喜愛。其影響力之巨，適應人群之眾，傳播範圍之廣，可謂古今罕見，如今更是作為中華傳統武術的代表拳種，早已走出國門，廣泛傳播於世界各地。

　　縱觀歷史，任何一個拳種，能夠經受住歲月的洗禮而流傳下來，最終成為一個知名的武術流派，最重要的根源和核心就是其背後的理法體系。而其理法體系的形成，不僅僅取決於修練者的勤學苦練，更體現在修練者對這門武學的體認經驗與專業素養，並在此基礎上不斷地提煉總結，繼而才能形成一套針對這一拳種的正確理論體系，並以此為基，最終濃縮為可堪參考借鑑的拳論。

　　然而，隨著時代的變遷、歷史的久遠，太極拳這一優秀的拳種，和其他拳種一樣，在其傳承接續的過程中，也逐漸偏離了其固有的發展軌跡，以至形成如今門派林立、拳架萬別、理法蕪雜之局面。

　　究其原因，固然有其歷代傳承接續過程中保守的一面，更多的則是一直以來其正確的理論體系，大多僅流傳於門內師徒之間的身傳口授，很少見諸於文字，即或有，

亦皆深為秘惜，外人則更是難得一窺，是以碎金珠玉，難成牟尼寶珠一串。

　　而在傳承接續的過程中，大量的先賢精論亦多有散失，以致於造成如今太極拳的發展似已進入了幾乎停滯不前的狀態：既無繼承，更無發展，雖愛好者眾，但大多僅流於枝葉而失其根本，漸迷其宗，漸失其真，只知其養生之效，而不知其搏擊之功，更難窺其入道之門。

　　而筆者則認為，聖人無二心，太極無二道，天下太極是一家，本無二無別。所謂分別者，後人之錯用心也。理法蕪雜，必然會造成學藝不精。習拳者若其武學思想不能與祖師之論心有相契，則必難得真，所得亦必非正法，正所謂差之雖毫釐，謬之已千里也。

　　而現今去古聖甚遠，又何以求其正呢？愚以為，自然應是以古聖先賢之語言為綱，字字體貼，細心體悟，以理指導其練，以練體悟其理，庶不至失其真蘊。

　　基於此，筆者承擔起了匯集整理歷代太極拳宗師經、論、解之重任，利用如今資訊發達的便利條件，廣納博收，抉微索引，釐其次第，證其錯訛，匯為三編，以為廣大太極拳愛好者參考學習之助，亦為防止這些珍貴歷史資料的散失，維護和挽救傳統文化的傳承接續，盡一點微薄之力。

　　整理匯編此套叢書，工程可謂異常龐大，要從浩如煙海的前賢著作中，釐出其精華，校正其錯訛，其所涉資料之多，錄入工作之繁重，所費精力之巨，實非常人所能感受。有幸的是筆者在整理此書過程中，得到了很多熱心朋

友的無私幫助，才使得錄入工作變得輕鬆一些。在此書即將付梓之際，特對幫助過我的這些朋友致以誠摯的感謝！

他們（所列名字不分先後）是：江蘇無錫：陳道忠，浙江寧波：聞捷，湖北恩施：程鑾，湖南株洲：文志華，山西大同：陳越，四川自貢：林邦鑫，上海：徐強，杭州：唐諍皓，江西吉安：陳小鴻，湖南永興：周和平，浙江金華：盧金龍，廣東：李春霖、李金霖，武漢：楊帆，廣州：楊鎮澤、馮文斌，四川宜賓：余成，河北保定：李佳佳，上海嘉定區：王永保，合肥：張智勇、吳強，長春：劉興鵬，河南南陽：賈國棟，江西贛州：郭小林，河北：張立強、孫利民、王崢，以及網友 sufu、隨風巽、素風、浪打雲等。

另外，在這裏也要特別感謝我的太極拳授業恩師宋保年先生，感謝他一直以來對我的辛勤教誨，也正是由于先生的悉心傳授，才使我得以一窺太極拳之真傳正法。從先生所學，收穫良多，概難言表，值此書出版之機，特致銘謝！

匯 集 說 明

1. 此套叢書廣納博收，收錄範圍從晚清民國跨越至新中國成立以前，是目前所見到的太極拳出版物中內容最系統、收集最完善的太極拳經、論、解匯編叢書。此套叢書的出版發行，無論對於太極拳習練者和研究者來說，都是非常實用的日常必讀叢書和學習參考工具書。

2. 為保證本套叢書的含金量，其所收內容皆是歷史上公認之太極拳名家論述，均為正知、正見、正論。若讀者悉心鑽研，加以勤學善悟，則如有祖師親授，自可得窺太極之真諦。

3. 本套叢書所收資料中，很多都是以前拳家秘而不宣之門內傳抄秘譜和資料，且不少資料都是首次公開，極富歷史價值和學術研究價值。

4. 本套叢書將歷代太極拳宗師之論述分為經、論、解三編，層層遞進，體用皆賅，條分縷析，理法兼備。使歷代散於各類資料中的太極拳經、論、解，均得到條理化、系統化的全景呈現，讀者無論是查閱抑或是參考學習，均會大有助益。

5. 為了不悖原著之本意，對於一些古體字和異體字，則儘可能不做修改，以求不失其原意，但對於一些已經形成約定俗成用法的字，則做了一定的修改，如「著」同「着」、「劢」通「勁」、「體」通「体」，有心之讀者可比對參考研究。

6. 1949 年以前之拳家，大多誠篤務實，不重名利，亦肯平心下氣地踏實練功，所以其拳論、拳理大多從身體力行中感悟而來，立足實用，不尚浮詞。所以本套叢書大多以選擇 1949 年之前的太極拳家論述為主，以求達到使讀者能夠真實受用之目的。

7. 對於一些有爭議的優秀拳論，本套叢書則不設立場、不涉考據，秉承「依法不依人」的宗旨，只收錄其內容，不參與發表過多的個人立場和看法，僅在拳論之後做出特別說明，以利於讀者自行瞭解辨析。

8. 太極拳論過去大多在門內以手抄本的形式流通，輾轉抄寫，其間錯訛實在所難免，對於一些難以定奪孰對孰錯之字，均在其後括號內附有其他抄本之對照文字，以利讀者對照參考研究。

9. 本套叢書為了更加便於讀者參研，雖在部分內容上按派別來分卷，但在收錄立場上則本著不分派別、天下太極是一家的原則和共參共融的理念來進行匯集整理，所以只要是有深度、有見地的優秀拳論，均予收錄，以求其內容之精博。

10. 本套叢書雖經筆者嚴謹校勘，但限於客觀條件和本人的學識水準，加以手頭可供查閱資料的不足，所以在匯集整理的過程中，難免會有各種各樣的錯誤，敬請廣大讀者朋友予以批評和指正，以利於再版時改正，以臻完美。

目　錄

第一卷　太極拳之益 ·························37

太極拳之意義與優點 / 李先吾 ·····················38

談太極拳之養身 / 董英傑 ·························42

太極拳能卻病延年 / 董英傑 ·······················43

太極拳之與養生 / 陳炎林 ·························45

太極拳之與靜坐 / 陳炎林 ·························47

論太極拳在體育上之價值 / 胡樸安 ·················50

太極拳與生理衛生 / 吳志青 ·······················57

太極拳有卻病延年之功及變化氣質之妙 / 吳志青 ········59

太極拳之意義 / 田鎮峰 ···························61

太極拳之功效 / 田鎮峰 ···························62

太極拳與各種運動之比較 / 陳志進 ·················64

太極拳之品格功用 / 陳志進 ·······················68

健康與武術 / 樂宣 ·····························70

練太極拳之效益 / 陳微明 ·························74

第二卷　太極拳之論 ·····································77

太極拳發微 / 徐震 ·······································78
太極徑中徑 / 向愷然 ·····························92
武藝偶談 / 黃元秀 ·······························106

第三卷　太極拳之理 ·····················117

太極拳論四篇 / 劉光斗 ·····················119
　太極拳內功精解 ·······························119
　太極門精到的堂奧 ·························121
　太極門堂奧的質難 ·························123
　內功要旨 ···123
董英傑論太極拳 / 董英傑 ···············125
　大小太極解 ·····································125
　太極虛實之解釋 ·····························125
　太極弓腿、坐腿之解釋 ···············126
　太極拳經驗談 ·································126
陳炎林論太極拳 / 陳炎林 ···············131
　論意與氣 ···131
　太極拳中氣之呼吸及運氣法 ·······133
　十三勢解 ···136
　太極拳中節拿抓閉解 ···················137

吳志青論太極拳 / 吳志青……………………… 138

　力與勁………………………………………… 138

　沉、長、快…………………………………… 139

　中心與重心…………………………………… 143

　六合三摧說…………………………………… 145

拳術傳薪錄 / 向愷然…………………………… 146

第四卷　太極拳之體 ……………… 167

太極拳之體用論 / 楊澄甫………………………… 169

太極拳之練習談 / 楊澄甫口述,張鴻逵錄 ……… 172

太極拳術十要 / 楊澄甫口述,陳微明筆錄………… 175

太極拳口訣秘傳（附序及按語）/ 鄭曼青………… 180

練習太極拳的要點 / 葉大密……………………… 188

習練太極拳之要點 / 李先吾……………………… 194

太極拳之要義 / 李先吾…………………………… 197

太極拳練法要領 / 董英傑………………………… 202

學太極拳之初步 / 董英傑………………………… 203

習太極拳之程序 / 董英傑………………………… 204

太極拳綱要 / 喻潤川……………………………… 206

練習太極拳之順序與經歷 / 陳炎林……………… 211

太極拳之腰腿 / 陳炎林…………………………… 221

太極拳體用論解 / 陳微明………………………… 223

太極拳練法的十二個基本要則 / 卞人傑 …………………… 237

練太極拳之經驗 / 向愷然 …………………………………… 258

第五卷　太極拳之用 …………………… 285

太極拳械要義 / 陳炎林 ……………………………………… 285

　太極劍 …………………………………………………… 285

　太極刀 …………………………………………………… 286

　太極扎桿 ………………………………………………… 288

　太極散手對打 …………………………………………… 293

太極拳之體用論 / 黃元秀 …………………………………… 294

　練拳次第方法及用法 …………………………………… 294

　漫談推手之練法用法 …………………………………… 300

　大捋 ……………………………………………………… 306

　散手 ……………………………………………………… 307

　練勁 ……………………………………………………… 308

　比試 ……………………………………………………… 310

推手八法名稱釋義及其應用 / 李先吾 ……………………… 311

論太極拳推手術 / 許禹生 …………………………………… 315

推手術八法釋名 / 許禹生 …………………………………… 316

太極拳應用推手 / 許禹生 …………………………………… 319

太極拳原理 / 喻潤川 ………………………………………… 325

楊氏太極拳每式用法 / 喻潤川 ……………………………… 329

太極拳之體用詳解 / 金倜生 ………………………………… 340

練習太極拳之預備……………………………… 341

外部動作之預備練習…………………………… 342

內部運化之預備練習…………………………… 347

練習太極拳之注意點…………………………… 349

太極拳之體用答問／陳微明…………………… 354

太極拳之單式練法……………………………… 354

太極拳之推手…………………………………… 361

太極拳之散手…………………………………… 370

第一卷　太極拳之益

◆ 李先吾

　　1906 年出生，廣東南海人，民國十八年曾創辦兩廣國術館，其他生平事蹟不詳。

　　李先吾之太極拳師承劉鳳山（字彩臣）先生，劉鳳山先生則為吳式太極拳名家吳鑑泉之弟子。但觀李先吾先生之拳架則與吳式太極拳風格迥異，蓋其拳當為劉彩臣先生學自宋氏碩亭（宋書銘）之「三世七」太極拳也。

　　民國二十二年（1933 年）六月，李先吾先生出版了專著《太極拳》，其書內容簡明扼要，無一浮詞，論述亦多有精到之處。尤其珍貴的是，此書第一次讓世人瞭解到了宋書銘所傳之「三世七」太極拳的全貌，可謂彌足珍貴，是一份很值得研究的太極拳資料。

太極拳之意義與優點

◆ 意　義

　　太極舉之動作，在表面觀之，似乎無力。其姿勢亦不及他種拳術表現生龍活虎之狀，其實不然，須知太極拳之用勁在內，姿勢順著勁道，合乎自然之理，且運用圓活，如環無端。故每式皆含一圓形。其象似太極圖，其變化之處，亦與太極彷彿，故名太極拳。

　　至其作用，可以陰陽、動靜、剛柔、進退喻之，精微異常，非筆墨所能形容得出。

◆ 優　點

　　太極拳之優點甚多，今舉其大者言之。

1. 反弱為強

　　體質羸弱與懷有疾苦者，習太極拳後，宿疾脫體，精神健旺，顏色光潤；無論肺病、咯血、胃病、不能飲食、遺精、痔瘡、頭痛、頭暈、手足麻木、肺、胃氣痛，種種沉痾，練太極拳後，莫不霍然！

2. 時間經濟

　　初習太極拳者，演式較速，約十分鐘即演畢一套；以後愈練愈精，演式漸緩，一套可演三四十分鐘。

　　初學者每日演兩三套，純熟後演一二套，需時一句鐘

（舊稱一點鐘）左右。即使事務繁多之人，亦可抽暇練習。

3. 金錢經濟

演習太極拳，不需購置器械，不用特製衣服，非若歐美式運動之耗錢。

4. 地方經濟

不需特別預備場所，在廳堂院落，隨處可以練習。

5. 發育平均

現代體育界上，最新之理論曰「身心合一」，即體魄與精神求同一之發育是也。如我國舊說之「存心養性」，孟子之所謂「養浩然之氣」，及近代之靜坐法，均可謂精神上之修養法。

普通一般操練，戶外運動，以及我國他種操練身體各法，均可謂為體魄上之鍛鍊法，未有能內外兼修如太極拳者也。

太極拳之運勁作勢，兼採心意作用，心意為主，而運動筋肉；意至之處，氣與力二者自附麗而行，由中達外。如善文者得心應手，善書者意在筆先；不僅運動外部之隨意筋，即內部之不隨意筋如心腎等臟，亦可獲運動之效；其餘循環系、呼吸系、神經系等更無論矣。

6. 修養精神

此拳以意作用，運動筋肉，發達人身固有之良知、良

能。更由二人推手法，磨鍊筋肉，增進感覺、觸覺，能於鍛鍊筋肉之外，兼練精神，堪稱知覺運動，非機械之運動可比。

7. 增進智慧

體育固以健其體魄，亦須兼顧德、智二育，否則徒養成粗暴魯莽之人物，於社會上無所補益。

太極拳之用勁作勢，暗合於幾何、動力、心理、衛生諸學，有科學之價值。本科學而研究講習，則思考力莫不發達，智慧因之而自增，理解因之而日敏。

8. 陶冶性情

太極拳以柔靜為體，剛勁為用。習之者心氣平和，絕無浮躁習氣；柔而能伸，剛而能禦。健全其精神，自無邪僻不正當之行為，乃無上修養，人格得以增進，道德可必增高，殆莫若此拳者。

9. 長幼咸宜

此拳運動調和，動作簡單，固合幼齡兒童之練習，而其意義深奧，恰合科學原理。倘分段練習，頗耐人尋味，雖終身亦不覺其窮盡也。

10. 適於應用

太極拳三十七式，雖一式有一式之用，然不專恃勢勝人，以制敵之勁為主。以柔制剛，以靜制動，以小力敵大

力，以慢敵快，考諸學理，亦無不合。轉制其力點，使敵力不能發展，並移其重點，使出身體以外，不能保持原來之位置，所謂因力於敵，以柔制剛也。

蓋敵力雖巨，按力學分力、合力之理，可以化之使為我用。考之幾何、動力諸學，大小輪周在同一時間，用同一之力運動，則其速度以輪輻之長短作反比例。太極拳以靜制動，實藉此理也。

◆ 董英傑

董英傑（1897-1961），太極拳名家，河北邢台任縣人。祖上務農，自幼聰慧，體弱好武。幼年曾向劉瀛洲習武，又曾師從李增魁學習「十三式」，並向被譽為「太極聖手」的武式太極拳名家李香遠學習拳藝，深得武式太極拳之精髓。後又拜楊澄甫為師，並成為其入室弟子，極得楊澄甫所識重，成為楊式傳人中代表性的人物之一，楊澄甫之《太極拳使用法》即為其輔助手編。

民國時期董英傑先生在南京打擂，打敗了英國拳王，從而威名揚天下。上世紀 30 年代，董英傑先生在香港創立了太極拳健身院，廣收港、澳弟子傳授拳藝，名聲顯赫。上世紀 50 年代，董英傑先生應邀前往泰國、馬來西亞、新加坡等地教拳授藝。

董英傑先生長期在香港、新加坡等地授拳傳藝，所傳

弟子更是遍佈世界各地。其子董虎嶺、其女董茉莉皆為太極拳界知名人士，並分別在美國、香港等地傳播太極拳多年，弟子眾多，在國際武術界亦影響甚大。

董英傑先生功底純厚，拳架氣勢飽滿，融合了楊式、武式太極拳之精華，行拳鬆柔而不失緊湊，氣勢宏大。

董英傑先生一生致力於太極拳的研究和教育，在技術上頗有創建，在太極拳之理論研究上亦獨有心得。著有《太極拳釋義》一書，更是受到了廣大太極拳愛好者的一致好評。

☯ 談太極拳之養身

人為動物，必須運動。太極拳運動，順自然，合生理，最宜於養身。

太極拳架子之首，有預備式，此式垂手自然直立，全身放鬆，將思慮狂想丟開，將工作勞碌忘卻；如將千斤重擔放下，心中安靜，腦部亦獲休息，其益為何如耶？及乎提手舉足，開始練拳，則一動無有不動，全身骨節，無有不舒暢者；全身筋絡，無有運動不到者。

首式攬雀尾，內含掤、捋、擠、按四法，轉身上右步，伸右手至前方時，為攬雀尾，不離鬆肩墜肘，氣沉丹田，尾閭中正，虛靈頂勁。上數句字面易懂，功夫實難。同志中不鮮能將字面解說明白，惟其功夫未必能與字面相符。尤恐拘泥不化，致以辭害意也。

若言實地功夫，譬如站定攬雀尾式，上步時間，腿分

虛實，步法為丁八步，鬆肩墜肘；鬆肩，肩處不用力；墜肘，非向下用力壓，只肘尖處略轉下而已。氣沉丹田，非小腹鼓勁呼吸，惟於腹臍下稍注意而已。又恐不明白涵胸拔背之真理，作成彎腰駝背之形，故又有尾閭中正原則，以校正之。本來涵胸即是胸部微微鬆動，後背自然稍微拔起。胸中不但微鬆，更寓有開合之意。練太極拳能醫療肺病、胃病者，要領在此而已。

練拳本來須慢須勻，恐因此無精彩，故又有虛靈頂勁，提起精神以輔助之，使練太極拳者，樣樣完善，全無缺點。張三豐祖師為人類身體健康謀幸福，可謂盡心竭力，無以復加矣。

☯ 太極拳能卻病延年

肥胖腹大之人，皆因欠缺運動，或純靠服食補品，以致脂肪積聚，肌肉內含水分過多。若每日練三套太極拳，即能將身上脂肪水分，連帶風濕，由毛管排泄而出，故肥者可以練瘦。

瘦弱者或面色萎黃之人，雖食補品而不能肥者，亦因欠缺運動，滋養身體不能吸收，隨腸走出，故雖食補品而無效。若能每日練三次太極拳，可使血脈流通。以心行氣，無微不至，猶如樹木將枯，每日用水滋潤之，即能漸復青蔥。練拳能悅顏色，助精神，減少疾病，增壽數十載，如此幸福，千金難買也。

人既運動，肌肉發展，血氣和緩，食品能滋潤身體，

故瘦能變肥；肥瘦之功，運動可以左右之。孟夫子云：苗之將枯（即如人枯瘦），天油然作云，沛然而雨（即如氣血潤身），苗勃然而興矣（即如人瘦將變肥矣）。

人之思慮多者，每易患血壓高或失眠症（即中醫謂之操勞過度）。思想即是意，血隨意行，時時刻刻，思想用腦，血隨意存留在頭上，即興頭痛頭暈，猶如膠管裝水過多，即生危險。血即偏聚頭上而心血少，心即跳動不安，遂致晚上失眠。

患此症者，宜用輕鬆方法練習，氣沉丹田，意往下行，將頭上存留過多之血，跌散於四肢，下行於心，心得血養，頭上輕鬆，謂之輕清上浮為天，重濁下降為地；陰陽既分，全身無偏，各得其養，身體康泰矣。

故每日練三套太極拳，所有失眠、血壓高、肺弱、胃病、腰病、腎病、貧血等，一掃而空；駝背彎腰，手足不靈，腰腿不隨，諸般症候，皆有特效。人人皆可練太極拳，獲不可思議之益處。

◆ 陳炎林

陳炎林，名公，生卒年不詳，太極拳家。中醫骨傷科醫師。

陳炎林先生為太極拳名家田兆麟之弟子，著有太極拳專著《太極拳刀劍散手合編》；其書體用皆賅，書中對於楊式太極拳之刀、槍、劍、桿等技皆解說詳盡，闡述翔實；內容亦見幽顯微，多有精闢論述之處，是一本不可多得的優秀太極拳著作。

☯ 太極拳之與養生

　　拳術為運動之一，用以鍛鍊身心，振奮精神。人能運動，猶如流水不腐，戶樞不蠹。然吾國拳術，源流甚古，派別至多。其間外形有主剛者，有主柔者。世人以為少林拳勁顯於外，皆主剛；太極拳勁蘊於內，均主柔。殊不知少林拳中藝高者，皆剛柔並濟，而無閉氣響腳等全行主剛之弊。夫太極拳中上乘者亦然，其皮肉之柔，固如軟綿，而內氣之堅，猶如鋼鐵，所謂絲綿裹鐵彈者是也。故無論何門何派，剛柔不可偏重，亦不可須臾分離，全視何者用之得勢耳。

　　習太極拳者，設或一味過於柔軟（即委靡不振），豈有利耶。學者當知該拳之基本優點，厥為動作慢勻，呼吸自然，煉氣凝神，不用過分之力，而以柔和為主。此柔和乃動作柔綿，呼吸和順，精氣神與內勁，均皆飽滿之謂。絕非內外皆委靡不振之柔軟。即在推手中，莫不如是。

　　拙力固不可有，內勁亦不可無，考「四兩撥千斤」之句，有四兩之巧勁，方能撥千斤之拙力。設無四兩之勁，何能為之？

　　夫慢而後能柔，均而後能和。能柔和，則筋骨舒展，氣血調和，呼吸由此深長，精神可以奮發。雖年老及身患疾病者，如肺病、心臟病、高血壓、四肢麻木等，亦可擇而習之。

　　總之，太極拳之功效，能彌先天之不足，補後天之虧損。倘能在幼壯時，即從事練習，繼續不斷，則終身得

益，更非筆墨所能盡述。因年輕時精力充足，能下苦功，成就較速；年壯時，體力強健，身無病患；晚年愈覺神旺氣足，舉動輕靈。決無腰痠背痛，精神委靡，佝僂跛足，氣促呻吟等病象。斯種緣由，宛如金錢儲蓄；年輕能惜身鍛鍊，若平日善於積蓄，年老可以享用。倘平日不事積蓄，危急時無從支配。

世人不明此理者，大多有兩種歧念。

（一）年輕力壯時，以為身無疾病，鍛鍊心身，有何益處？

（二）練功者往往在晚年臨終時，有散功等痛苦。與其他日受苦，不若現今不習。

豈知以上兩種觀念，全皆錯誤。蓋年輕者體健力壯，氣分較足，固未見鍛鍊心身之功效。但一至年老氣衰，內部抵抗力不足時，悔之晚矣。

至臨終痛苦，對於練硬功者，或有此境界，但太極拳全以柔和自然為本，平時既不硬練筋骨，專以自然呼吸，鍛鍊精氣神，則臨終時，豈有散功任何痛苦乎。考昔日太極拳老前輩臨終時，每多跏趺含笑而逝，可見此說之不確，足以證明練習太極拳者，能得善終也。

至於練習太極拳之姿勢，當求準確，勿用拙力；更須中心泰然，抱元守一，無思無慮。每次練習，務求周身舒適，不覺為累而止。時之久暫，全視個人之精力如何，不必有所拘泥。太極拳能受大眾推崇而學習者，即在於此。若能習之以恆，日久必得其益。

惟初學時，莫做血氣之勇，唯一目標，即在養生。使

內部健全，氣分充足，百病消失，保全健康。固欲求養生之道，惟練習正宗太極拳術，最為可恃而有效也。

☯ 太極拳之與靜坐

靜坐，人皆知其有益，小則可以養生，大則可入修士之門。然靜坐至相當程度後，則內部必須靜中求動，並非永靜而不動也。此與太極拳之動中求靜，意味相似。故太極拳練至相當程度後，內部靜中亦需求動。二者同出一轍，無甚差別。且太極拳呼吸之升降，全為先天氣之運用，與靜坐金丹之訣相合。

而太極拳之由來，說者謂修道人士，因久坐唯恐血脈呆滯，乃於靜坐之餘，藉此作為運動，且輔助內氣，誠非虛語。故言道者，往往謂修道非先修身不可，修身中有所謂乘修法。乘者，成也。

上乘即大成，下乘即小成，中乘即誠之者成也。法分三，而成則一。文修於內，武修於外。體育（鍛鍊精氣神），內也；武事（練習拳術），外也。修者能內外表裏集大成者，是上乘也。或由體育之文，而得武事之武；或由武而得文，是中乘也。若惟知體育而成，或專由武事而成者，是下乘也。

靜坐乃文修之一，故靜坐與太極實有重大之關係。詩云：「思無邪」。論語云：「仁者靜」。孟子云：「不動心」。此皆言「靜」字最為重要。能靜坐則心平氣和，志正體直，思緒清淨。推手時無論何勁，不至於亂。蓋心靜之

法，在於涵養。養者，養其膽。膽足，則氣壯。膽不足，則神疲。平時動作已散漫，當局愈迷矣。

至靜坐之法，設無真傳，往往無益而有害。倘能依照練習正宗太極拳要旨，即無流弊。如正身端坐，或單盤膝，或雙盤膝，或通常坐法，均無不可。但須頂懸身正（即虛領頂勁），沉肩含胸，周身鬆開，舌抵上齶，唇齒相合，雙目微閉（即垂簾），二手以左掌之背迭於右掌心中，貼近小腹之前，輕放於腿上。然後心想既定，寬放臍腹，無我無他，一切思慮，均置度外，收視返聽（俗謂謹閉「五賊」。謹於耳，則耳不外聽，而精歸於腎；謹於眼，則目不外視，而魂歸於肝；謹於口，則默契不談，而神歸於心；謹於鼻，則鼻不外嗅，而魄歸於肺；謹於意，則用志不分，而意歸於脾。精、神、魂、魄、意、心、肝、肺、脾、腎各有所歸，各復其命，則天心自見，別有感覺發生）。

靜坐時間，可於晨起及臨睡時各行一次；倘有餘暇，午後亦可加行一次。時間不拘長短，一刻鐘或半句鐘，或一小時均可。坐至佳境時，周身內外，皆異常舒適，口中舌下，並有津液湧出，咽之甚甘。所謂水火既濟，乾坤交泰是也。

惟初學之時，四肢頗感不舒，妄念亦難止息，若久而行止，自能消失。初學尤應注意不可行氣，但以鼻做呼吸，求自然為主。因行氣必須至相當程度，方可練習，否則易生弊端。如意氣上升，有腦充血、神經錯亂之患；意氣中隔，有胃病、心臟病之患；意氣下沉，有痔瘡、腸疝

之患。迄功深後，則兼以口，或僅以臍輪作呼吸矣（**此種大成功夫，非真傳不可**）。

至初步行氣之方式有二，與太極拳後天往先天者正同。

（一）由丹田達於海底，抄尾閭而過，緣背脊上行，經玉枕、天靈等穴，下過前額、人中、喉結、心窩、臍輪等處，而歸於丹田。

（二）由山根往上至天靈，向後往下，經玉枕、背脊至尾閭，提肛，復緣背脊上行，經玉枕、天靈、向前往下，經山根、承漿等穴，（咽涎）歸至丹田。

總之，人身中之氣，如圓球然，可以順轉倒退，極其自然。至於由靜坐而入定，而心地開明，善根發現，迄乎大成，是在各人有所為也。故練習太極拳至相當程度後，為修身修心計，不可不練靜坐功夫。

須知坐道年久者，尚欲學習太極拳，以助坐功之不足；何況已練者，既有門徑，而不前進，猶如為山九仞，功虧一簣，豈不惜哉。

◆ 胡樸安

胡樸安（1878—1947），近現代著名文字訓詁學家、南社詩人、國學大師。本名有忭，學名韞玉，字仲明、仲民、頌明，號樸安、半邊翁；以號行世。安徽涇縣溪頭村人。

辛亥革命前夕抵滬參加《民立報》等工作，並在國學保存會掌管藏書。後加入南社，與詩人柳亞子、弘一法師

等創辦「文美會」。曾先後執教於上海大學、持志大學、國民大學和群治大學等。

晚年喜讀佛書，認為「世人多以漢學稱我，是不知我者」。又曰「人苟能以精神之吾，忘物質之吾，善自修養，必能保持精神不滅」。

胡樸安的太極拳得之於陳微明。同時胡先生亦曾任民國「六運會」的武術裁判。

胡樸安先生老年時因患腦溢血，不幸得半身不遂之症，遂自號為「半邊翁」，可見其風趣幽默之一面。

胡樸安先生上海之居所藏書非常豐富，其藏書樓名曰「樸學齋」，藏書竟有 10 多萬卷之巨。後全部捐獻給上海合眾圖書館，該館編撰有《涇縣胡氏樸學齋藏書目錄》6卷（油印本），著錄圖書 300 餘種。編著目錄學著述有《周秦諸子書目》《研究詩經學之書目》《文字學研究書目》等。

胡氏一生著述亦頗豐，著有《國學彙編》《樸學齋叢書》《易經學》《易序卦說》《詩經》《中國訓詁學史》《南社詩話》《天南鴻雪》《古書校讀法》以及《南社叢選》等。主要著作還有《中國文學史》《文字學叢論》《中國學術史》《中華全國風俗志》《俗語典》等著作 63 種。

☯ 論太極拳在體育上之價值

欲言太極拳在體育上之價值，當先言太極拳動作之理。欲言太極拳動作之理，當先言太極拳之名稱如何解

釋。

　　太極拳之動作是全身的運動，不是一部分的運動，其在體育上之價值即此全身運動。又太極拳的運動是柔和的運動，不是劇烈的運動，其在體育上之價值即此柔和運動。其全身的運動與柔和的運動是連綿不斷的太極拳運動，所以，必將太極拳的名稱解釋清楚，然後知這兩種運動是自然而然的趨勢，不是玄妙的，也不是技術的，順身體的自然動作，毫無勉強矯揉於其間。

　　茲文本此意，先解太極拳的名稱，次言太極拳動作的理，再次言太極拳在體育上的價值。

‖ 一、太極拳的名稱 ‖

　　太極拳的源流究竟如何，創始於何人，雖有零星的記載，終不能予人以真確之相信，關於此點，爭論者極多。

　　本文只以太極動作之理，以解釋太極拳命名之義，毫不牽強附會玄秘之談，也不用拳術上流行的術語或歌訣，作模糊影響之言。

　　其是否合於創始太極拳者命名的原意，亦不顧及。要之以「理解」的解釋，期與人人共喻而已。

　　考「太極」二字，出於《周易‧繫辭》，《繫辭》云：「易有太極，是生兩儀，兩儀生四象，四象生八卦。」吾人以淺顯的言語解釋此四句。兩儀、四象、八卦，皆由太極而生，太極是一切原動力；兩儀、四象、八卦的動，悉是太極的動。宇宙一太極，人身一太極，人身之腹為太極，兩腹為兩儀，兩手、兩足為四象，兩手、兩足各有二

節為八卦。

　　宇宙之原動力在於太極，人身之原動力亦在於太極。所以太極拳之動作，並不是手足之動作，是腰之動作，亦並不是腰之動作，是腹之動作。腹為人全身最中處，此處一動，全身無不動矣。

　　他種運動或為手之運動，或為足之運動，或為身之運動，必合各部分之運動，為全部分之運動。或支配不均平，或學之不得法，不免有畸形發達之弊。

　　太極拳之運動，不動則已，動則全身皆動者；故一動而不全身皆動者，非太極也。

　　腹即為人全身最中處，腹部一動，兩腰、兩手、兩足之動，皆不疾而速。他種運動或為手之運動，或為足之運動，或為身之動作；在某一部分動作，必須在某一部分用劇烈之力，始能達到某一部分運動的目的。太極拳之動作，只在發動之中心一點動作（即腹部動作）。不必用劇烈之力，全身之動作無有不到。外面極其柔和，內面延綿不斷之力，息息增長。

　　故一動作即見劍拔弩張之形者，非太極也。明乎此，知全身的運動與柔和的運動，皆是自然的趨勢。太極拳所以名為太極拳者，即處處是太極的動作，換言之，即處處是中心的動作也。

‖二、太極拳之動作‖

　　太極拳處處是中心的動作，上節已言明矣。然何以能達到中心的動作，不加以詳細說明，則不容易瞭解。學太

極拳本有鬆、固、凝三字訣。

何謂鬆，體要鬆；何謂固，氣要固；何謂凝，神要凝。體鬆、氣固、神凝，漸漸可以達到中心的動作，但是語焉未詳，知其所以然之故，必學拳者學到某種程度，可以自己體會。

茲文仍本鬆、固、凝三字，說明所以能達到中心動作的理由，為閱者便利起見，分別言之。

（一）體要鬆

「鬆」字淺顯的解釋，就是不用力。蓋一用力，動作即不能自然。著意在用力部分，則各部分必不平均。毫不用力，順身體自然的動作，周身普遍，動作無所不到，而且平均如一，徐徐地將動作歸到中心，久而久之，中心之動作以成。所以初學太極拳，非鬆不可，「鬆」是學習太極拳第一步功夫。

蓋人之身體要血脈流通，倘作勉強用力，因過分之流通，發生反應，轉於身體有害。勉強用力是硬的，所謂拙力。拙力雖大，是一部分的力，而不得其中。不用力是柔的，所謂沉勁，沉勁雖小，是全部的力，能得其中。學習太極拳有一句長語：「由開展而至緊束。」開展者，動作不用力是也；緊束者，動作達到中心是也。

（二）氣要固

「固」字淺顯的解釋就是不散漫，毫不用力，誠然鬆矣。但體鬆而氣不固，則體不勝衣之病夫，亦將以體鬆自

詡；體鬆而氣固，體雖不用力，而氣卻不散漫，周身始能一體，自然將動作歸到中心。「固」是學習太極拳第二步功夫。

如何能使氣固，即把氣沉在腹部，不要浮在上面，但與深呼吸儘量擴大肺部，將橫膈膜壓抑下去不同。

練拳之時，肩要垂，肘要墜，腰要塌，久而久之，氣自然沉下去，所謂心虛腹實是也。腹實則氣固，身體便有重心；無論手足如何動作，重心總在腹；得其重心，動作自如矣。故曰：氣固則身自穩也。

（三）神要凝

「凝」字淺顯的解釋，就是內外相合而能凝定也，體鬆氣固矣。內外不相合，決不能心之所到，即身之所到。惟內外相合，然後心身一氣。「凝」是太極拳第三步功夫。

何謂內外相合？肩與胯合，肘與膝合，手與足合，是謂外三合；心與意合，意與氣合，氣與力合，是謂內三合。內外相合，是謂六合；六合則身體中正矣。身體中正，神則提得起。

‖三、太極拳在體育上之價值‖

體育之目的，在於身體強健，血氣充盈，精神飽滿。假使能以運動方法，得到上所言三項之效力，可謂盡體育之能事矣。

但吾人須當辨別者，強健與猛鷙不同。強健者安和之動作，猛鷙者粗暴之行為。充盈與僨興不同。充盈者持久

之正氣，僨興者一時之客氣。飽滿與發揚不同。飽滿者誠於中、形於外，發揚者見於外、竭於中。真正之體育，當要使身體強健，不要使身體猛鷙；當使氣血充盈，不要使氣血僨興；當要使精神飽滿，不使精神發揚。他種運動收效雖速，稍一不慎，即不免有猛鷙發揚之弊。太極拳的運動，此三種之弊，可云絕對無有。

太極之動作首在體鬆。鬆之既久，自然至於強健，即不強健而絕對不猛鷙矣。次在氣固，固之既久，自然至於充盈，即不充盈而絕對不僨興矣。再次在神凝，凝之既久，自然至於飽滿，即不飽滿而絕對不發揚矣。有運動之利而無其弊，極合於為體育而運動之旨。與為運動而運動者，大不相侔。

立腳在體育一點而論，太極拳的運動，似乎較一切運動為優，不僅以上所言之利弊已也。以顯而易見者言之，一切運動必須有寬大的地方與設備，且要集合多人，在學校時，尚可日日運動，離開學校一年，只能運動幾次。

太極拳運動，無論地方大小，人之多寡，皆可運動，又毫不要設備。他種運動如足球、賽跑等，未免過於激烈，不是人人可以參加的，結果只造成少數專門運動員；此種少數專門運動員，在學校內，不注重他種功課，專事運動與體育之意，似不甚合中國人多而弱，要強種，便要運動的普遍。不能普通的運動，靠少數專門運動員，縱運動成績極好，可以增國際之名譽，而不可以強國內人民；再激烈的運動，只有二三十歲的人可以參加，到了四五十歲便要告退了。一個人任事的時間不僅十年，所以運動的

需要也不限於二十歲至三十歲，況且運動太激烈，反與身體健康有礙；每次大運動會後，必有若干大運動家感覺身體之不適。

因此太極拳的運動，有三種的利益。

不要大的地方與設備，是經濟的；

人人可以運動，是普遍的；

老幼皆可以運動，是永久的。

為運動而運動，他種運動，當然有存在之價值；在積弱之中國，並宜提倡，以增國光。為體育而運動，太極拳的運動，誠然有不可輕視之處；但是太極拳，學之頗難，在體育上雖有價值，在事實上終難發達。鄙人另「專」「一」「漸」三字說，為學習太極拳的要訣，但非本題範圍，恕不多講了。

◆ 吳志青

吳志青（1887—1949），安徽歙縣人，中華武術會創始人，武術研究家。幼好技擊，兼學翰墨，後入中國體操學校學習。宣統三年（1911年）參加攻打上海江南製造局，得陳英士褒獎。曾從于振聲、馬金標、楊澄甫學拳。

民國八年（1919年）初創建中華武術會，後任總幹事。民國十二年創辦中華武術會體育師範學校，任校長，同年加入西北軍，任第五軍總教練。

民國十七年，任職於南京中央國術館，並參加中華武術會的復會工作。著作有《科學化的國術》《查拳圖說》《三路炮拳圖說》《七星劍圖說》《戚門十三劍》《六合刀》《螳螂拳》《太極正宗》《國術理論概要》《國術槍叢》《國術理論體系》等書籍。

晚年皈依佛教，1949 年隨活佛入藏，染疾逝於途中。

☯ 太極拳與生理衛生

其人身之構造至為複雜，如各部發育有失平衡，則健康必受其影響。欲補此弊，惟有從事適宜之運動，使身體各部獲得平均發展，即體育是也。我國國術即體育中完美之運動者也。

我國國術由一般抽象之觀察，似乎僅為好勇鬥狠技擊，此特皮相之談，而未明國術本質之泛論。實則國術不但助長身體各部之平均發育，且有攝生養性之功能。茲就呼吸、循環、消化、排泄、神經各機構，以太極拳之動作比證，以明其功效。

‖ 一、呼吸 ‖

人之呼吸，每分鐘皆有定數，每運動劇烈時，呼吸必促；而自然定律為其破壞，心房之伸縮亦受影響矣。

太極拳為溫和持久之運動法，疾徐開合，與夫吐納，均與人體自然韻律相配合，無乍弛乍張之弊，吸必沉之丹田，呼必發於丹田，與深呼吸運動之旨趣相合。

太極拳之掤即吸、擠即呼、捋即吞、按即吐，故攬雀尾一式，即包括轉側俯仰、開合吞吐等動作。

‖二、循環‖

血液循環，平時尤有定率，其血管構造之堅韌性，洽可供其運用。如循環之速率驟加，則血管必受其刺激，而有破裂之虞。故運動過劇有時吐血，思想太多有時致腦充血，即為驟失循環之速度使然。

太極拳之運動和緩、冗長，在此運動過程中，血液有均勻之流動，血管作秩序的弛張；習之既久，青年人之循環器固富抵抗力，老年人之血管亦可由脆弱變為堅韌，則腦充血、中風等症，自可免除，試觀一趟拳練過，不氣促、不面紅，即其明證。

‖三、消化‖

腸胃為人身資源之轉運機構，關係健康甚巨。世有患腸胃病者，皆因食物無節制所致。欲免此病，除節制飲食外，惟有以適宜之運動，助腸胃之消化。

斯太極拳之推手之動作，轉側，俯仰，抑揚，頓挫，兼而有之，特著重於腹腰運動，有助於腸胃之消化無疑。

‖四、排泄‖

排泄與消化有密切之連帶關係。消化之機能強，排泄之機能滯，即便秘也，則消化亦將因銷路不暢而告怠工矣。至於皮膚之汗腺，亦排泄器之一也。故汗腺通暢則精

神爽，汗腺滯閉則病痛生。欲保持汗腺之健康，必注意清潔及有適宜之運動。

蓋血液因運動而增速、而加熱、而蒸發，皮膚中之汗腺即將一部分水分及廢物排出，而周身爽快矣。

‖ 五、神經 ‖

神經為人體之司命，噴布全體，主持思想動作。世有患神經衰弱或肢體不仁者，蓋以腦神經運用過度，及運動神經缺乏活動所致；求諸藥石，甚難奏效，惟有適宜之運動，方易恢復固有之精神。

太極拳對於思想與動作神經之活動，恰兼而有之。因其每一動作，均極繁複，四肢百骸之聯繫，亦即全部神經系之活動也。

人之生理，純由自然之勢，不可勉強。偶有障礙，亦應以自然之法糾正之，否則其害必甚於本身之害。如方士服丹以求長生，反以戕生，即其例也。

太極拳之動作，皆合乎自然，絕不勉強，故對於生理衛生之功效至大。

☯ 太極拳有卻病延年之功及變化氣質之妙

太極拳法，出手均取圓形，與太極圖近似，世人以其得名，蓋在乎是。雖然此特言其形似耳，不知此種拳法，由動向靜，以虛化實，蘊於內者，不形於外，而實內外相合；總之無極之二氣未分，渾然一物。故太極拳者由無極

而生，此其實在之真義，非僅形似而已也。

太極拳以靜為主，以柔制剛，與外家拳純其剛性者不同。所謂虛，並非虛無縹緲，乃故作空虛，使內蘊不形於外。蓋虛則靈而神足，神氣充沛，舉動自敏捷而靈活矣。又虛空而外，更須以靜。

故練架子出手愈慢愈佳，氣沉丹田，呼吸深長。當其動也，須完整一氣，毫不散亂，用意不用力；動之所向，意即隨之，心意俱靜，內勁自生。

太極拳之動作，概本先天形狀，純以自然出之，故所取姿勢為頭懸、項豎、含胸、拔背、沉肩、墜肘、尾閭正中，使身體各部，不悖於先天，而無絲毫矯揉造作。此外則盡出以柔，務使氣血暢行，筋絡舒張，練成內勁柔而且順。內勁既得，則靜可以卻病延年，遇侮則能自衛衛國，以柔制剛矣。

太極拳既順自然之序，作極柔之動作，呼吸深長，血脈通暢，臟腑舒展，筋骨堅韌，故凡神經衰弱、消化不良、貧血充血，以及臟腑、骨骼、筋絡違和等症，均可從事練習。往往有藥石無靈之痼疾，而獲治於太極拳者。

惟心臟病劇及肺病甚深者，不可操之過急，須循序漸進，始有功效，故謂太極拳為輔助醫藥之療病法，亦未為不可。

太極拳之力主虛，動作主靜。虛則心氣平，靜則神志清。習之既久，氣質自變。復因順生理之程序，作自然之動作，使全身無畸形發展；由是態度雍容，氣魄沉雄，性情和藹，而無驕矜之氣矣。

◆ 田鎮峰

田鎮峰，生卒年不詳，著名武術家。初習外家拳十餘年，後在民國十四年接觸到內家拳，一見而傾心，遂拜形意名家賈幕騫（字蘊高）為師，賈之師為形意名家宋世榮。

其後，田鎮峰又拜武當劍名家李景林為師，隨李系統學習太極拳和武當劍法。後李景林倡議並創辦了山東國術館，田鎮峰任山東國術館教務主任，為國術的普及推廣做出了很大貢獻。

田鎮峰在其師李景林的指導校正下，於民國十九年完成學術專著《太極拳講義》一書，並於民國二十年（1931年）出版發行。

☯ 太極拳之意義

萬物之生也，負陰抱陽，莫不有太極，有太極斯有兩儀，蓋太極為陰陽之母。太極即一氣，一氣即太極。以體言則為太極，以用言則為一氣；時陰時陽，活活潑潑。其氣洋溢於四體之中，浸潤於百骸之內。無處不有，無時不然。內外一氣，流行不息，開合自然，中無停滯。故太極無法，動即是法，此即太極是也。

法言易中陰陽動靜之理；而運勁作勢，純任自然，無中生有，所謂無極而太極也。至其運用圓活，如環無端，莫知所止，則又謂太極本無極也。

勢之中，著之內，均含一圓形。其動而陽、靜而陰，及剛柔進退等，均與易理吻合，故得假借太極易學之理，以說明之，此拳之名稱亦故因此而來……而以陰陽動靜等喻其作用，非強為附會也。

中國舊日學說，凡物均以陰陽喻之，故陰陽無定位。太極拳之喻陰陽亦然。如拳勢所云：動而陽，靜而陰；出手為陽，收手為陰；進步為陽，退步為陰；剛為陽，柔為陰；黏為陽，走為陰；伸為陽，屈為陰；分為陽，合為陰；仰為陽，俯為陰；升為陽，降為陰；實為陽，虛為陰。無論如何變化，均不離陰陽動靜、圓形虛實之規範。此皆喻之說，非世俗卜巫迷信所言之太極也，萬不可作玄虛之談。

近代科學昌明，百端進化，尤望學者能以科學等說明之，而不沾於易象，則吾所深望焉。

☯ 太極拳之功效

凡名其為拳者，既供吾人練之，將必獲有相當之功效。但以各拳之門派種類不同，而所產生之功效，亦有大小強弱之差異。

至於練習太極拳，所受效力，是否勝諸他拳？吾當弗敢武斷，惟聞國術專家李芳辰先生嘗云：「太極拳之裨益於練者，實匪淺鮮。」茲舉幾端，以供學者之參考。

太極拳一舉一動，極其緩和，若抽絲者然，毫不費力。亦如少女歌舞狀，彷彿含有音樂中之節奏及拍子在

焉，固足以舒展筋骨，可以調和氣血而陶冶性情。運動無
過不及，發達順乎自然；體魄健壯，智慧增長，端賴此拳
之循序漸進。質言之，於肢體各部，既鮮偏重之虞；在生
理方面，又無妨害之弊。總以禁止粗躁滯鈍為主，力避暴
戾之氣，而重致柔之道，可謂身心兼修，外強內壯，此其
功效一也。

　　拳術有防病延年之能，久為人所共知，毋庸贅述。然
既染重病之老翁或少年，是否猶可以拳治，尚係問題。蓋
因病者，氣血必衰，若鍛鍊外家之剛功，未免運動過劇，
消耗體力較多，則其精神，難使恢復，反屬有害。

　　惟太極拳法，純為適應生理變化，動作輕靈宛如！而
呼吸與血液循環之次數，均不失其常態。如患肺病及瘡疥
諸症者，久練此拳，當能殺盡毒菌，化險為夷，轉弱為
強。可見太極拳，不僅可以防病於未然，且能除卻百病之
魔，而保永恆之健康。此其功效二也。

　　近世一般學外國拳，或其他體育，自命為體育專家
者，悉以練日本武士道及西洋拳法為有功效，而視吾國固
有國粹（太極拳）為柔軟無力，難以制敵。

　　豈不知老子所云「天下至柔，馳騁天下至堅」之大
道。亦未識太極拳之妙，重若泰山，輕似鵝毛；宛若游
龍，翩比驚鴻；陰陽動靜，虛實進退，其變化之靈活敏
速，雖脫兔沉魚，亦不及也。所謂擊首則尾應，擊尾則首
應，擊其身則首尾相應者，非專指常山蛇而言，其長於太
極拳者，亦復如斯。

　　吾曾見許多國術同志，以東西洋拳法，或以生平所練

之剛功，力擊精通太極拳之家，卒皆不中，拳拳落空；如大石之投流水，鐵錘之擊棉絮。每一出手，不觸太極拳家則已，一觸必敗，弗進猶可支持，進則跟蹌退跌數十步外，此何故耳？

非太極拳中，含有以靜制動、以柔克剛、以小勝大、以退為進、以順避害之至理在耶？由此觀之，練是拳者，誠足以防敵自衛。此其功效三也。

◆ 陳志進

太極拳家，生平不詳，精通太極拳法，曾為陳微明至柔拳社之助教。

☯ 太極拳與各種運動之比較

◆ 太極拳與摔角之比較

摔角盛行於內、外蒙古，又名貫跤。前清政府，為防備蒙人起見，極力提倡。故北京、保定等處，貫跤廠甚多。

惟須少年之人，身體強壯，多力耐勞，能吃苦者，始為合宜。一年即可成功，故諺有「三年把勢，當年跤」之語。

然此一年中，練時甚苦，須半夜起身苦練。有跑墳之功夫，因北地之墳，都是上尖下大，且甚高大；練者由墳頂直腿往下猛跑而不摔倒為止。有一足獨立之功夫，一足

立牢，一足與二手頭身成為水平線，以不搖動能久立為止。有踢袋之功夫，手提百十斤砂袋，雙足交換而踢，以能踢飛而止。有貫砂袋之功夫，用數十斤之鐵砂袋，數人彼貫此抓，以不失落為止。故摔角之人，至老年時雙腿僵直，行步艱難。

入廠貫跤，有特製之衣，衣此衣摔死不償命。心術壞者，每借此為害人之地。

練太極拳身體越練越康健，得其三昧，不自作聰明，按其規矩而練，身體筋骨，絕無僵硬之時，而跌人之妙，更過於摔角。楊露禪先生八十餘歲時，在水泥上行走，鞋底不濕，可知其步履輕捷矣。

◆ 太極拳與八段錦之比較

八段錦為我國文人運動之一種，而種類亦復不少。有大八段錦、小八段錦、十二段錦、混言八段錦、九宮靠等。練之舒長筋骨，活動氣血，甚為有益。然只一人單獨練習，不動步，其效止於身體康強而已，不能防身禦侮也。

練太極拳亦是舒長筋骨，活動氣血。而內外齊練，周身活動。自始至終，一氣貫串。上下相隨，內外相合。練之者有強身之樂，有防身之能；無單練之寂寞，有推手之歡樂。

◆ 太極拳與彈腿之比較

彈腿傳自回教，法甚簡單。今遍中國皆有練之者，大

同小異，少有不同。練時尚彈勁，一發無餘。一拳一腿，須收回再出。有單練，有對打。余曾練二三年，故知其詳。

太極拳循環無端，如常山蛇，首尾相應，沾處皆可放勁，接手即能打出，不必收回之後，再去二勁也。

◆ 太極拳與柔軟體操之比較

柔軟體操傳自泰西，遍行於學校軍隊之中，與八段錦相似，亦無防身禦侮之能。而練之者亦少興趣，不過國人震於泰西之傳授，極端迷信，而行之數十年，絕無成效之可言。

若練太極拳，練熟之後，習慣成自然，終身練之；無論士農工商，每日有一小時之工夫，即能內強其身，外防侮辱。而練柔軟體操者，一出學校，一離軍隊，每日自練者，有之乎？若太極拳，即會之後，得其趣味，自有不能捨之之意。

◆ 太極拳與田徑賽之比較

田徑賽須少年為之，非盡人可能。練之者多受內傷，有吐血暈絕之患。每觀此賽，旁觀者鼓掌，稱賀第一；而勝者已憊憊不堪，面無血色，渾身癱軟，二人架之，行數十分鐘，始能漸漸回覆原狀。

太極拳則不論老、幼、男、婦皆可練習，練之者身體日強。久而久之，得其趣味，雖欲捨之不練，亦不能矣。

◆ 太極拳與足球之比較

足球練頂、練肩、練腿足，運動甚為有益。然亦只能少年壯年能之，幼年老年則不相宜。

練太極拳要鬆肩、垂肘、矬手腕，含胸、拔背、提頂勁，足球之益，太極拳悉有之也。

◆ 太極拳與西洋拳術之比較

西洋拳術專尚力，不從巧妙處用功。二人對打之時，帶皮手套，打胸部以上、頭臉以下，跌倒不為輸。且有種種限制，甚不自由，無趣味可言，而老年之拳術家則未見之。

太極拳與人對手，可以傷，可以不傷；傷不傷在於心術之良否，不在拳腳上也。練太極拳功久者，周身不受擊，擊之者自跌。

楊露禪先生七十餘歲時，常釣魚於河上，背受二人之擊，擊之者反由露禪先生之頭上跌入河中。露禪先生坐釣如故，並未動也。

楊鏡湖先生八十歲時，坐於椅上，腹受少年人之拳，力多者跌出愈遠。

◆ 太極拳與日本柔術之比較

柔術本傳自我國之摔角，日本人又從而研究之，今盛行於三島之間，今者十人而九，日本之強盛大有力焉，然不能與中國之拳術較。蓋拳術為我國人獨得之秘，地球之

上，莫之能京。柔術之主要在防人之攻擊，對練者多，單練者少；一人獨居，則無聊焉。

太極拳獨練、對習皆有趣味。獨練走架，是知己功夫，是體。二人對練推手，是知人功夫，是用。練久者自知其妙。

◆ 太極拳與各種拳術之比較

中國拳術，千門萬派，省省不同。約而言之，不過內功、外功、花拳而已。江湖賣藝者流習練花拳，博無識者之讚美，不過營業之一種。或為盜賊之媒，不登大雅之堂，置而不論。練外功者尚力，以能受擊為強，而忽於內。筋骨之強者臨終時，散功之際，最為痛苦，欲死不能死，令人目不忍見。練太極拳者，無此病也。

☯ 太極拳之品格功用

太極拳為武當嫡派，乃張三豐祖師因觀鵲蛇之鬥，忽有會心，發明此拳。蓋恐修道之士靜坐功深，血脈有凝滯之患；山行野宿，突然有野獸之厄。是以圍觀鵲蛇之鬥智，仿禽獸之飛躍，法天地自然之理，參太極陰陽之秘，創此太極拳，以傳修道之士，為靜功之助。久練之後，且有衛身之能，延壽之益。故其歌訣中有「詳推用意終何在，益壽延年不老春」之語。

而練拳之時，純以神行，不尚拙力。故其歌訣中又有「若言體用何為準？意氣君來骨肉臣」之語。最要而最難

者，為「尾閭中正神貫頂，滿身輕利頂頭懸」，此中大有講究。祖師雲遊四方之時，憫文人之儒弱，時受強暴者之侮辱而無抵禦之策，遂流傳世間以柔克剛，以弱制強，無力打有力，借人之力，順人之勢。自此以後，太極拳為世所重，稱為武當派，出於少林之上。

得斯術者，如獲至寶，不肯輕易傳人；必深知其人之德行操守，又加以多年之精密考察，始肯傳其秘訣。學拳之外，有必須遵守之規律：一不許保鏢護院；二不許沿街賣藝；三不許為綠林響馬，以玷身家而累師傅。由此觀之，非品格高尚之人不能學，非堅忍卓絕之人不能學。

學之者有變化氣質之功能，性暴躁而急促者，可使之平和而安詳。蓋練拳之時，全身鬆開，順乎自然，渾圓流利，氣沉丹田，心中空空洞洞，思慮全無；如莊周之夢蝶，人蝶不分。練完之後，自己曾練與否，亦不之知。練太極拳到如此境界，有何病不可去？不但自己如此，旁觀之人亦不覺心平氣和，與之俱化。

練拳之時，不許脫衣赤身，須穿長衫馬褂，從容文雅；不咬牙瞪眼，亦不喝叱怪叫。

夫太極拳之功用，未病者能使永無疾病；已病者雖沉痾宿患，皆能拔除。雖屬技藝，稱為醫王有何不可？要知此種太極拳術，為養生卻病之最妙法術。諸君觀之，當不以余言為河漢也。

◆ 樂亶

樂亶，生平不詳，為著名太極拳家樂幻智之次子，上

世紀 60 年代曾在華東紡織工學院教拳，著有《太極拳要義》一書。

◆ 樂幻智

樂幻智（1899—1960），原籍河南固始，曾任上海震旦大學英語系教授。

中國著名氣功醫師、太極拳名家，擅長凌空勁及氣功治病，為太極拳名家董英傑之嫡傳弟子，並得董真傳，太極拳造詣很深。

☯ 健康與武術

《內經‧平人氣象論》說：「平人者，無病之人也。」由此可見，一個人的健康的最高標準便是「平」。身內各部都很平衡，同時，和環境亦很平衡，這個人就一定很健康。

太極拳在鍛鍊身體上，所以能深受大家歡迎，其主要原因，亦就在於這種運動能把鍛鍊者的身體向「平」的方面調整所致。一般來說，它的動作和緩，呼吸調匀，神氣安靜，消耗較少。故在鍛鍊中，較易達到均匀的程度，鍛鍊後也較易取得平衡的效果。所以，無論男女老幼，都可以鍛鍊，而且都會有好處，特別是對那些年老多病或體力較差的人，更是最適當的鍛鍊。

上面談過，武術上最根本的問題乃是均和幅度的問題，實質上這就是彈性問題。因此，武術與健康雖是兩個

方面，而在身體上所追求的標準，卻完全是一致的。武術上有個幅度問題，健康上也是有的。或者說，健康上所追求的，實質上也就是彈性問題。

比方說，本地某一個人，在有規律的生活情況下，身體很健康。但因某個時期忙了一些，或是飲食起居失常；或是氣候變化劇烈一些，就生病了；或是移居外地後，因水土不服而亦生病了。

這說明他在健康上彈性還較差，適應能力還較弱。用物理概念來說，就是在他的生活應變曲線上，能夠符合「胡克定律」的直線部分比較短。因此在鍛鍊身體方面，不但要在目前條件下力求平衡，而且還要儘量加強彈性，以備適應各種失常的現象或各種變化環境。這和武術上要求不斷增加彈性幅度的原則，正是一致的。

於是，從練拳上說，練武術的怎樣練，練健康的也就應怎樣練。雖可有各種不同的程度，但只有一個基本的路線。

下面我們討論到精氣神的問題時，就更可明確武術和健康兩方面的內在共同性了。有些人說「我只不過是練練健康」，就心安理得地把太極拳練得柔軟無力，以致只有老年人和弱不禁風的人才會對它感興趣。

本來，由於太極拳容易練得平緩鬆勻，故已成為年老或多病者所大為歡迎的一項運動。但要知道，這雖然也是太極拳的一個重要優點，可絕不是它的唯一優點。只是由於「好逸惡勞，人之常情」，練拳時只求舒服而不求進步，強之不足而弛之有餘，結果就使太極拳逐漸變質，而

幾乎成為一種最柔軟的體操了。

我們說由於太極拳在物理和生理上的優越性，故在提高人體的彈性的作用方面，恐怕還沒有任何其他運動可比的，解決這問題的關鍵，首先就在於改變那些對太極拳的片面認識；同時，有志於太極拳者，確亦應大大提高自己的水準，從實際上證明太極拳是一種老少咸宜、文武兼妙的鍛鍊方式，以打破一般人的誤會。

另一方面，我們也要知道練武功和練健康的不同點。剛才講過，練武術和練健康在本質上是一回事情，這也就是為什麼武術套路可以用來鍛鍊身體，而身體健康的人也就較易學會武術的緣故。但是，練武的人雖然一般都很健康，而健康的人卻不一定都會武藝，可見這裏面還是有些差別的。

我們說，所謂武藝，這是一門特殊的藝術。要學會這門藝術，身體健康當然是一個條件，但決不是唯一條件。像其他藝術一樣，它還要求有靈敏的感覺。例如，學音樂要會聽，學畫畫要會看，學武藝要會什麼呢？

照以前人的說法就是要懂勁。當然，會聽、會看和懂勁的程度在每個人的天賦上是不同的，但決不是全靠天賦，而是也有鍛鍊的成分。特別在練拳的懂勁上，鍛鍊的成分更多。也有人，經過多年苦練，仍舊不能懂勁，但此所謂不懂，並非絕對不懂，只是懂得尚粗，夠不上王宗岳的所謂「懂勁」罷了。因此，任何人只要照規矩練，總會由粗而細，愈練愈懂的。

此外，還有一個重要的條件，便是武術實踐，也就是

所謂對練或打對子。一般所熟悉的推手便是太極拳的對練方式之一。如果不經實踐，即使個人練得很細，也還只能練健康而已。

近百年來，各種拳術逐漸變質的根本原因，便在於過去那種出死入生的實踐已經日益減少所致，根據發展趨勢來看，武藝正在變為一種體育鍛鍊方式或表演藝術了。

◆ 陳微明

陳微明（1881—1958），著名武術家，太極拳名家。又名慎先，湖北省蘄水縣（今浠水）人，清光緒二十八年（1902年）壬寅科舉人，曾任清史館纂修。

1915年從孫祿堂精習形意、八卦等拳藝；後從楊澄甫專習楊式太極拳8年，並得到楊健侯親自指點，深得楊式太極之精髓，明楊式太極之勢、理、法、訣。

1925年，陳微明先生南下上海，於寧波同鄉會內創辦致柔拳社，傳授太極、八卦、形意諸拳，主要推廣楊式太極拳。滬上名人王一亭、聶雲台等均來就學，並集結多年習拳心得，於同年出版《太極拳術》《太極拳問答》二書。此二書堪稱早年所出版之楊式太極拳諸書中，最具權威之著作，內有澄甫先生早年拳架照片，可謂是彌足珍貴。太極拳能從北京南傳至上海、廣州等地，與陳微明先生的積極推廣和宣傳可謂息息相關，從這個角度來說，陳

先生對於太極拳之南下廣傳，當居首功。

陳微明先生性情豁達，胸懷坦蕩，無門戶之見，常邀吳鑑泉、楊健侯、楊澄甫、孫祿堂等名家到致柔拳社任教，人稱「好好先生」。1931 年曾為國術團體籌組聯合委員會起草會章；1942—1943 年親任致柔拳社社長；1948 年由台灣回大陸，介紹台灣同胞學習太極拳情況，為兩岸武術交流作出了很大的努力。可以說陳微明先生是一位文武兼備的優秀武術家，為太極拳的推廣和發揚做出了傑出的貢獻。

☯ 練太極拳之效益

問：練太極拳於身體究有效驗否？

答：余創辦致柔拳社已四載餘，入社學者不下千餘人，皆為身體病苦而來者。一年之後，宿疾脫體，精神健旺，顏色光潤，無論肺病、咯血、胃病、不能飲食、遺精、痔瘡、頭痛、頭暈、手足麻木、肺胃氣痛，種種沉痾，不勝枚舉，練太極拳後，莫不霍然。此本社已見之明效大驗也。

問：女子宜練太極拳否？

答：女子身體柔順，練太極拳尤為相宜。本社女子因病來學者均已健壯。有廣東梁璧疊女士，從余學二年，曾作文一篇，錄於後，女界不可不注意也。

文曰：「吾雖為女子，而體質非弱。惟性好靜，終日默坐，專心學問，以為立身處世之本。對於修養健康之道

素不講求，日積月累，遂覺氣不足以舉其體，馴至脾失健運，患胃病者垂三四年。日與藥爐為伍，視世間如地獄，無復一毫人生樂趣。一二名醫告吾曰：此病非藥可治，首須節勞，又須稍事於勞。所謂稍事於勞，蓋指體育運動言也。予是時一笑置之。第念生性好靜而不好動，若勉作運動，反增其苦。於是轉習畫，欲以筆墨點綴花、木、禽、魚，揮灑煙、雲、山、水，為陶冶性情之資。然於病仍不減，於藥也不能為效，計無復之。

回念醫者襄告吾言，意稍稍動。適湖北陳微明先生在滬設立致柔拳社，以太極拳教授男女生徒甚眾，學者各有所得，有宿疾無不盡去。吾父勸吾入社習拳，吾以太極為理中氣，為天道之行健，與調和人身氣血之至理相通，乃毅然入社，時丁卯夏六月也。

習拳法未一月，食量頓增；三月後，體量加重約五分之一。向所不能為之事，今皆能之；向以為苦者而今則以為樂。精神暢遂，體質豐腴，朋友親戚相見幾不能識，吾亦不知何以收效如此之速也。

嗣知太極拳法，渾圓無極，歸於一氣，本天地造物之通於人身者，復隨其機而運用之，使血脈永無凝滯。葆先天之靈明，得後天之長養；正者引之而無盡，邪者格然而不能入。顧太極拳法取柔，莊子謂天下至柔，馳騁天下至剛，老子謂『柔制剛，弱勝強』，天演之理，故能收益一切，不用力而力自生，不傷氣而氣愈足。諸種內家拳術，以太極拳法為最圓滿。相傳人得之者可以輕身而延齡，雖不必盡信，而吾之所得已如此矣。

　　陳先生嘗語予曰：『汝之始來為卻病也。繼自今久習
勿怠，他日所進，將有不可限量，不可思議者。』夫吾於
太極拳法，其所以學之，與其所得之者，固大有感於其
中，深恨得先生太晚，又焉敢怠哉！」

　　以上梁女士所述，足見太極拳尤益於女子，惟須有恆
心，不淺嚐輒止，未有不見效者也。

第二卷　太極拳之論

◆ 徐震

　　徐震（1898—1967），字哲東，江蘇常州人，著名太極拳理論家、實踐家、研究家。5 歲入私塾，14 歲進入冠英高等小學，次年去上海讀中學。19 歲進東吳大學，並得到南京圖書館館長柳詒徵和國學大師章太炎的賞識，成為章的入室弟子。

　　新中國成立前歷任滬光大學、中央大學、武漢大學、安徽大學、震旦大學教授，上海常州旅滬中學校長等職。

　　中年曾在常州創辦常州武術館，並從于振聲、馬錦標學查拳，從周秀峰學形意拳，從杜心武學自然門技法，從楊少侯學太極拳。

　　1931 年經張士一先生引薦跟隨郝月如先生學習武派太極拳，此後放棄以前所學武技，專心於武派太極拳之研究。

他擅長國學，愛好武術，其成就最大、用心力最多的是對太極拳史的研究，且成果豐碩。同時徐震先生也是我國早期太極拳史論研究之先驅，約於 1929 年出版了《國技論略》，和唐豪同為近代知名的武學研究專家，但其學術態度則較唐豪嚴謹得多，對於太極拳的考證研究則多有獨特視角，且有理有據，一掃當時學術界有論無據之武斷考證之風氣，讓人耳目一新。

在武術方面，徐震主要師承郝為真之子郝月如，屬武式太極一系，並深得武式太極之精髓。而他本人除了精研太極拳技藝之外，尤其是對於太極拳歷史之研究用心最多，著墨亦最深，堪稱太極拳史學研究之奠基者。其著作《太極拳發微》，大約於 1935 年前後出版印行，甫一出版，即在太極拳界擁有廣泛讚譽和一致好評。其著作由後人整理出版的還有《太極拳譜箋》《太極拳考信錄》《太極拳譜理董辨偽合編》《萇乃周武術學》《萇氏武技書》等（大展出版社出版），皆為傳世之名作，頗為廣大太極拳愛好者和武術研究者所推崇和喜愛。

☯ 太極拳發微

‖ 上　篇 ‖

◆ 總詮第一

合於變，因於物，動而時發也。機弁術之用，有如是

者乎？清明在躬，志氣如神，能定能應，不將不迎，弁術之妙，有逮此者乎？

吾為此術，二十有五年矣；各家之傳，亦頗察識之矣，而獨心於太極者，以其於此有當也。太極之學，始則謹於法度，中則因於變化，其究無為而無不為。

吾讀《莊子‧養生主》，於庖丁之解牛，而得太極拳之說焉。曰所見無非牛者，是猶理法未通，隨處牴牾也。曰未嘗見全牛也，是猶理法既熟，隨處得間也。及夫以神遇，而不以目視，官知止，而神欲行，則不知力之在彼乎？在我乎？彼我都忘，心形相融，而心得為物之主矣。淵兮，邃兮，弁術而造於此也，又豈神於弁術云爾哉！正心以成德，道亦不越乎是矣。

◆ 時中第二

《易》稱：「一陰一陽之為道。」謂夫天下事物，皆相反而相濟也。夫相反相濟之謂和，和則一。和之一，非執一偏至之謂也。以是推言力之用，力均則平，平由相反而相濟。平，故兩力若不存焉；是以相濟成和。

若夫一呼一吸、一動一靜、相濟成和，則為致一之虛。身心能虛，成和之修也。成和之修，肇乎用力之至均。用力之至均，在乎隨宜而得中。

夫運身舉步，由習而安。苟非習慣，舉足將傾。假令孩提之童，不使學行，雖至年長，猶將不能舉步也。

今使運身舉步，可以宛轉繁變，即遇外力之猝迫，亦能安之若素。此於習慣，必有方矣；其以形之時中為始基

哉！

◆ 因應第三

夫時中之用，應物而運。不執成心，故能與物推移，無所凝滯。虛靈之技，由斯而生。

虛靈者，無不可合，而無所不因也。無不可合者，以我合彼，而獲我所欲也。無所不因者，力不勞而功就，心不動而形隨也。若是者，謂之動亦定，靜亦定，無為而無不為。

昔者，鄭有神巫曰：「季咸。」知人之生死存亡、禍福壽夭若神。及壺子示之，以未始出吾宗，與之虛而委蛇，不知其誰何，因以為弟靡，因以為波流，而季咸逃矣。太極拳因應之道，亦何以異是哉。

◆ 德藝第四

成和之修，必由於順。形順乎氣，氣順乎意，意之專一者為志；志以湛靜順乎心。心者，神志之所宅也。形何由而順乎氣？必致其柔。柔何由致？首蘄合度。度何所依？依於身法。身法者，肇為時中之矩律也。

氣者，百骸、九竅、六藏、血脈，所待而運也。是故，氣瞀則體病，氣促則形勞，氣餒則志衰，氣粗則心躁，氣平則體舒，氣靜則心安。凡管乎一身之內外，操其通塞之樞鍵者，其惟氣乎！是以形能順乎氣，成和之始基也。氣能順乎意，意由專一而順乎心，則得乎常心而神發智矣，此成和之極功也。

氣若何而順？始於善練，進於善養。伏氣使沉，斂氣使細，是為善練。見素抱樸，則氣醇矣；少私寡慾，則氣定矣；是為善養。善練善養，則氣浸順乎意，意浸專一而不外馳。久一則寂，寂則廓然而心正。

心正者，神自清。故能感而遂通，應而不藏。疾患去乎體，寬容適乎物，而明通公溥之德，成於心矣。古人有言曰：「德成而上，藝成而下。」今也，由曲藝而進於成德，是為下學而上達。

◆ 功用第五

由形及氣，形外而氣內，形粗而氣精。由氣及意，氣外而意內，氣粗而意精。由意及心，意局而心通。

心者，神之宅。心和平而不蔽，保真而不蕩，則神守虛靈之宅。心神相得，斯為上德。是故，功之始，自外而及內，自粗而及精。功之極，渾然皆忘，無外無內，無粗無精，而一歸於時中，致其功而技用神焉。是以迭用柔剛而不過，泛應曲當而靡遺。

‖ 下　篇 ‖

◆ 技詮第六

兵法：「致勝之要，在以逸待勞，後發先至。」技擊之巧，亦盡於斯。然非養成智勇，無以逮此。

何謂智？知己知彼也。何謂勇？有主於中也。知己知彼，乃能從吾所便，乘彼之隙。有主於中，乃能無所驚

眩，得當而應。夫何以致此哉？在理明而心定耳。理明則不惑，心定則不懼。約舉理要，因勢而已。以言心法，習慣而已。

夫不能善因，而惟知自用，兩力相值，力大者勝。兩捷相遇，僥倖者勝；則無為貴術矣。且力多用則乏，身數動則罷。縱能致勝，非善之善者也。

力不妄用，身不妄動，不值其鋒，而入其空；曲折求達，以傾其中。彼雖有大力，莫能自攝；雖有巧捷，不能避就，因其勢也。驗之久，操之熟，不假思慮，隨感而應。如縱步坦途而不顛頓，如飛塵至目而瞼自閉，習慣然也。若是者，智勇之所由成也。

故肆習太極，務在柔緩。柔可馴至和順，緩可詳審體察。和順而後能因應，體察所以求明理。及至習慣如自然，則遇物不懾，心自定矣。皮相之流，不識竅要，徒觀演架之時，雍容布揮；推手之際，優優盪摩；以為柔則無力，緩難應急；容有益於衛生，而無當於技擊。此所謂下士聞道，大笑之也。

◆ 明習第七

凡習太極，演架、角技（即推手），功當並重。演架者，本諸身也。角技者，試諸用也。徒重演架，則當否靡徵；徒好角技，則會心不密。致力均齊，則演架有悟，可試諸角技；不得於角技，可察之於演架。旋察旋驗，察亦如驗，驗亦用察，乃可探索入微矣。

演架必先蘄當於規律，角技必先取準於時方。二者皆

得，則可謂合度矣。逮至洽熟於身，審諦於用，形氣相諧，外內咸若，舉體協、各節隨，周旋轉折，無不如志，沉機會變，其應如響。其用力之得所也，如引弦以激矢也；其用力之無阻也，如舟行順流而乘風也；其用力之節嗇也，若以一指息爝火於熛煙之中也；則可謂精妙矣。乃專氣而壹志，務為靜也，務為斂也。靜之又靜，斂之又斂。動無非中也，應無非定也。即變如常，行其所無事焉。和順之至也，則可謂圓融矣。

是故，始於合度，惟法是依；中於精妙，忘法而不離於法；極於圓融，乘物而不見其物。超然綿邈，常守沖虛。斯可謂進於道者也。

◆ 練體第八

演架規律，統於十事。凡此規律，是名身法。

十事者：一曰提頂。提頂者，頭有提契全身之勢，頂門與會陰常相對當也。

二曰拔背。拔背者，背椎略向上起也。

三曰含胸。含胸者，肩微前合，鎖骨、胸骨下降也。

四曰斂脅（原名護肫）。斂脅者，肋骨下降相密比也。

五曰鬆肩。鬆肩者，舒展肩胛帶，令肩下垂也。

六曰沉肘。沉肘者，使肘關節常下沉也。

七曰裹胯（原名裹襠）。裹胯者，兩股之間，為內向穹合之勢也。

八曰攝尻（原名吊襠）。攝尻者，腰椎微向後穹，臀

向前收，少腹取上翻之勢也。

九曰騰挪。騰挪者，足下分明虛實也。

十曰閃戰。閃戰者，全身肌骸，舒暢調適，能隨時隨處運移也。

提頂拔背，則神志清明（以腦脊髓神經易於安寧）。

含胸斂脅，則感應警敏（上體肌肉，以含胸斂脅而得空鬆。肌肉空鬆，則皮膚感覺極靈，而神經之反射亦速）。

鬆肩沉肘，則關節通利（肩肘關節不滯，則上體肌骨不受牽掣，各節皆得通利）。

裹胯攝尻，則身安息調（裹胯，則腿下屈，而重心降低。股與骨盆所成之杵臼關節運轉之地位寬舒。若但屈兩腿而不取內裹之勢，則杵臼關節運轉之地位迫促。重心降低，則置身穩定。杵臼關節運轉之地位寬舒，則迴旋便，避就易。此皆安身之要法也。攝尻則腰肌自鬆，微作弛張，即可使膈膜升降而成腹呼吸。用腹呼吸，則息之出入易調。雖伏氣尚有專功，此固伏氣之本也。又裹胯、攝尻二勢，亦互相助成）。

足常一虛一實，交互相代，以支其身，則進退變轉甚易（以重心不致提高，力矩不致增長，故動中依然穩定，動時仍可發勁），故能騰挪。周身隨時隨處可以運移，則宛轉避就，無所底滯，故能閃戰。

十者悉合，是為合度。一事未合，餘即受其牽繫，難以盡當。故演架至於合度，於弁搏與養生，咸可得效矣。初學未能兼顧，則姑先擇數勢，措意習之。使之略能近

似，更及其餘。浸習浸洽，以臻貫通，而後可進於精妙。

◆ 練用第九

角技必取準於時方，弁術皆然。伊惟太極，善藉彼力，善用我力，則非自余各家所及矣。

蓋各家所爭者，得時之先，得方之勢。太極之妙用，不爭先而蘄隨時，不爭勢而蘄隨方。能隨，則無時非先，無方不順。

請言太極時方之準：夫時之所爭，不過瞬息，而力之作止變轉，輒見節族。及其將作未作，將止未止，將變未變，將轉未轉，於是焉取之，謂已應節。不得其節族，勿取也。已失其節族，必將有待也。故不爭先，而蘄隨時也。

然而我之力亦有作止變轉，而無節族可尋者，何也？凡複合之動，錯綜而運，不能行於一時，則作止有跡，變轉有端。一斷一續，而節族顯。若於一時，能為複合之動，錯綜而運，則循環無端，連綿無跡。取勢常相反相濟，則屈伸往來，避就攻守，可以俱時，而有節族，奚由尋哉？此時之準也。

夫方之所爭，惟在毫釐分寸。其用之也，有前後、左右、上下、斜正、曲直。所以用其前後、左右、上下、斜正、曲直者，總歸於順逆。轉其順勢，順反為逆。乘其逆勢，當機勿失。此據彼而言也。惟勢勢自處於順，乃可制彼之逆。此據我而言也。故彼來我接，彼去我迫。毋當其衝，而就其空。避其衝者，非徒讓也。左旋右進，上捨下

攻，斜切曲取，亦為讓也。就其空者，非必前也，退接傍
掙，亦為就也。正以用斜，斜以濟正。直以用曲，曲以濟
直。若是者，必於一勢之中，兼用數勢；一動之傾，非止
一力。要使彼力方向陡變，彼心倏受震驚，則可使彼力還
施彼身，而吾直如摧枯焉。此為善於隨方，此方之準也。
然方雖得準，應時則效。時或小差，效即減殺。時若相
違，效或相反。時之於方，亦猶是也。

故當肆習角技，必合而用之，以蘄確當。寧循理而求
精，毋越理而求勝。功候至，而智勇存焉。

◆ 境詣第十

程功之序，曰合度，曰精妙，曰圓融。凡此所歷，各
有境詣。

始學之時，骨節不舒，腱不柔韌，肌不調諧，膚不寬
敏，步無虛實，則置身不能穩；舉措不能當。是以作止
遲，而使力拙。及至骨節已舒，腱已柔韌，肌已調諧，膚
已寬敏，步諳虛實，則置身自穩，舉措自當，作止輕利，
使力剛捷。此雖合度，猶為外形之和順，而未及內也（和
順，以肌肉調諧為首要。大抵，上體肌肉易鬆，下兩肢較
難；至下兩肢肌肉亦鬆，則竟體調諧；能若是，外形和順
之工畢矣），外功拳之精者，亦能之。太極之功，已造此
境，又將自見其粗而不細，疏而不密，生而未純也，始知
進而煉其內。

煉其內，則必程功於伏氣，使呼吸與開合相應。其呼
吸之出入也，不散不促，安勻流利。浸習以洽，則內肌與

外肌之弛張相得也。臟腑經絡之間，遂暢無滯也。在身，則形與氣相和順也。在用，則自與他相和順也。於以直湊單微，是為精妙；此非外功所逮矣。

造乎此境，驗諸角技，其效有六：一曰安；安者，動無虛妄，不至於人。二曰敏；知己知彼，感準應確。三曰簡；簡者，宛轉曲折，不見形跡。四曰易；易者，乘間蹈瑕，恢恢有餘。五曰深；深者，形見於此，用起於彼。六曰涵；涵者，渾然無有端涯，而能包覆羅絡。是於弁術固已優矣，然猶有意求勝，以我制物，未能無意自合，乘物遊心也。

進於此，當忘氣。忘氣，意之適。意適，而心定矣。動若不動，應若未應。若然者，形不累其心，心得主其形。物不與我違，我得為物主。力主在彼，無異在我。所謂神者，先受之也。

（《莊子・知北遊》冉求問於仲尼曰：「未有天地可知耶？」仲尼曰：「可。古猶今也。」冉求失問而退。明日復見曰：「昔者吾問『未有天地可知乎』？夫子曰：『可。古猶今也。』昔者，吾昭然；今日吾昧然。敢問何謂也？」仲尼曰：「昔之昭然也，神者先受之。今之昧然也，且又為不神者求耶？」云：「虛心以待命，斯神受也。」註：「又為不神者求邪？」云：「思求更致不了。」震謂：拳技之功，達於至精至醇，會彼外力，心不起念，自然隨應，亦為神受也。）

夫是之謂，無意自合，乘物遊心。其所以致此者，常使呼吸甚深、甚細，綿綿若存，固不獨持之於演架、角

技，又當養之於平時。此大智大勇之境詣，可謂造於圓融矣，要未離於和順也。

問曰：「太極之功，僅臻合度，直與外功無別邪？」應之曰：「非謂無別也，謂其技用相等耳。如置身穩，舉措當，作止輕利，使力便捷，是所同也。至於太極之規律，非外功所能具。故外功能進於精者，鮮也。」

◆ 伏氣第十一

伏氣之法，樞鍵在腰。何以言之？以腰肌之弛張，可使膈膜為升降（腰肌張，則膈膜降，而為吸；腰肌弛，則膈膜升，而為呼。將欲息之出入深細，首在膈膜之升降與肺之弛張相應）。腰肌與胸肌弛張相調適，則肺不勞而肌膚呼吸之功用充（凡腹呼吸練至純熟，可增進皮膚呼吸之機能）。此和順心氣之法也。

若不謀心氣之和順，則有二患。

其一，吸氣多而呼氣少，則將或患中滿，或感結轖。

其二，外肌雖寬，內肌或急。關節肌鍵，雖已舒展，臟腑筋絡之間，未盡遂暢，則有時將覺悖戾，有時不免債張。

惟胸肌與腰肌弛張能相調適，則胸腹之間，一闔一闢，自爾和順，而呼吸之根，若在臍下。雖身有動搖，而壹於氣。內忘其氣，而合於志。志者，意之致壹者也。及其和順之至，志亦如忘。但覺融融泄泄，若將飄搖輕舉然。夫是，之謂能化。

問曰：「伏氣之功，必待外形和順方可及之耶？」

應之曰：「外形即已和順，自無大喘疾息，亦可謂調息。然呼吸猶粗，緩急亦未甚勻。沉靜之工未加，即輕燥之失難除。但初學者，外形尚未和順，驟而語以伏氣，則形之與氣，不能相得，徒著意念，更生扞格，乃至無益有損。學戒躐等，理不誣也。若外形已臻和順，不復求進，亦無須更講伏氣。若復求進，必入深細。既趨深細，二患亦來。是以伏氣之功，不可不講也。」

◆ 養生第十二

養生之術，古有導引。《莊子‧刻意篇》曰：「吹呴呼吸，吐故納新。熊經鳥伸，為壽而已矣；此導引之士、養形之人、彭祖壽考者之所好也。」

李頤注云：「導氣令和，引體令柔。」

華佗亦云：「人體欲得勞動，但不當使極耳。動搖，則穀氣得消，血脈流通，病不得生。譬猶戶樞不朽也。是以古之仙者，為導引之事。熊經鴟顧，引挽腰體，動諸關節，以求難老。」此皆導引家之精義也。

惟太極拳，貴和致柔，動而不極，悉合導引之方。則雖為弁術，固具導引之精義焉。雖然，猶未也。導引止於養形耳。太極者，亦以養心。

夫其自外而及內，至於內外兩忘，則可以心普萬物而無心，情順萬事而無情，於養形也何有？昔者，唐仲俊，少時讀《千字文》，於心動神疲而有悟，平生未嘗動心也。故年至八十五六，猶極康寧（事見陸游《老學庵筆記》）；彼得不動心之一瑞，尚能若是其壽。況於形氣交

養，而歸於正心凝神者哉！是則引年之本矣。

◆ 序志第十三

太極拳者，以弁技為主；亦兼導引之術。不知創之者為誰。明末，王介祺有《太極連環十三刀法》。以太極之名，用於技擊，始見此書。不知其時已有太極拳否？

在清乾隆年間，山右王宗岳，始以太極拳法，授溫縣陳氏。今之傳太極拳者，皆源出於此。宗岳又撰論一篇，敘次舊文，纂成拳譜。厥後永年武河清禹襄，李經綸亦畲，續有著述。言非苟作，論不虛生，其領攝本宗，贏垺枝緒，精矣。

然語簡難知，又未能區入曲詮。余嘗撰新論六篇，綜而貫之，條而理之。資於物理、生理、心理，以闡其厥義，自謂頗明暢矣。

由今觀之，說多疏淺。於時造詣未測玄奧，難為究竟之談也。乃更製《發微》十有二篇，差擇眇恉，提挈凡要，誠得其意，可以會夫宗極矣。其達諸正成心德，非附會也。理自可通，道自可由也。

十二篇中，上五篇，主言義；下七篇，主言法。法之中有義焉，義之中法存焉。讀者善察之而已。雖然，書不盡言，言不盡意。孰是得意而忘言者，庶幾為卜梁倚，吾其為汝偶可也。

中華民國三十六年八月六日撰次竟

武進徐震哲東記

◆ 向愷然

向愷然（1889—1957），武術理論家、研究家、武術活動家，同時亦是近代著名的武術小說家，筆名「平江不肖生」，靈感來自老子《道德經》之「天下皆謂我道大；夫惟其大，故似不肖」。

他從小文武兼修，文學、武術，兩者均有深厚造詣。早年兩次東渡日本，求學弘文學院、東京大學。他與日本柔術家、劍術家頗有交往，功夫大進。回國後參加過反袁運動和大革命。

1932 年回湖南創辦國術訓練所和國術俱樂部，是現代著名的武術活動家。

1933 年後，歷任湖南國術訓練所秘書兼教育長、安徽大學教授、湖南省政府參議。新中國成立後，出任湖南省政協委員、省文史館館員。

後出家為僧，68 歲時因病逝世。

在武術方面，向愷然先生的武術理論和實踐功底均很深厚，且其立論多有獨特之見解，先後著有《拳術》《拳術見聞錄》《拳術傳薪錄》《拳師言行錄》《拳經講義》等專著，深得拳術愛好者所喜愛和推崇。向先生與太極拳名家吳鑑泉之二公子吳公藻亦過從甚密、交誼深厚，拳藝交流甚多。

向愷然先生平生武俠著述豐富，名震海內外，風靡一時，他本人更是被稱為 20 年代俠壇首座，領導了南方武俠小說之潮流。先後出版了多部武俠著作，如《江湖大俠

傳》《江湖小俠傳》《江湖怪異傳》《霍元甲傳》《艷塔記》《鐵血英雄傳》等，這些武俠小說一經問世，就受到了廣大讀者的熱烈歡迎和一致讚譽。

☯ 太極徑中徑

◆ 釋 名

太極拳原名綿拳，又名長拳，又名十三勢，又名小周天。其更名太極，不知始於何時何人。以上諸名，皆切合事實，良非偶然。

綿拳者，因其著法，綿綿不斷，而其體復以柔軟如綿為原則，故名。

長拳者，如長江大河，滔滔不絕，而勁斷意不斷，運用較長於他拳，故名。

十三勢者，綜合拳勢中各種動作，歸納掤、捋、擠、按、採、挒、肘、靠、進、退、顧、盼、定十三勢。分析言之，則每勢之中，又皆須具備十三勢之意。有一不具，則其勢為不備。先哲恐學者徒重形式，輕忽實際要義，故以十三勢命名。而十三勢之名稱，在一百餘手太極拳中，除進退外，學者欲求十三勢之所以然，自非細心體驗不可。至名小周天者，則係道家名詞。

此種拳術，原出道家導引之法。道家功夫，有動靜二種。靜者為坐功；坐時，所守雖各有不同，而其功用呼吸則一，故名吐納。動者為引功。引功亦各有所守，而意在

周遍，故名導引。人之一身，縱有任（胸前）脈、督（背後）脈，橫有帶脈。象法天地，縱橫互轉，周遍全身，為一小周天。後人誤作小九天，則義無所取矣。斯亦因其內含之意命名，與形於外之動作無關也。

　　以上所舉各名稱，雖皆含義至深，名實相符。然或則微嫌隱晦，或則偏重外形，胥不及更名太極之至當恰好。

　　太極之名，流傳最古，在首創文字之時，古聖人以之象徵天地者也。其形為一圓，中以Ｓ式之線，區分紅黑。略具知識之吾國人，一望即能辨其為太極圖也。紅者，象徵乎陽；黑者，象徵乎陰。

　　太極拳者，亦即每一動作之中，皆以圓為體，陰陽為用。所謂動靜也、虛實也、剛柔也、開闔也、屈伸也、弛張也、存亡也、皆陰陽也。名異而實同也。

　　所有太極拳全部之動作運用，無在不以圓為體，陰陽為用。舉長拳、綿拳、十三勢、小周天等含義，以「太極」二字，包括無遺。形於外者如此，藏於內者亦如此。運於全身者如此，觸於局部者，亦無不如此。命名之至當恰好，無過於此者矣。

　　然時人有因此拳名為太極，而掤、捋、擠、按、採、挒、肘、靠八勢，古人有格於八卦之說，遂不察古人以離坎定方位之意，妄加穿鑿，以易之象詞，為附會之具。謂離為火，有炎上之象；坎為水，有就下之象。一若全部易經，專為太極拳而說法者。使學者幾疑太極拳為神化之術，非精通易理後不能學，豈非自欺欺人之甚者乎。

　　或曰：時人附會易理，持之有故，義似可通，何妨並

存其說，俾好學深思之士，得於此中求得奧義，詎不甚佳。余曰：不然。一切拳術，皆應從實際功夫著手，豈口舌閒事。即陰陽二字，悟其功用，可謂取之不盡，用之不竭。然其所以運化之巧，雖以數十年研磨之力，猶苦難窮。時人所附會者，理論誠玄，於事實何補，徒以紛紛者，亂人心曲耳。

至謂持之有故，義似可通，則一切技藝，皆通於道。佛言「道在一切處」，豈惟太極拳與易理可通。在進於道者觀之，則一切與一切皆無不可通也。讀予文者，幸毋震於虛聲而遵循其不切事實之理論也。

◆ 用 意

太極拳為內家功夫，學者之能成就與否，其關鍵全在知否用意。知用意則有成，不知則否。用意愈精，則功夫愈細密。先哲論著中，關於用意之指示，如「凡此皆是意，不在外面」；如「命意源頭在腰隙」；如「勢勢揆心須用意」；如：「意氣君來骨肉臣」；如：「意氣須換得靈」等等，不勝悉舉。用意之關係重大，從可知矣。

惟學者不經傳授，雖熟讀先哲之文，仍苦不知用意次第。因太極之著法，與他拳迥異。他拳肘則為肘，膝則為膝，效用顯露。學者易求其力量集中之點。每一動作，心目中皆得設假想之敵。拳術之動作愈簡明者，練習愈易收效。因其用意所在，顯然可見。如近世歐美盛行之拳鬥，用意極簡，成就極易。捨憑藉天然壯健之體力，加以鍛鍊外，無所謂藝術也。

太極拳則不然，力量集中之點，初無定位，其目的在能求於應用時，因敵變化。故於練習時，務令周身無一處非力量可集中之點。欲於用時能臻此境界，全在練時用意周密。惟太極之著法，既不如他拳之肘則為肘，膝則為膝。故第於每一著法之中，細求其掤、捋、擠、按、採、挒、肘、靠之方位而加之意焉。

如何是八者之方位，前章已言之。太極之動作，以圓為體。每一圓中可分析為四正、四隅，即寓八法。進、退、顧、盼、定，亦同寓八法之中。非於八法之外，別有進退顧盼定也。例如掤、擠、靠為進，用右則左顧，用左則右盼。捋、按、採為退，顧盼亦反於前。挒時可退可進，顧盼隨之而異。至中定尤為十三勢之主，不但十三勢以中定為主，可謂一切法皆由中定而生。無中定，則一切法胥無所附麗。

譬之以規燒畫圓，定點不移，圓斯成就。若無定點，規雖在手，圓不能成。太極既以圓為體，則每圓中，必有其定點，毫無疑義。惟太極之用遍全身，圓亦遍全身。

初學者，將以何法求每圓之定點。用以簡馭繁之道，在先求一身中定之點。一身中定之點何在？則在腰間。太極拳之原則，為不用力而用意。故於每一動作之先，須注意腰部。體以規畫圓之不移定點，然後發為各種動作。先哲論著中所謂「刻刻留心在腰間」，所謂「命意源頭在腰隙」，所謂「腰如車輪」，所謂「主宰於腰」，皆明示中定之點在腰也。

至每一動作用意所在，則當就其形式仔細揣摩。因太

極之形體，各師傳授不同。有所謂大架子、小架子、新架子、老架子等等分別。動作極不一致，然其屬於意者則無不同也。練時只須認真分析，進則為掤，為擠，為靠，或為挒，為肘。揣摩其意，並使之連續。退則為捋，為採，為按，或為挒，為肘。就形體之近似，而加之意焉。

唯此說法，乃就初學不知用意者勉強分析而言，使得有下手之處。若進一步言之，則每式皆含有十三勢，進退顧盼不能拘也。初學者最好先求手之用意。兩手分出賓主，僅注意主手，賓手隨主手而動。

以上動作，雖皆主宰於腰。而用意不妨先求其在手者，因手之動作顯著，應如何用意，尚易揣摩。略舉二例，以概其餘。初學者，揣摩用意，未必適合。然寧可錯誤，不可無意。意隨動轉，變換自靈。先哲謂「意氣須轉換得靈」，乃恐後人緣外家拳練法，拳則注意於拳，肘則注意於肘，而忽略太極連綿不斷之意。所謂動則變，變則化，亦是此意。學太極拳者，若不能勢勢揆其用意，即練習純熟，亦不過進退周旋之屬於外形者也，內家云乎哉！藝術云乎哉！

◆ 開 闔

前章言用意，固為練太極拳者，必不可忽略之條件。然同時必於每一勢中，求其「開闔」之跡，然後意乃可施。開闔云者，就太極以圓為體而言。圓為兩弧相合而成，向外半弧為開，向內半弧為闔，每一開闔，應先知其樞紐所在。

　　樞紐者，亦即前章之中定。太極全部拳勢中，有全身之大開闔，有局部之小開闔，有縱開闔，有橫開闔，有正開闔，有斜開闔，有內開闔，有外開闔。運用開闔之意，外有跡象可尋者，為外開闔。而每一大開闔中，周旋進退之間，含有無數小開闔。外無跡象可尋，意實連續不斷，此非局部小開闔，因局部小開闔有跡象也。如進退之轉換，往復之摺疊，皆有內開闔。外開闔易知，內開闔每易忽略。此等處若無內開闔，則進退往復皆成虛設，勁斷意不斷之言無據矣。

　　更有屬靜坐之內開闔，茲不具論，當另文詳之。無論太極之開闔不盡於此。且師承各異，姿勢不同，開闔之象，亦因之有別。即同一師承，各人之心得體驗，亦未必盡合。尤有教時未嘗注意開闔，動作含混。常有有開無闔，及有闔無開者。亦有連數開或數闔於一處者。論理，無開不能有闔，無闔何以有開。然教者初未注意開闔，全部拳勢中，開者不知其為開，闔者不知其為闔。囫圇吞棗，無異舞蹈。雖習練甚久，何俾實用。

　　學者欲於太極得真藝術，非求每一動作中開闔之勢，而以意附於開闔之中。前言開闔之樞紐，即是中定。局部小開闔，其樞紐在每一開闔之中心。然初學者若從枝節處著手，即甚了然，亦不易合度。惟有先求其總樞紐所在，每一動作，用意皆從此點出發。久之自能節節貫串，無在不有開闔，無在不有樞紐矣。

　　總樞紐何在？則上下者在腰，左右者在脊。在已得此中三昧者，惟覺一切動作樞紐，悉在腰間。然練習步驟，

如雲手、野馬分鬃等，左右開闔之勢，若不知以脊為中樞，以著者個人經驗推之，殊難得機得勢。於此知古人所謂「牽動往來氣貼背，斂入脊背」。所謂「尾閭中正神貫頂」，及「頂頭懸」，「力由脊發」諸云云者，皆明示後人以脊不可忽也。

陳品三曰：「開闔虛實，即為拳經。」虛實亦即開闔。十三勢歌曰：「屈伸開闔任自由。」屈伸亦即開闔。質言之，太極拳無窮妙用，「開闔」二字盡之。學者不於此中探索，將於何處下手？

太極術語，有陰陽、虛實、剛柔、弛張、進退、動靜等等，皆同物而異名，各代表其一部動作之意義，無有如「開闔」二字之恰當者。「開」字寓陽、實、剛、張、進、動等意，而兼有其作用。「闔」字寓陰、虛、柔、弛、退、靜等意，亦兼有其作用。且陰陽虛實等代名詞，不合樞紐之意。使學者不易領悟。

唯「開闔」二字，顧名思義，其作用異常顯著。尋常事物之以開闔為用者，如戶牖摺扇，人所習見。雖至愚之人，亦可了然於其所以能開能闔者，端在樞紐。樞紐一經動搖，開闔之用，隨之消失矣。非若陰陽虛實等名詞之僅能代表其一部分意義也。

惟是以著者十餘年中所見各家太極拳著法。如孫祿堂派之傳自郝為真者，與陳子明一派之傳自陳海村者，固形勢大異。即吳鑑泉先生一派之傳自楊露禪者，亦與楊家今日授徒之形勢有別。著法既殊，開闔之跡，自然迥異。且多有頓足奮臂、軒眉怒目之姿勢，一若外家拳之蹈厲騰

踔，威猛不可一世之概。欲於此等著法中求開闔，難矣難矣。王征南曰：「今人以內家無可炫耀，於是以外家攙入之，此學行當衰矣。」此弊自古已然，不自楊家始也。

吳鑑泉先生獨能篤守家法，精粹純一，得未曾有。吳子鎮（鑑泉先生長子）言其祖父全佑先生臨終遺囑，諄諄於太極拳，謂當謹守成規，不可自作聰明，擅作更易。蓋亦有見於當時賢者所為，而與王征南有同慨，遂不自覺其言之諄諄也。

◆ 呼　吸

《十三勢行功心解》言：「能呼吸然後能靈活。」著者初疑人孰不能呼吸，無呼吸豈非死人。甲戌冬，王師潤生來長沙，乃得釋疑解惑。呼吸雖為人所必有，然與拳術無關，則不得謂之能呼吸也。太極為道家之導引術，前已言之。而內家拳之所以異於外家拳者，亦只能呼吸與不能呼吸而已。

《太極拳經》言「氣宜鼓蕩」。《太極拳論》言「氣沉丹田」。《十三勢歌》言「氣遍身軀不少滯」，又言「腹內鬆淨氣騰然」「意氣君來骨肉臣」。《十三勢行功心解》言「以心行氣，以氣運身」，又言「行氣如九曲珠」「氣斂入骨」「意氣須換得靈」等等。關於氣之指示，可謂至詳至盡。然學者果以何法使之鼓蕩？使沉丹田？使遍身軀？心如何行氣？氣如何運身？如何能如九曲珠無微不至？如何使斂入骨？如何變換得靈？

縱熟讀諸篇，苟不知從呼吸著手，即數十年純功，亦

終無完成以上諸標準之日。凡此皆氣為之主宰，故《行功心解篇》末有「在精神不在氣，在氣則滯；有氣者無力，無氣者純剛」等矛盾之言。遂使今之學太極者，誤解用氣為太極所忌，鮮知呼吸關係之重大者，豈不可哀。更有略解生理學者，謂呼吸以肺不以腹，橫膈膜以下非呼吸所能達。世人所謂腹部呼吸者，僅橫膈膜運動而已。道家之丹田在臍以下，豈呼吸之氣所能沉到者。嗚呼！此理可據，則先哲種種關於氣之指示，皆不切事實矣。

夫氣豈惟丹田可至，本來周遍全身，任何部分不容須臾滯塞，滯塞則成偏枯矣。周身毛孔之能排泄，非氣之作用而何？祗以常人呼吸，皆因其生而知之本能，毫無用心於其間。故於主宰生存動作之氣，絕無操縱指揮之力。

古人知人生壽夭之關鍵在此，乃有道家吐納導引之術。吐納即呼吸，導引則太極其一也。學者欲了生死之大道，應覓善知識，求太極之真藝術。第一步但須呼吸歸根。歸根云者，即每吸使歸丹田，每呼使從丹田出。練拳時如此，不練拳時亦如此。佛家所謂「行住坐臥，不離這個」，這個者，丹田也。道家所謂守竅者，亦丹田也。

推丹田所在，諸家傳授不一。觀眉間白毫，則丹田在眉間。觀鼻端，則丹田在鼻端。有守兩腎者，則丹田在兩腎。有守臍以下三寸一分者，則丹田在臍下。總之守在何處，則丹自何處產生，故名丹田。吾人非辦道之人，他人所守，是否得當，可不具論。就太極求丹田，在兩腰之間，絕無疑義。先哲指示「刻刻留心在腰間」，誠一語道破。一片婆心，深可感念。

第一步習久自然之後，第二步乃於練拳時，使呼吸附麗於開闔之中。呼附於「開」，吸附於「闔」。全身大開闔無論矣，即局部小開闔呼吸，亦宜認真。二人練習推手時之呼吸開闔，尤不可苟，不可亂。能如此，行之經年，先哲指示諸端，自然成就。呼吸歸根，屬於意之操縱，即是以意存想丹田，所謂以心行氣者是也。此為屬於內者，以意為主，無可懷疑。然著於外之形勢，若不與意相呼應，氣且因之散亂，不容操縱矣。

習太極拳者，「沉肩墜肘，合胸拔背」等詞句，莫不口頭爛熟。究竟何以必沉肩墜肘？何故須含胸拔背？曉其含義蓋寡。惟其含義不能盡曉，故多認二語為練太極拳必具之條件。遂致勢勢皆沉肩墜肘，勢勢皆含胸拔背。不知沉肩墜肘，合胸拔背，以虛實論則為虛，以陰陽論則為陰，以剛柔論則為柔，以開闔論則為闔，以呼吸論則為吸。用之當，斯為內外相合，不當則相乖違矣。

沉肩墜肘之意義有二。

第一義在輔助氣沉丹田之功。其法係以肩壓肋，以肋擠小腹使突出。全身骨節鬆軟，寓下沉之意。如此習練既久，下部自然沉重。

第二義在發勁。太極發勁，雖不拘一方。然運用究以手為便利，而用手復以向上為易，使敵方根本動搖。

經云：「如意欲向上，即寓下意，若將物掀起而加以挫之之意。」故「沉肩墜肘」為發勁之預備動作。《行功心解》所謂：「勁以曲蓄而有餘。」「沉肩墜肘」亦是曲蓄之意。「含胸拔背」之意義亦同。以練體言，為氣沉丹

田之輔弼運動。以練用言，為走手化勁之一種方法。在勢應闔，在氣應吸者，始得用之。如勢為開，氣為呼，亦拘泥「沉肩墜肘、含胸拔背」之法，是不明二者之意義。即練習甚久，亦有體無用之功夫耳。著者所見當世太極拳名家，犯此病者不少，故言之。

◆ 虛　實

虛實原可以「開闔、呼吸」二義包括言之。但恐初學之人，著法未熟，不易領悟。太極拳經所謂「虛實宜分清楚」者，因太極之全部作用，只在「捨己從人」四字。質言之，即是因敵變化。欲於用時能捨己從人，能因敵變化，在練時非虛實分清不可。

太極拳之所以異於外家拳者，即在每一動作中，包含作用甚多。然學者不可就其著法之形於外者意為附會。謂某手作何用，某手如何應敵。如此牽強附會，以求太極之作用，則太極不逮外家拳遠矣。

練外家拳有假想敵，練太極亦自不能例外。但太極之假想敵，應隨著法而異。每一著法之注意點寸寸移動，即假想敵亦寸寸變換。無一成不變之攻，即無一成不變之守。攻守即虛實，亦即黏走、開闔、動靜、剛柔、陰陽、弛張，名異而實同。

以單鞭論，為左右之開闔，其樞在脊。練時只應注意左手從右脅穿出時，在勢為闔，在氣為吸，與左雲手之闔時無異。故右臂須隨之左移，此時兩肩有向內抱合之意。俟重心移至左足，則勢變為開，氣變為呼，兩肩向左右

張，而注意點則從脊向左肩而左臂肘，左腕，以至緣左手掌側，達於掌心，寸寸移開，斯為縝密。

吾人須知古人創造拳架，無非集合幾許著法，使得柔活其肢體，運用之妙，豈有定式。能用太極幾許著法，使四肢百骸同其柔活。用時須捨棄一切著法，方能實得太極之法。如以著法為法，並將人類生而具有之自衛本能亦消失無餘。學者如昧於此理，太極無一法可用。明乎此，任取一勢，皆足應付一切而不窮。

蓋臨敵時迅如風雨，豈容有用腦餘地；非令四肢百骸全部能自為攻守，將何以凌越於外家拳乎？欲臻此境，全在虛實分清。練體則「一處有一處虛實」七字盡之。知此七字之意，便知不但兩腳要分虛實，一腳亦應分出虛實，兩手固有虛實，一手一指乃至無在不有虛實。此之所謂虛實者，注意之先後次第也。

練時萬不可認定幾許著法為打人之法，以貽買櫝還珠之誚。練用之初步工夫，在掤、捋、擠、按四勢分別清楚。掤之意義有二，一屬於內，一屬於外。屬於內者為掤勁。掤勁也者，如木漂水中，隨按隨沉，隨起隨浮，隨撥隨轉之意。

太極沾連黏隨、不丟不頂之作用，皆掤勁為之。屬於外者為掤勢，即掤、捋、擠、按之掤，為十三勢之一。在推手中與按不同之點為按意向下，掤意向上；掤為前進，按為後退。有謂以被掤之手為掤，以掤手為按，謂係駕御敵人之按手，使不致按至胸腹貼近故曰掤，是誤掤勁為掤勢矣。如此掤勁，何勢無之，無則不成為太極。

推手之掤，係以雙手黏住對方肘腕，向對方胸前掤去。在勢為進，在用為攻，在體為動，在氣為呼，在式為開，在變勢為實。被掤者用捋，因勢利導，使掤勢落空。捋者，在勢為退，在用為守，在體為靜，在氣為吸，在式為闔。故須沉肩墜肘，含胸拔背，與掤者完全相反。掤者落空，乘機用擠。捋者因擠變按。擠仍為攻，按仍為守。按後轉守為攻，仍以掤擠加諸人，而受其捋按。循環往來，互為虛實，所以互練觸覺也。

至於攻者實中有虛，守者虛中有實；則掤、擠之手為實，其餘一手為虛；捋、按之手為實，餘手為虛。唯掤、按為兩手同行，虛實可互換；擠、捋則一手獨任，兩手虛實，已甚分明。虛實變換，是在轉移。

溫縣陳品三所著《太極拳圖說》中，稱此轉移為纏絲勁，亦是虛實觸處變換之意。或曰：捋、按同屬動，云何在體為靜。曰：掤、擠為攻，為自動，故在體為動。捋、按為守，為被動，其體本靜。唯其能靜，乃能因敵而動，捨己從人，故雖動猶靜也。

《十三勢行功心解》言「靜中觸動動猶靜」，其意即是，本在靜中，因觸覺而有動，雖動而其靜之體不變。又言「一靜無有不靜」，眼、耳、鼻、舌、身、意，有一不靜，便不能因觸覺隨機應付。

拳術雖小道，實具佛家寂而能興、感而遂通之理。即謂太極拳為了生脫死至高無上之妙道，非誇也。聞之前輩有言，楊露禪先生臨終預知時至，端坐吉服而逝。古之高僧，何以加焉。

　　推手只求掤、捋、擠、按四勢，乃為初學入門求便利，故列採、挒、肘、靠為四隅推手。實則採、挒、肘、靠應包含於掤、捋、擠、按之中；如擠中有靠，捋中有肘、有挒，按中有採，非如此，其式不備，其用不全。前言掤、擠為進，捋、按為退，而顧盼亦在其中。如右擠則左顧，左捋則右盼，其勢順，其機暢也。至於中定，前已言之，為一切法之所由出，是推手必十三勢具備。習之久，然後虛實能分清矣。

◆ 黃元秀

　　黃元秀（1884—1954），原名鳳之，字文叔，號山樵，中年以後改名元秀。浙江杭州人，為辛亥革命之元老。早年與黃興、秋瑾、徐錫麟、蔡元培、章太炎等交遊，為光復浙江，作出過極大的貢獻。為此，民國後，他在浙江軍政諸界均享有很高的聲譽。

　　黃元秀學識淵博，其書法則更是自成一體，別具風格，如今杭州各大名勝，還保留著他所提寫的很多碑題。靈隱的「靈鷲飛來」、斷橋的「南無大日如來」等書法作品均具有很高的藝術欣賞價值。

　　1916 年間，黃元秀在杭州師從太極名家田兆麟先生學習太極拳。幾年後，他的肺結核竟因習練太極拳得以痊癒。至此，深受其益的他開始極力推廣中華武術，與當時

的武術名家葉大密先生、孫存周先生（孫祿堂之子）交情甚厚，並義結金蘭，成為武林之一大雅事。

在黃元秀先生的積極倡導下，1929 年的杭州國術遊藝會得以順利舉行，黃先生可謂是功不可沒。在國術遊藝會之後，黃先生又竭力倡導建立浙江省國術館，並擔任董事一職。在接觸眾多國術名家的過程中，黃先生兼收並蓄，分別向楊澄甫、楊少侯等名家學習楊式大架太極拳、楊式小架太極拳；同時又向被譽為「劍仙」的著名武術家李景林學習武當對手劍。並開始著手從事武術文獻的編撰整理工作，先後陸續出版了《武當劍法大要》《太極要義》《武術叢談》《楊家太極拳各藝要義》等書，為武術界留下了很多寶貴的文字資料。

新中國成立後，黃元秀先生以居士身分，熱衷於佛教事業，在杭州，乃至全國佛教界，都享有盛譽。

☯ 武藝偶談

自光復以還，凡百學術，無不鵲起，即消聲匿跡已久之國術，亦乘時而興。邇來各省備設專館，市間出版風行，但僅屬於槍、刀、拳、棒之方法，所謂教也。而於育字方面，未嘗加以研究。至於鍛鍊之目的，收效於何處，皆未明白了悟。故練而強者有之，練而致疾者亦有之。

余以為對於功夫固屬重要，對於身體，尤宜注意。故須先知調養之方法，效用之目的，然後加以練習之功，乃至國術界中一切習慣，亦須知所謹守，茲將經驗所得，分

述於左。

（一）練武術之目的

吾輩提倡吾國武術之目的，非直接致用於戰鬥，係間接收效於事業也。邇來機械化學之戰爭，不能以血肉之軀相抗，有常識者，類能知之。但研究科學，使用火炮，駕駛飛機，非有強壯之體力，不能運用自如；非有雄偉之氣概，不能指揮若定；非有充足之精神，不能深刻研究；即通常社會之事業，亦莫不然。

倘學者對於武術，果能按照程序，依法養練，既不過分，又不中輟，循序漸進，則其精力定能增長。以之從事教育，必能發揮其義理；從事實業，必能滿足其事業；從事軍政，必能達成其任務；從事科學，必能輔助其研究；此即直接保持健康，間接助長事業，能使全國民眾增加自衛之奮鬥力也。

此種教練，既不必如球場之鋪張，又不必有多人之集合；寒暑晴雨，舞劍月下，論藝燈前。深山窮谷，代有傳人，實吾國數千年來強身健體之絕藝也。

吾人所謂快樂者，舉止有爽快之感覺，思慮有歡樂之興趣，探其原因，皆從精神充足而來。例如，兒童活潑跳躍，其心中藏有無限快樂，此即精神充足之故；嗜菸酒者，以菸酒提神，貪一時之快，雖知其害而不能去。不知練國術者，精神飽滿，身體爽適，其快樂之感，迥非菸酒之提神於一時者可比。一則日久成疾，形成癱廢；一則練成絕藝，卻病延年；其利害相較，不可以道里計也。

（二）調　養

邇來練拳術者，皆因身體孱弱而學習，是初學之時，對於調理身體，最宜注意。如四季中春季應服清補之劑；夏季應服袪暑等品；秋宜滋潤；冬可峻補。凡屬補品，為習武之人長年所不可少，吾鄉有言：窮文富武是也。曩時讀書者，一部四子書，可以終其身，為價不過數百文而已。然習武舉者，長年培補，所費不貲；即器械用具，亦非一部四子書所可等量齊觀也。至於應進何種補品，則因個人身體不同，不能固定。

總之藥補不如食補，通常以魚肝油、牛乳、雞蛋、蹄筋、肝、腰、脊髓等物為宜。其他奇異怪誕之物，如虎筋、鹿脯、以及龜、鱉、鱔、鰻等類，肥濃厚膩，久食恐生疳毒，宜屏除之。

以上所列，如肝則補肝，腰則補腰，魚油補肺，脊髓補髓，蹄筋補筋。此外，如豆科植物，亦極滋補，勿以園蔬而忽之。總之食品不尚名貴，食量不在多貪，要宜平均，使之消化。

所謂平均者，不可過多過少。所謂消化者，務使咀嚼爛熟。如國術名家孫祿堂先生太極、形意、八卦各種拳法，皆負盛譽，年逾古稀，無疾而終，其平日食品，皆極清淡。又廣平楊澄甫先生，太極泰斗，名滿南北，身極魁梧而食量並不過巨。杜心五、劉百川諸少林派名家，飲食皆如常人。同學曹晏海兄，身體偉岸，武藝精深，於浙江全國比試會，名列第四；上海全國比試會，名列第一；殊

不知其係長齋茹素者。

上列諸君，並皆點酒不聞，考其經驗，或保鏢塞北，或久歷戎行，足跡遍江湖，大名盛南北，而平時眠食起居，皆極珍攝。可見在於調養，並不在過分之飲食，古稱斗酒十肉者，無非形容其豪邁之行耳。

調節時間即鍛鍊時間與休息時間，互相調節。其平日所辦事務，切宜節約，騰出光陰，以養其身心，此為最要之言。

余見數友人，因鍛鍊之後，精神旺盛，對於業務盡力使用，一年之後，衰象突呈，有友人以此精神供冶遊，不及二載，遽致殞命。故練不得其道無益，練得其道而不知養，更有害也，願熱心此道者，三復斯言。

（三）戒　忌

凡人一習拳棒，豪氣自生，輒忘其平日怯弱之態，每有縱酒浪游或好勇鬥狠之行。故曩年風氣未開之時，一般家長皆禁其子弟弄拳藝槍棒等事。一則防其損身，二則慮其肇事。

余嘗見國術館附近街肆中，有以拳架式與人鬥毆者，此為往年所無，年輕子弟，最易犯此。狂酒則傷身，浪遊則廢業，若好勇鬥狠，必致惹禍招殃，其招致之由，實誤認血氣之勇，為任俠之舉，結果以愛之心，反而害之，是不可也，深宜戒之。

練習國術者，忌在飽食，忌在過飢，忌在酒後，忌在風前。遺精之後，病癒之後，房事之後，業務疲勞之後，

皆宜休養一日或二三日，自覺精神無異，則繼續之，否則必致疾病。

練習後，因汗脫衣，或遽飲冷汁，或即安坐睡眠，俱大不可。輕則感冒風寒，重則勞傷氣痛，於練習功夫反有妨礙。

練武人，遠離女色為要義，手淫尤為禁忌，即自然之遺精，亦有礙氣體，況斷傷乎。若犯之，自促其壽命矣。凡屬淫書、淫畫，以及聲色之場，切勿沾染。即有室家之人，房事亦宜節制，年在卅以後，一月一度；四十以後，一季一度；五十以後，一年一度，或且不可矣。習武修道之士，其所以為資糧者，即精、氣、神三寶而已，若無資糧，實無可練也。此個中人云：「練武身，貴如金，周身毫髮值千金。」足見古來武士之重視保養矣。

（四）運動與鍛鍊

古德云「煉精化氣，煉氣化神，煉神還虛，由虛成道」，實千古不易之名言。試觀近日國術比試場及表演會場，往往有皤然長鬚、鶴髮童顏之壯士。而歐美運動名家，未必盡享大年，即最近日本運動著名之人見娟枝，自得盛名之翌年，即日長眠地下，此何故耶？是不知精、氣、神三者之修養也。

先哲有言：「眼珠光澤，舌底津津者，其精必盈；發音洪亮，言語清明者，其氣必盛；眼皮紅滿，指甲赤潤者，其血充行。」又曰「精足不思淫，氣足不呻吟，神足不惛沉。」凡人每日三餐飲食，入胃化為胃養汁，至腸化

為腸餐汁，經各部吸收後溶而成精（*此節所謂精非精蟲之精，係精液之精，是營養之精華，生活之要素*）。修練之士，以命門火蒸騰，化而為氣、為血，升而為神，張而生肌，動而為力，變化自然，神奇莫測，其經過大致如此。若冶遊之徒，則易他道而入腎臟，故其氣衰，其血貧，其力弱。或再戕之以酒，加之以勞，則營養不敷，必耗其本原，本原既虧，百病自生，促其壽命也。

天地之間，以氣為本，曰氣象，曰氣運，曰氣數，凡百盛衰，皆視氣之盛衰為轉移，人亦何獨不然？歷來言人氣之上者，如氣衝霄漢，氣化長虹。其次者，氣概雄偉，氣度非凡，力大聲洪，叱吒風雲。其衰者，屍居餘氣，氣息奄奄。故強弱盛衰，全憑之氣。不知其氣實由精液而成，其所存之處，在丹田；其所成之由，在命火與精液。道家所謂水火既濟，所謂內丹者，即此也。例如，近世機器，凡有動力者，皆仗蒸汽而動。以火蒸水，水化為汽，以汽衝動，而行百械；有電力云云者，仍仗蒸汽之力，摩擦而生，若水涸油盡，非爆烈即崩潰矣。

氣血行於內者，謂之運；軀殼表於外者，謂之動。「運動」二字，係表裏運行之稱，所謂流水不腐，戶樞不蠹，推陳出新，借假煉真，是方外修練之補助。故道家有五禽經，佛家有易筋經，道家有張三豐，佛家有達摩祖，考其運行之資源，捨精氣神無他道也。

鍛鍊者，寒暑不易，風雨無間之謂也。人身組織，除黃梅時節外，伏臘二季為最大變換。故歷來習此道者，於嚴寒盛暑，無不加意調攝，刻苦鍛鍊，以其能長功夫，且

不易退轉也。

所謂煉者，每次演習至出汗，否則謂之裝腔作勢，膚淺無效。常人初汗始於頭部與兩腋；繼則腰腹或兩股；若至小腿有汗，則宜止矣。如吾輩馳馬，若見馬耳背有汗，則須停馳，不然有傷其生命。

通常拳廠中，每日未明前四點即起，練一小時後復臥，待天明早餐後，向野外散步，呼吸清新之氣；歸來午餐，下午中睡一小時，三四時起，復練一小時或二小時，七時晚餐，夜間八時練至九時止，十時即睡，此為專門練習。吾輩有職務者，當以早晚二小時為度，或早晚合為一小時，或合為半小時皆可；總求其歲月之久，不求一日之長也。

（五）太極拳之一般

太極拳近年來風行南北，可謂國術界中最普遍之拳術，遍觀各處各人，所練各不相同。可大別為三派。

河北郝家派

此派不知始於何祖，聞係河北郝三爺所傳，述者忘其名世，以郝三爺稱之。三爺於清季走鏢秦晉間，身兼絕技，善畫戟，名震綠林，鏢局爭聘之，實為山陝道上之雄。

余見天津蔣馨山、劉子善等皆練此拳，南方習者不多。吾師李芳宸先生南來時，其家人及同來各員，皆善此。手法極複雜，其動作較楊、陳二派增添一倍，約有二百餘式，表演一周，時間冗長。據吾師云：「此於拳式之

外，加入推手各法，故較他派手法齊備；因太繁細，頗不易記，諸君既習楊家派，其理一貫，毋須更習。」余慫恿朋儕學習之，計費六十餘日，不能卒業，可見其繁細矣。孫祿堂先生云：「此拳之長，極盡柔順之至。」兒時余忘索其拳譜，不知與陳、楊兩派之理論，有無異同也。

河南陳家派

即河南溫縣陳家溝世傳之拳，余所稔者，如陳君伯瑗，及續甫叔侄，子明昆季等，皆陳氏之裔，而世其術者。據子明、續甫二兄云：「其先世以此報國保鄉，立功勛者纍纍，故合族皆習太極拳；略分新架子與老架子兩種，並有所謂太極炮拳者。」

余閱其動作，及所示拳譜，完全與楊家所傳者不同。其手法剛，其步法重，運勁一切，卻有獨到之處；可異者，即陳氏各人表演，亦覺不盡相同。

近聞張之江館長派人至陳家溝考察，攜帶其世傳拳譜付梓，與子明兄所刊行本，亦有歧異。揣其緣由，想因歷次傳抄，不免魯魚亥豕，或有心得者從而修改增減之，轉輾變易，遂有出入矣。

北平楊家派

即世稱「楊無敵」楊露禪先生所遺傳，如楊班侯、楊健侯、楊夢祥、楊澄甫、許禹生、吳鑑泉等，亦各不同。大致分為大架子與小架子兩種，余嘗以此事問之澄甫先生，先生答曰：「先求開展，後求緊湊。初習者宜大架子，能使筋脈舒張，血氣充行，確定方位，表示功夫，到用時，要快要便，宜小架子也；家兄現在練的，都是打人

法則。」其意若曰：基本功夫尚未做到，欲越級而學打人，等於小孩平路尚不能走，先要學跳，其可得乎？例如，學游泳，平穩靜水之中，尚不能浮泳，欲涉驚濤駭浪之江海可乎？又習騎馬，粗淺之慢步，未有把握，而欲跳越障礙可乎？古人所謂「登高必自卑，行遠必自邇」，實為至理名言。

總之，打人之事，非日常所需，而康健實為須臾不可離，試問吾輩何者為要？何者為急？本篇所述，皆屬平庸之談，卑無高論。倘讀者能循此而進，日計不足，月計有餘，於康健上不無裨益。至於驚奇駭俗之論，好高騖遠之談，是非鄙人所知矣。

近日一般學者（非徒弟之列，指普通學者），往往求速、求快，最好將太極拳五六步功夫，數十年學力在三兩日內學成。故近年學太極拳者，由北而南，黃河流域，長江流域，浸至於珠江流域，不下數十萬人。即以浙省而論，十餘年來，亦有數千人，至今能稍有成就者，幾寥若星晨。即以普通能在推手上將「掤、捋、擠、按」四字分得清楚者，亦不多見，其原因何在耶？一在求速，二在無恆。好高騖遠者，決無成就。

總之，吾人先從基礎上練起，決無錯誤。第一求氣血充足，然後能精神飽滿，身體強健，務使架式正確，舉動合法，使其有利而無弊，循序而漸進，不在思想之急迫，而在學力之勤惰，與方法穩妥否也。

楊夢祥先生，拳架小而剛，動作快而沉。常使冷勁，偶一交手，肌膚輒痛，所指示者類多應用方式；其功夫，

確得乃祖真傳，惜非常人所能學。文弱者不堪承教，無根底者無從領悟。且性情剛烈，頗有其伯楊班侯之遺風，同志中，每興難學之慨，故其名雖盛，其徒不多。

澄甫先生，即夢祥先生之胞弟，架子開展而柔順，手法綿軟而沉重，所謂「絲棉裏鐵彈」，柔中有剛。好太極拳者，均歡迎之，但仍有不願與其推手者，每一發勁，輒被撲跌尋丈以外，為弟子者，仍難領受其內勁滋味。

余常問澄甫先生，教人何必如此，先生曰：「非如此，無以示其勁，若隨隨便便，模模糊糊，君等何必來？豈不徒耗光陰，虛糜金錢耶？」

十八年秋，楊為浙江國術館教務長，余常與推手。某次比演雙按，楊順勢一撲，其手指並未沾著余之衣襟，而余胸間隱隱作痛移時，照常理論，手臂既未接著，何來疼痛之感？殆所謂拳風者耶？余詢之楊，楊曰：「內勁耳，氣耳。」余至今仍不解其所以然也。

據田紹先先生云，當年學習時，以拳盡力擊楊健侯老先生之腹，老先生腹一鼓，紹先跌出庭外，而老先生仍安坐椅上，手持煙筒，呼吸如常，若不知有所舉動者。後與澄甫比試，被擊於右脅，而痛於左脅者月餘。凡此種種，皆為技術上不可思議之事。然考紹先之功夫，其手法之妙，出勁之沉實，非普通太極拳家所能望其項背。

余非為其宣傳，凡有太極拳歷史者，莫不知田紹先為太極拳名家也。他與武匯川、褚桂亭、陳微明、董英傑諸君同為澄甫先生入室弟子，行道於南北者亦有年，聲譽藉藉，頗為社會人士所欽仰。而手法仍各有不同，理論亦各

有其是，其他私淑不可知矣。

以上三派拳法，各有特長，各盡其妙。不能從同，亦不能強同，其中並無軒輊可分。在學者，更不得是此而非彼。要之一種藝術，能歷千餘年而不廢，博得一般人士之信仰，其中確有不可磨滅之精義，令人莫測之妙用存焉。

據以上情形，無論係何派何師，一家所傳，一人所傳其動作多少，皆不能同，亦不必蓋同。不僅太極拳如此，即彈腿一門，有練十路者，有練十二路者，此為回教一門之藝，尚且有兩種之分；又若少林門各拳，有宋太祖拳，有岳家手法。此傳彼授，各是其是，各非其非，惟情理論，總須一致。設或理論不同，則其宗派顯然有別，不得謂為同門矣！以此質之海內專家以為如何？

第三卷　太極拳之理

◆ 劉光斗

劉光斗（1912—？），字元化，又名光魁。著名武術家，祖居山東蓬萊。1916 年隨其父去北京（其父劉康甫，大學畢業在當時的外交部工作），6 歲起相繼拜北京彈腿名家張玉蓮、太極拳名家王茂齋、八卦掌名家唐興福等名師習練教門譚腿、吳式太極、宋氏八卦、形意等拳械，深得武學堂奧。

劉光斗是王茂齋的得意弟子，在王門弟子中文化程度最高，後來在王茂齋推薦下又拜唐興福為師習宋氏八卦，一同投到唐門的還有王茂齋之子王子英。

唐興福，滿人，全名唐格拉氏‧興石如，人稱「興三爺」，為宋永祥（字雲甫，董海川高足，以泥手巴掌著稱）的唯一嫡傳，功力頗深。由王茂齋將其子王子英與弟子劉光斗推薦到唐氏門下一事，便可知唐興福的拳技水準。

後來，劉光斗娶國民革命軍第二軍軍長孫岳的乾女兒孫伯瑾為妻，住在大佛寺西街 37 號孫的姨夫、時任甘肅綏靖主任鄧寶珊的宅院。當時，漸入老境的唐興福將自己最得意的刀、劍等兵器都傳給了劉光斗。據劉煥烈老先生回憶，當時他去劉光斗老師家中，劉光斗還曾讓他將唐興福師所傳兵器拿到打磨廠軋光。

劉光斗大學畢業後於 1932 年到西安禁煙局工作，並在陝西省武協掛職。劉晚蒼隨師同往，在陝西國術比賽中獲大槍第一，由此得「大槍劉」美譽。在楊虎城推薦下，劉光斗接張之江函請曾去中央國術館待了兩個月，並寫信給在北平的劉晚蒼、劉煥烈，要他們同到南京，劉晚蒼因北平生意脫不開身，便派其弟子廖叔庭與劉煥烈南下。

1936 年底，劉光斗返回北平，劉煥烈於 1937 年回蓬萊老家照料家中二老。不久抗戰開始，劉光斗於 1938 年失業回到蓬萊城。此前，其妻孫伯瑾難產身亡，劉光斗回蓬萊後又娶了螳螂拳師陳伯俠之女陳鐸為妻，並常寫信邀劉煥烈進城比手，同時開始教授劉明甫等人拳術。後來劉光斗、劉煥烈師徒二人以「私通八路」名義被日偽關押，受盡嚴刑。劉光斗被保釋後，本打算回家向母親訴說苦衷，到家後竟見母親因遭受日偽毒打而服毒自盡，致使精神失常。不久，帶妻子兒女離開蓬萊，輾轉天津、北平，期間曾寫信給劉晚蒼，命其隨王子英學習玉魔杖，此後下落不明，知情者只有其妻陳鐸。

後來，劉光斗子女曾問母親陳鐸其父是怎麼死的，陳鐸說她在遺囑中會寫出來。然而陳死於突發性的腦溢血，

根本沒來得及立遺囑。這就使得劉光斗的下落成為永遠的謎團。有說是死於日本人之手。

劉光斗傳北京劉晚蒼（1906—1990，原名劉培松）、蓬萊劉煥烈（1911—2009）、哈爾濱劉明甫（1914—，原名劉煥炳）等，均為太極名家。

☯ 太極拳論四篇

‖ 太極拳內功精解 ‖

太極門內功的根本在太極拳裏，自然我要講太極拳了，但我決不畫圖作說來講太極拳的式子。太極拳的式子，已有孫祿堂先生的《太極拳學》講得很好，雖然他與此地的楊派有所不同。另外許禹生先生著的《十三勢圖解》，倒是楊派所傳，盡可參考。但是沒有著書而精於口授的老師傳傳的更多了，須知孫、許二先生都是由口授得來的。

我所講的是在學會拳架後，怎樣用功的方法。拳架學會以後，只要學者用流水不腐的眼光時常去練，晨昏無間，永不擱下，自然能滴水穿石，水到渠成；及至熟能生巧，久能通神，這是自然的道理。日子久了，功夫自然不可思議。但必須注意的是，運動時手裏要穩沉，然後以意運行，前後左右，一貫而下，勁似斷非斷，手似連非連，即是不丟不頂，所以說是無間然。

玲瓏好似九曲之珠，無處不可以變化，手裏智靈之勁

如潭深之月，差之毫釐，失之千里，初學的人講不得這個，過來的人是明白的。對初學的人應告訴他，功夫練快了是求不出功夫的，須越慢越好，越是慢些，氣力越能長些；下苦功的人，練一路架子，百多手常常練一個多鐘頭，日積月累，自能求出真功夫來。

練太極的人很注重涵養，說是弱如處女，弱女要練要弱到什麼樣呢？主要是練習久了，性體非常平靜、自然，他有平靜的需要，所以才練得如此；像墨濺在水裏，放墨汁保護自己一般。你想用智而操勝算的拳法，哪個不是精明而平靜的人呢？唯獨心地平靜，而後才能精明，最後把人練得迷而復醒，才算進入了化境，登堂入室者也。功夫不練到此種不能受用。

凡是發勁都是由含蓄裏來的，心非涵養定不下，勁非含蓄得不著那個手中的真勁。真勁就是心神專一發出來的，所謂涵養得到，然後功夫才能受用。自然得著這種勁，蠅蟲不能落，一羽不能加，其神妙可想而知，也不僅像放箭那樣厲害，有人把這種勁比著崩弓。

功夫練得好了，無處顧忌不到，這還需要更深一層的鍛鍊，把得著的這點真勁按著架子指點著，使他處處都揣摩到了，比給他看，教他處處都掛上這點真勁的意思在內。這時學者才知道自己所練的太極拳，描龍畫虎的樣子，處處都不是沒有用的，自然他會精益求精，把自己練出來的鋒棱掩藏起來，並且練得更圓活了；大概越是精於太極拳的人，手裏更含渾，就是這個理。他的手容易哄人，他會把人當成瞎子看的，他自己亦不用眼睛了。

　　會太極的人，不難與外門鬥氣。他自有勝人的奧妙，他瞧不起人家講究力大手快、手毒，這些說，他的手毒不毒，他可以自主，但決不以手毒討便宜。他的手就是慢，但比得別人快，因為他懂得取勢，所以別人快也沒有用處了，人家講力氣，他最瞧不起。

　　真的他聽著勁、描龍畫虎地指劃指劃，人家就沒法難倒他了。太極拳練到這裏，就算九尺桿頭，學者如願在進一步，須看自己的力量如何？

　　有人說太極門沒有力量怎樣打人，此話並不稀奇，因為外門不懂太極門至純剛的道理，看他沒有濁勁，純是柔弱，怎能不吃他的虧呢；所幸不欺負他，他決不暗算傷人，若欺負他，只消他一拳一腳，就可以傷人，他用不著暗算，他有這樣的拳德。還有那些碌碌之輩，外表並不強健，還沒得著這種真勁，就可以同日而語嗎？

‖ 太極門精到的堂奧 ‖

　　我並不精於太極拳術，況且論到太極門精到的堂奧，這是更深一層的東西。世上不知名的高人多著哩，但這十年以來，並沒有哪位老先生講過這個題目。這裏要講的就是太極拳的勁意。人們都知道，那是神妙難測的，諸位老前輩就是得著這點才成名的，高明的老前輩也沒有具體告訴我們，但我有具體的研究講這個題目。

　　先從前者所說的勁意是由變轉虛實講來的；「變轉」比喻可虛可實，怎樣才算虛呢？怎樣才算實？比喻伸出一手的虛勁空敵，就是虛；以實勁擊敵就是實。在技擊中怎

樣該虛該實呢？這點活機關就是勁意。什麼為標準？然而一分合就是他的標準，無非由分求合；但由合求其分之為敵所乘；由分求其合是以制敵；循環相求，可知勁意之妙，就在其內了。比喻敵擊我，我忽然由分而合，或由合而分，雖然我微有移動，但敵按原意打來，不是打不到，就是過力了。若是打過了，雖然敵人的拳腳可以到了我的身上，但敵人的勁力並沒發出來，仍是沒有打到，這就有隙可乘了；但我不須乘他的空隙，只要隨有變化，敵人就會敗的。

太極門的堂奧就在這裏，不可忽視。雖然它有自然的變化，惟獨最善於因循，因人成事就是太極門，這是自然的道理，能夠隨著敵人的鋒棱，在武術裏不怕失掉自己的個性，但我無處不可以順遂，就是無身體之患，無處不可以傷我了。我有蓄藏的力量，焉知不可以擊人呢？這是太極門的特長，也是國術裏一家與一家的不同。

我所見尚不止此。凡精於此道的能分出敵手中之裏外勁，隨時可拿敵人的裏勁。裏勁就是根，所以敵人沾著他的手，沒有能站穩腳的，何況能勝他。這就是說的因循和分合變化。

這也算不得例外，是由因循裏來的。比喻太極向來是柔中寓剛，而是用勁的勁別，本算不得什麼，不過愈是細微，愈見神奇奧妙，偏是處處都有，前者也不過如此。

另外我見太極門是虛裏討巧，自然這是道家的傳授，掛著道門的色彩了。水之最陰，所以有些東西，也是與道家相同。鷙鳥將擊，卑飛斂翼；猛獸將搏，弭耳俯伏；聖

人將動，必有愚色，見解完全一致，他的目的在於獨善其身也，無害於人。

太極門不怕堅強的敵人，因為身上的勁在技擊上不能有雙重，就是說用一個式子打人，同時自己設有防護自己的力量，所以他不怕力氣大的、武藝高的。我聽說楊班侯的太極拳練得最高。但也沒長著三頭六臂，也是刻苦鍛鍊而已。

‖ 太極門堂奧的質難 ‖

以上我所講的處處都有重要之點，但也可以說大處都說得齊全，還有細密之處，當另有文章發表，然而也不算需要，因為「入門引路須口授，功夫無息法自修」，只要能入門，自然能深求的。

如果尚有人認為我說的還不齊全，我請問他怎樣才可以「仰之則彌高，俯之則彌深；進之則愈長，退之則愈促」？就是說要應敵，怎樣才能俯仰進退、隨心所欲呢？不要小看了這個題目。

我作這篇質難，不是指別人的質難，因為別人和我同抱著濟世的熱忱，是不會質難我的。我所質難是晚近拳術成了國家的利器，是否能讓人人會的，也得看人們的機緣如何，不敢據斷。雖然可以自衛防身，但恐怕是不容易得的，得著的自愛，沒得著的勉勵吧！

‖ 內功要旨 ‖

太極拳最益於養身，那麼他養身的方法從何而來？太

極門最精的道理就是陰陽生剋，比喻人身有動靜二脈，過動傷陽，過靜傷陰。然而陰極陽生，陽極陰伏，但能導其過，使之極，即能有濟。偏陰偏陽在人身皆是病，而能藉其病養身，其理安在？比喻禹王治水一樣，使大者入海，小者入江河，但不用堤防，就是這個理。

這裏應該注意的一點，不管偏陰偏陽，用一個方法同樣可以補救，這個方法就是前面所說的因勢利導，就是以靜化動，以動運靜的趣旨。陰陽的假理，處處可以推著用，所以人們聽著陰陽二字都煩了。

其實醫家有仔細的研究，但是它與拳術的理不合。太極拳是動靜相生，是以靜化動，由動運靜相生來的，雖然不能說是絕對的靜或絕對的動，然而若不知盈虛消長的消息，就難知其實了。

太極拳之功用足以祛病，未必是道家長生的根處，顯然與丹鼎派燒丹煉汞的方法不同。但所謂「刻刻留心在腰間，腹內鬆淨氣騰然，尾閭中正神貫頂，滿身輕利頂頭懸」，其中所謂「腰間」，道家謂之「爐肚」，頭頂謂之「金鼎」，即大小鼎爐之謂。所謂「尾閭中正神貫頂」，道家言「夾脊雙關透頂門，修行路上此為尊」，是指易爐換鼎之法，也就是坎離交媾，鉛來投汞，當然太極門就是道家的捷徑了。

所謂「刻刻留心在腰間」，就是丹書目注丹田下藥的口訣，誠如是，既不止延年卻病，甚或能修練心神，進入高層境界，則能從心所欲，階及神明。願海內同仁，共同繼承中華武術精華，發揚光大，登峰造極，共登壽域吧。

董英傑論太極拳

‖ 大小太極解 ‖

天地為一大太極，人身為一小太極。人身具太極之體，故人人可以練太極拳。本固有之靈而重修之；人身如機器，久不磨則生鏽，生鏽則氣血滯，弊病叢生。故欲鍛鍊身體者，以練太極為最適宜。

太極練法，以心行氣，不用濁力，純任自然，筋骨鮮折曲之苦，皮膚無磋磨之勞。不用力何能有力？蓋太極練功，沉肩墜肘，氣沉丹田，丹田為氣之總機關，由此分運四體百骸，周流全身。意到氣至，練到此地位，其力便不可限量，功效昭著矣。

‖ 太極虛實之解釋 ‖

常人皆知練拳時，左腿實，右腿變虛；如若右腿實，左腿變虛，固為虛實。再言弓腿為實，後腿為虛，則錯矣。不信者可以試驗，譬如打人一拳，推人一掌，弓實前腿，後腿變虛，自己考慮，自己站立穩否與得力否？有推人之效否？細思當自知之。

近習拳同志，每視拳為運動而忽略為拳術，此固是運動，惟每方式皆根據用法而作。故習拳要學姿勢正確，根據用法目標練習，方能得太極拳之真功效。

「虛實」二字，按前人指示其意義，非如字面之簡單，茲再闡釋之。如欲上右腳，則用意將身軀重心微移至

左腿立實，右腿重力既移去後變為虛，即能輕便活動；提起邁步，步之大小隨各人而定。如兩腳站穩，則兩腿皆為實；若左足想上步，右步尖向外轉移，將身重心移至右腿，此時始分虛實；右腿立實，左足輕便。總而言之，如站定方式後，足不可虛，須分虛實時，多數前足可虛，後足為實。

蓋力從根起（即足後跟也），如運用進步變步，兩腿虛實變換，比穿梭更快，兩足可虛可實；虛者為五分力，亦有二三分者，實者為八九份力。如絲毫不著力，足部即不聽自己指揮。如實十分用力，則轉動不靈矣。

‖ 太極弓腿、坐腿之解釋 ‖

弓腿：即前腿向前彎。

坐腿：即是後腿往後坐，後腿曲膝坐低是也。

弓腿、坐腿之運用，猶如北方農夫之澆園式（即灌田）或普通之拉鋸式；或如南方船伕之搖船形。總而言之，皆是運用上下相隨之揉動力。

‖ 太極拳經驗談 ‖

1. 太極拳係內家拳，力出於骨，勁蓄於筋，不求皮堅肉厚，而求氣沉骨堅。故無張筋錯骨之苦，無跳躍奮力之勞，順其自然，求先天之本能，為返本歸原之功夫。

2. 練太極拳有三到：「神到、意到、形到。」如身法正確，神意俱到，則進步甚速，每日有不同之感覺，學者宜細心體味之。

3. 如身法不合，神意不到，如火煮空鐺，到老無成，有「十年太極拳不如三年外家拳」之譏。故第一須勤，第二須悟，功夫如何，視智能如何，但勤能補拙。

4. 練習時呼吸，要自然呼吸，不要勉強行深呼吸；功夫純熟，自然呼吸調勻，否則有害無益。

5. 太極十三勢，本為導引功夫。導引者，導引氣血也。故功夫純熟，氣血調勻，百病消除。千萬不可自作聰明，如舌頂上齶，氣沉丹田等類，功夫到後，自然氣沉丹田而行百脈，此乃自然之理，不可以人力強求。

6. 鬆肩垂肘，乃言力不可聚於肩背，要將力移至臂部肘前一節；此乃意會而不能言傳者，學者要細心體味，不可泥而行之，不得滯重力沉，難於輕靈。

7. 提頂吊襠，「提頂」，要天柱頭容正直；「吊襠」，氣由尾閭向上提也。收勁時胸要稍稍含虛，發勁時要天柱中直，切不可含胸駝背，致肺部受傷。

8. 練拳一次至少三趟。第一趟開展筋骨，第二趟校正姿勢，第三趟再加意形。純熟之後，一出手便有意形，則進步更速。倘每次一趟，日練十餘趟，亦無用處，如年老活動血脈者，不在此限。

9. 知覺懂勁，要多推手，自得沾連黏隨之妙。如無對手，勤練架子及時時以兩臂摸勁，假想敵人進攻，我以何法制之，日久亦能懂勁。

10. 推手時要細心揣摩，不可將對方推出以為笑樂。務要使我之重心，對方不能捉摸，對方之重心，時時在我手中。

11. 太極拳行住坐臥，皆可行功，其法以心行氣而求知覺。譬如無意之間，取一茶杯，用力持之，如何感覺；不用力持之，如何感覺。行路之時，舉步之輕重；立定之時，屈腿而立，直腿而立，一足著力，雙足著力，均可體驗之。

12. 初步練拳時，覺點身痠痛，此乃換力，不必驚恐，亦不要灰心。半月之後，即覺腰腿輕快，神滿氣足。

13. 架子練熟，推手入門，乃講功勁。太極拳有沾動勁、跟隨勁、輕靈勁、沉勁、內勁、提勁、搓勁、揉勁、貼勁、扶勁、按勁、入骨勁、牽動勁、掛勁、搖動勁、寸勁、脆勁、抖勁、去勁、冷不防勁、分寸勁、蓄勁、放箭勁、等勁等等，以上諸勁，僅述大概。

領略各種勁，在知覺運動中求之，一人求之較難，二人求之較易；因人是活物，發勁之外，尚有靈感作用，務在人身上求之；如無對象，在空氣中求之。如打沙包、轉鋼球，俱無用也。

14. 《太極拳論》云：「其根於腳，發於腿，主宰於腰，形於手指。」此發勁之原理也。再有禁忌，如膝不出足尖，伸手不得過鼻尖，上舉不得過眉，下壓不得過心窩，此古之遺訓也。如違此禁忌，力卸矣！

變化之妙，主宰於腰。如以右手斜左推人，已過鼻尖矣，力已卸矣，但左胸往後稍含，腰部稍稍左轉，力又足矣；此變化在胸，主宰於腰也。

形於手指者，渾身鬆靈，剛堅之勁，在於手指，則如純鋼鬆軟之條，上有鐵錘，向前一彈，所當披靡，無法禦

之。學者細心推敲，不久可得內家真勁。手法特別者，不在此禁。

15. 人乃動物，並具靈感。譬如我以拳擊一人，彼人當以手推開，或身子閃開，決不能靜立待打，抵抗，人之本能也。靜物則不然，如懸一沙包，垂懸不動，拳擊之後，當前後鼓蕩，然其鼓蕩之路線，乃一定之路線，向左擊之，向右蕩回，此乃物之反應也。人則不然，一拳擊去，對方能抗、能空，變化無定，此人之反應也。

拳術家有三字「穩、準、狠」，等閒我不發勁，發則所當披靡。然何以求穩準狠，先需求靈感；如何求靈感，讀者應在前篇王宗岳先生行功論內求之，即「彼不動，己不動；彼微動，己先動」，須在似動未動之時，意未起形未動之間，爭此先著，所當披靡矣。

16. 或云練太極拳後，不可舉重物，不可用蠻力，此則未必盡然。未學太極拳，一身笨力，全體緊張；既學太極拳，全體鬆軟，筋暢氣通，務必練去全身緊張，仍須保持原來之笨力，因鬆軟之後，笨力變為真勁矣。

昔人謂笨力稱之曰臂力，其力在肩臂之間也，不能主宰於腰，形於手指也。故笨力為本錢，鬆軟是用法。用得其法，小本錢可做大事業；不得其法，本錢雖大，事業無成也。故得太極拳真理以後，舉重摔角，拍球賽跑，隨意可也，不必禁忌。但依筆者愚見，各種運動，不如多打幾趟拳。

17. 經云「一陰一陽謂之道」，太極即陰陽也。在此原子時代，何物非陰陽，故行功論有云「偏沉則隨，雙重則

滯」，「偏沉」「雙重」，陰陽不勻也。故讀者於舉手投足，務須注意，一陰一陽，一虛一實。老子曰：「吾善藏其餘。」祈揣摩之。

18. 太極文武解，「文武」二字，乃神形之意也，文以養身，武以禦敵。

19. 以上各點，均經驗也，理論也。真之功夫，尚須在十三勢中求之。功夫純熟，自得得心應手之妙；練功時最好少求理論，多做功夫。

余曾曰：「功夫昔人好，理論今人好。」實在理論一多，功夫不專，進境反少矣。

拳術界中人，多講義氣，學者當以尊師重道，厚敬師傅，感動師傅必盡心教導你，中國人情如此，不可不注意；雖世俗之理，愛學真功夫者，更當注意也。

20. 孟子曰：「盡其心者，知其性也。知其性，則知天矣。」火之炎上，性也。水之潤下，性也。此物之性也。春茂秋殺，天之性也。惡勞好逸，懼死貪生，此人之性也。然火遇風，可吹之使下；水之遇火，能蒸之使上。松柏心堅，秋冬不凋；人知禮義，見義勇為，此乃易後天之性返入先天也。

人未練拳之時，百脈滯塞，筋緊縮而短，故力聚於肩臂。既練之後，百脈暢通，筋長力舒，由肩而臂，由臂而腕，由腕而形於手指，漸漸棄後天而轉入先天，如得先天本能，則神妙不可思議，學者得此勁後，當知余言之不謬也。

☯ 陳炎林論太極拳

‖ 論意與氣 ‖

意與氣，在人身中，無形無色，而非目所能觀也。須知氣於人身之中，占極重要地位，因氣乃體之充也。用以催血，用以養血。氣之成，由於命門火與精液涵煦覆育而成，道家稱之謂「水火既濟」，或謂「內丹」。其所存之處在丹田，道家異常珍視之。

常人咸以血為身中之至寶，所視為最貴者，不知氣實較血尤為貴焉。因氣與血，以氣為主，血為副；氣為衛，血為營；人之一生，全賴營衛。若有營無衛，則不運；有衛無營，則不和。易言之，衛為重，營為輕。血不足尚可暫生，氣不足則立危矣，故養氣甚為重要。太極拳之特點，除養身外，尤以養氣為主。

諺云：「外練筋骨皮，內練一口氣。」凡練太極拳者，無論在盤架子，或推手，或大捋後，其呼吸仍覺自然，面色亦不變更，而內部氣分及周身，反較未運動前為舒適。足見能養氣，功效最大，決無急促勞頓之弊。進言之，氣充則血足，血足則體強，體強則意堅，意堅則魄雄，魄雄則可以延年而益壽，且能入修士之門。

至於意，或曰意即是心，心即是意。實則心與意，其間亦略有區別。心為意之主，意為心之副；心動則意起，意生則氣隨。換言之，心、意、氣三者，有循環相連之關係，心亂則意散，意散則氣浮。反言之，氣沉則意堅，意

堅則心定，故三者相互為用，實相繫而不可離也。至於氣隨，則能催血，又能運神，迨至此方可運用。

夫意、氣，理也；拳術，法也。有理無法，不能豁然貫通；有法無理，等於捨本逐末。故意氣與拳術，實有相互之關係。太極拳之用意與氣，在初學者雖甚困難，但並非無入門方法。即初練十三勢，或練單式時，必須從「設想」兩字著手。

譬如雙手做按式時，即假想前方若有敵人，此時手掌中並無氣可發。已乃假想氣由丹田貼於脊背，然後由背、而臂、而腕、而掌以透出之，發於敵身。此種假想，初學時雖屬渺茫，但習之既久，能運用自如。

至氣在人身內部，旋轉之式有二。其用於四肢，意之所至，氣則隨之，無論何處，均可行運。太極拳之開合、鼓蕩、呼吸、進退，即練其氣於周身，使能由體覺、筋覺、觸覺，以敏其神也。或謂《十三勢行功心解》中有云：「全身意在精神，不在氣，在氣則滯。有氣則無力，無氣則純剛。」略視之，氣為無用，不知該節所謂氣者，乃人身呆滯之氣，或浮躁之氣，或發怒時之暴氣；此種滯氣、浮氣、暴氣，在發時雙足虛浮，重心必失，故謂無力。

太極拳所謂氣者，乃丹田之氣。此氣清而平，能平則和，和則暢達，暢達則通行無阻，故與滯暴之氣絕不相同。且《十三勢行功心解》中論氣之處甚多，如云：「以心行氣，務令沉著，乃能收斂入骨。以氣運身，務令順遂，乃能便利從心。」又云：「意氣須換得靈，乃有圓活

之趣。」又云：「行氣如九曲珠，無往不利。」又云：「氣以直養而無害。」又云：「心為令，氣為旗。」又云：「腹鬆氣沉入骨。」又云：「牽動往來氣貼背。」

又《十三勢歌》中亦云：「氣遍身軀不少滯。」又云：「腹內鬆淨氣騰然。」又云：「意氣君來骨肉臣」或「意氣均來骨肉沉。」皆言氣之重要，全在學者能否辨別其清平與滯暴耳。故清平可取，滯暴不可有也。

至於意與氣之關係，猶如汽車中司機之與引擎，意如司機，氣如引擎，二者不可缺一也。

‖ 太極拳中氣之呼吸及運氣法 ‖

人稱太極拳為內家拳者，有三因也。

一為儒家之意，所以別於方外也。

一為節、拿、抓、閉等技，行之於內，而無形也。

一為內部氣之旋轉運用（鍛鍊精氣神）是也。

太極拳中初步氣之呼吸，專尚鼻而不尚口，與普通以鼻吸口呼者不同。且至藝高時，胸腹中之氣（出自中焦），可分為上、下二層（俗謂先天氣、後天氣）。呼時上層氣（後天氣）由鼻呼出，同時下層氣（先天氣）反降入丹田；吸時上層氣由鼻吸入，同時下層氣所反由丹田逼上。此種境界，俗曰氣通。凡練習正宗太極拳術，至相當程度時，均能達之。

然初習者，可不必過分求之，以免妨礙拳式姿勢，只求動作和緩，呼吸自然，周身舒適而已。否則屏壓抑制，勉強使氣降沉丹田，勢必易入歧途，下部發生痔疾、腸疝

一類病症。

但至相當程度後，則氣之呼吸，如何運用，亦不可不加注意。若不知其理，即不能達太極拳之聖境。《十三勢行功心解》中云：「能呼吸，然後能靈活。」意即呼吸與動作，當求其互相合拍；應呼者呼，應吸者吸。蓋吸則為虛，呼則為實。知之然後身體自能靈活，否則虛實不分，練習太極拳之真諦全失，因太極拳最注意虛實也。

普通教習授徒，分為內外兩部。內部為呼吸，外部為拳勢。往往僅教外部，而不授內部。此乃授之不得其法，反滋弊端。故不如聽其自然，日久或能知其訣竅，非謂教者故意不肯示人也。

惟本書為指示初學者應有之常識，不能因噎廢食，故亦詳述其運用之法。大抵在盤架子之時，出手為呼，收手為吸；升為吸，降為呼；提為吸，沉為呼；開為吸，合為呼。動步轉身及各式過渡之時，為小呼吸。小呼吸者，即呼吸不長，又呼又吸，而含有稍停息之象也。

在推手時，按為呼，擠為呼，捋為吸，掤為吸，化為吸。被捋為自然小呼吸，此小呼吸，乃求心靜，心靜則可視聽對方之行動，而不致有誤。如被擠、被按至不能再吸時，則改為呼，因使吸進之氣，散於四肢也。故呼之不能再呼時，改為吸；吸至不能再吸時，改為呼。呼與吸，原可循環而變更也。

在大捋中之呼吸，閃為呼，靠為呼，按為呼，捋為吸，被靠為吸，被捋為小呼吸。轉身將按未按時，為小呼吸。其他動步未發勁時，亦均為小呼吸。因求其靜而能視

聽，且有沾黏勁也。劍、刀、桿、散手等呼吸運用，亦與
盤架子者同。即出手為呼，收手為吸；升為吸，降為呼；
開為吸，合為呼等等，恕不贅述。

至於內部氣之旋轉方式，分為先天往後天與後天往先
天兩種。

由前往後（俗謂由先天往後天）。即丹田氣往下，達
於海底，抄尾閭而起，緣脊上行，經玉枕、天靈等穴，下
過前額、人中、喉結、心窩、臍輪等處，而仍歸於丹田原
處。

由後往前（俗謂由後天往先天）。即丹田氣往上過臍
輪、心窩、喉結、人中、前額等處，經天靈、玉枕等穴，
緣脊下行，抄尾閭而過，達於海底，往上仍歸於丹田原
處，正與前式相反。

此種行氣，初練時亦甚渺茫，日久自能達斯境界。以
上兩種內部氣之旋轉，除單人練功時當採用外，在與人交
手發勁時，更宜注意。否則，發勁雖厲，亦屬徒然。

按：太極拳中武藝高超者，不僅己身內部氣之運用純
熟自如，即對方身內之氣，或升或降，或前或後，均可由
手探知。斯種精微功夫，非初學者所能瞭解也。

至於呼吸中含有「哼、哈」二字（功深後亦能兼以
口，或僅以臍作呼吸），藝高者在單練或與人交手時，每
於無意中，口露此二字。其理有三：

（1）使內氣舒泰，無屏壓受傷之虞。

（2）使內勁全部透出，無稍滯留。

（3）使敵人驚惶（敵既驚惶，動作散漫，神志昏迷，

進退失據，不能自守，則可乘虛而入）。

故哼哈二訣，用處極大，學者不可不知。

哼，多用於引化時（內氣為吸）。哈，多用於拿發時（內氣為呼）。乾隆舊抄本《太極拳經歌訣》內載：「拿住丹田練內功，哼哈二氣妙無窮。動分靜合屈伸就，緩應急隨理貫通。」又《太極拳老譜》中內載：「對待（即推手）有往來，是早或是晚。合則放發去，猶如凌霄箭。滋養有多少，一氣哈而遠。口授須秘傳，開門見中天。」由此可知哼、哈二字之妙用焉。

‖ 十三勢解 ‖

十三勢，或以為乃十三種姿勢者，實謬也。十三勢者，即八門五步也。八門即四正、四隅。四正，乃「掤、捋、擠、按」。四隅乃「採、挒、肘、靠」。方位八門，乃陰陽顛倒之理，週而復始，隨其所行。以身分步，則有五行，以之支撐八面。五行者，進步為火、退步為水、左顧為木、右盼為金、中定為土。而以中定為其樞紐，此乃十三勢之原理也。

至十三勢拳式，又稱為長拳者。蓋昔日練太極拳者，皆從單式著手，一式熟後，再練一式；因恐日久易生油滑，或入於硬拳，故無一定拳路。直至各式皆習練純熟後，互相聯貫，合為一套，以其滔滔不絕，週而復始，稱之為長拳。故長拳即十三勢拳，亦即太極拳。非謂太極拳外，別有所謂長拳也。至今人所謂另有一長拳，乃後人編造，而非正傳。

‖ 太極拳中節拿抓閉解 ‖

太極拳之深奧，不僅盤架子、推手、大捋、散手、刀劍、桿子等，有沾、黏、化、發諸勁而已。昔日尚有所謂節、拿、抓、閉四種功夫，惟因原理深邃，不易傳習，以故迄今，漸漸失傳，殊深扼腕。本編為不厭求詳計，略加闡述，務使學者皆能知其大概，並望藝高者共同研究之。

節者，節絡。拿者，拿脈。抓者，抓筋。閉者，閉穴。絡若被節，則血不周流。脈若被拿，則氣難行走。筋若被抓，則身無主裁。穴若被閉，則神氣全無。血不周流，猶如半死。氣不行走，呆若木雞。身無主裁，則勁斷死。神氣全無，則難生存。

夫推手至相當功夫後，手能得尺、寸、分、毫，即可以量人。能量人，即能節絡、拿脈、抓筋、閉穴。惟節不量，可由按而得。拿不量，可由摩而得。抓不量，可由推而得。至於閉，非量不可，若不量，即不能得其穴也。此種功夫，由尺而縮至寸、分、毫，人身有百八穴，七十二穴不致命，三十六穴能致命，而內有七穴可以立時絕氣死亡。

穴被閉時，如皮膚灼火，似夢地受驚，可使分骨絕筋，斃命於頃刻間。倘遇得解，則如晤道忽醒。而閉者，必須明其所具，知其所發，神其所用，然後乃能入竅。譬如射矢，倘能明其中心，不偏不斜，斂氣凝神，即無不中的。此為閉穴之大概情形。至於節、拿、抓、閉之四種功夫，非名師點傳不可。

☯吳志青論太極拳

‖力與勁‖

太極拳之動作，用意不用力。意者，意思也，及由於大腦之作用，縱然用力亦非一般人固有之體力，而係由鍛鍊所產生之靈活力。

此種靈活運用之力，國術家稱之曰「勁」，故「勁」實國術家應有之本能。分析之，則「勁」之成分仍不能離「力」，但人之思想極端複雜，而國術之動作亦極端複雜，故勁與本能之力有密切關係，而與非國術家及任何動物所發揮運動之力截然不同。

力人皆有之，勁則唯我中國國術家方有之。蓋外國拳術家所練者為動力，亦即活力，乃重量與速度之和。中國國術家所練之勁，則除重量和速度之外，猶須將其面積縮至極小，並具意識之滲透，可不受任何方式所限制。

練力易，練勁則難。因練力較為具體，易得標準對象，只須有適當的方法，如借某種物質，練習提或舉之動作，久之力自漸增。勁則難借物質鍛鍊，此須利用人體各部關節之抵抗力與爭衡力，再加意識而鍛鍊。練力可以文字指導，可以函授；練勁則非有名家之活動指導不為功。文字只能解釋其要義，而不能對勁加以形容，此乃我國國術精妙之處。

任何事物皆有定理，虔心研練，自能豁然貫通。如其適合人生需要，亦應使其科學化。或以為「勁」有神祕

性，實為皮相之談。唯願以簡單文字，將其解釋明白；形容得體，自非易易。但如能虔心研練，則勁之闡明，亦非難事。

當吾人教學時，常以手按學者用力部分，囑其勿用力，但學者關節之抗力（抵力）則不斷發生。抗力者，蓋在一進步階段首先發現。換言之，每於動作增加困難時乃自然暴露，實為習練國術之障礙。幸其僅短時期內存在，如能繼續鍛鍊，則終被克服，拙力退盡後，則變為柔順。柔順能使血脈暢行，提高體內新陳代謝之機能，使感覺靈敏。

須知神經作用之加強，與肢體關節之靈活運用，乃互為因果。意識支配運動，力由起點至終點，經過各關節時，自能暢通無阻，倏然而來，倏然而去，運用隨心，效力偉大，是之謂勁。

‖沉、長、快‖

在中國國術中，具有沉、長、快三種必備之條件。設國術家忽此三點，或練習之方法不當，或練習之法雖當，而不能混合應用，皆難臨機制勝。

◆ 沉

「沉」乃由活動關節，鍛鍊而生者。如有人垂手站立，我以手托其臂，為覺其臂沉重；但其重非其全臂之重，因其意識在不知不覺中已牽動其臂，而成減輕其一部重量矣。一如以手托酣睡者之臂，必覺其臂較前者尤重；

即係無意識牽動其臂，而臂關節自然鬆活之故。如再以手托以關節鬆動之國術家之臂，亦必覺其與睡者有同等沉重。

在習太極拳推手時，可察覺對方功夫大者，其臂較功夫小者沉重，即其肢體關節較功夫小者靈活，其身體不至牽制其臂，臂不牽肘，肘不牽手，於是出擊之拳，為全身之動力迅速集中，自然沉重矣。

烈戴氏著《練力方法》中曾述：「百年前，英倫有一百四十磅之拳術家，發出之拳，其重舉世無匹；但因體重較輕，終難敵重量級拳術家。但如彼此立於凳端，而足不動以對擊，則世界任何拳術家，彼皆能敵矣。因如此對擊，乃靠實力與擊力，體重於此無關。」

綜上所述，可想像此英倫拳術家，其出拳甚重，乃其臂關節較一般拳術家靈活之故。

惜其忽略全體關節之鍛鍊，否則全部配合使用，則重量級之拳術家，亦必非其敵矣。

◆ 長

「長」亦由活動關節中，練習而生者。練習之法，乃根據生理之要求，組成一有系統而簡單之姿勢，然後按此姿勢不斷練習。習時須時刻注意鬆肌肉，鬆關節，以操練韌帶。能鬆即能長，能長即能摺疊，能摺疊即能柔順，能柔順即能沉重。即對方身長力大，只須我摺疊柔順之程度高超，則能牽擊並化其擊力，藉其擊力，以擊其人。此點外國拳術家無中國國術運動之巧妙，即係無妥善之姿勢，

以供學者練習摺疊、柔順等基本動作。

中國國術之極妙處，為能借力擊人，不受身體重量與力量大小之限制。而在外國拳術則否。故烈戴氏云：「未有輕量級拳術家，可以擊敗技術精到重量級拳術家者，因人之體重與其拳上所發之力甚有關係。」

◆ 快

「快」亦由關節靈活中練出。關於快之練習，世人皆以應從快動作中練習，此係外國拳術以及一部分中國國術之練法。但太極拳中之快，乃由慢動作中積漸而來，使其蘊藏於慢動作中。故快乃蘊藏，非表現也。

蘊「快」之術在動作時，關節中須蘊含抵抗與爭衡力，「沉」、「長」之成分亦不能少。練時外形惟慢，在習者意識上則甚忙迫，蓋須注意姿勢內之要求與外形之標準。

內容充實後，外形始能表現出勁。勁有姿態美，此種姿態與江湖拳之形式美迥異，設非國術有深造者不易辨別。

練習慢中需快之法，要有蓄力；因蓄力即快之準備。譬諸射箭，弓開愈滿，箭發愈快；而用力開弓，即蓄力也。無蓄力之快，乃普通拳術家皆能之快；有蓄力之快，始為難測之快。此等快法，每一出手踢腿，皆難分辨，以此對敵，自易制勝。

胖人習拳，必先使其脂肪成分減少，始能練得快，否則難達目的。減去脂肪之法，只有每日勤習不輟，則肌肉

纖維，自能發展，脂肪漸減縮矣。

烈戴氏云：「大體度者，未必有力，縱然體高五尺十寸，體重二百七十五磅，亦或力氣毫無，亦未可定。蓋其體重大部皆係脂肪，故無具有健康肌肉者力大。且以脂肪多，反阻礙其動作，故更無速度可言，雖在有限方面，亦能出些須之力，但多數胖人則無力氣。」

烈戴氏又云：「運動家欲有活力，定須有速度技巧，平衡於量與實力之方面。」

如此觀之，西洋運動家亦將識勁之意義矣。勁雖似難練，但如有正確之方法，精確之指導，亦非難事。如習之不得其法，必至徒勞無功。

夫力者，為人所固有，加以體重，遂成人身之力量。但力亦可訓練，如舉重、提重或拉彈簧器，均可增體力。惟此為藉鍛鍊而生單純局部之力，非蘊藏體內之力；即物理學所謂單力，俗稱氣力，國術家稱為拙氣、拙力，而非合力也。

勁之來源，與練力之法相反，力可藉器械練出，勁則不能利用器械，乃依生理學、物理學與心理學訓練而生，將人體蘊藏無限之力，集中鍛鍊而生者。

◆ 一、

順生理自然之構造，將全身骨骼關節各部重心集中一點，再加意識之主宰操縱，然後由中心發出，是之謂勁。

◆ 二、

將人體全部機構，極端舒長，然後又將各部關節極端縮短（即摺疊）。在縮短舒長之間，運用疾徐有致，順其勢（即沉、快合作）不用絲毫拙力，再憑意識之主宰（即用意不用力），與四肢百骸合作。凡一動作，須有下列四種動態，配合運用。

甲，弧線。乙，曲線。丙，浪紋。丁，螺旋。

上列四種動態，配合全身各部關節，舒長摺疊。練習純熟後，身體自然柔順，則發動之力乃靈活而具彈性之力，此種彈力即由「沉、長、快」三字練出之勁。

◆ 三、

譬諸彈簧機器，機器本係靜物，不能發生彈性作用，因於機構中裝有活動之彈簧，於是機器亦有彈力。彈簧本係其線形之鋼條，須經琢磨鍛鍊，盤成螺旋，其中必含無數甲、乙、丙、丁之形態，乃成有規則之彈簧，方能發生彈性作用；亦即多量甲、乙、丙、丁聯合行動之力量。

若非經此過程，仍為一直線形鋼條，則其附著之機器亦必失去其彈性，如果機器結構組織健全，加以人意之操縱，自能運用如意矣。此機器內之彈簧，即猶人體內蘊藏之勁。

‖ 中心與重心 ‖

重心對於練拳之關係至重。然重心之應用，又須中心

為之主宰，否則重心無所寄託，反將被人利用。

太極拳擊人，外形雖似以拳之力，實則由於中心所發之勁。設非由中心所發，則係局部之力，其力易於渙散，有為人各個擊破之虞。

國術練至上乘功夫，有如衡之引權，能以中心運用重心。則所發之拳沉而有勁，以此摧敵，何敵不克？身軀穩如泰山，以此自衛，重心有主，何隙可乘？

人之中心在腰胯之中，四肢為重心所寄，發出之勁，由腰腹出，達於周身，拳經所謂「氣貫丹田」。丹田即腰腹之中。初步習拳有拳法、手法之分，出手即為重心之運用，站樁即為練習重心，俗所謂膛勁者，即重心也。

站馬樁須脊豎、腰塌、頭懸，鼻尖、膝蓋及足尖須成垂直線，穩住中心，即所以保持重心也。

太極拳之勁所以由丹田而發，係因丹田位居中央，四肢百體散漫之力必先集中於此，而後發則為勁而非力。比如意欲發右拳擊敵，必先將左足跟及左膝、左胯之力集中於丹田，然後由右腰胯達於肩臂肘手，迨後左臂與右腿佐以爭衡之力，則右拳自沉而有勁矣。

如以右拳比諸箭之鏃，則左臂與右腿便如弓胎弓弦，弓開飽滿發出之矢，未有不速而有勁者。若中心偏倚，不但妨礙動作，且拳出無勁，反受牽制，何異授敵以柄，自陷敗境。

中心之於練拳其要點有三。

一是中心穩定，則氣血易於暢通。

二是中心不偏，則姿勢正確，發揮之力大。

三是中心端正，易於制人而不被人制。

‖六合三摧說‖

國術中有術語曰「六合」。所謂六合，即心與意合、意與氣合、氣與力合，是謂內三合。手與足合、肩與胯合、肘與膝合，是謂外三合。內外相合，故曰六合，乃國術中上乘功夫之抽象名詞。

內三合以心為主宰，意為判斷策畫之參謀，氣為活動人身各部之使者。凡人心思一動，意識隨動，氣受反應而奔走，氣之所至即力之所在，所謂心、意、氣與力合是也。

思想動，意識不動，則無以明是非；意識動，而無氣力推行，亦為幻想。必也心、意、氣三者聯繫一體，方能發生作用。

內心既有所驅策，必執行於外，則外三合尚矣。譬諸作戰，手足為衝鋒陷陣之先鋒，肘膝為督糧運械之後方勤務部，肩胯則如臨陣之指揮官。三者缺一，每戰必敗；三者合一，成功可待。

六合之外，又有三摧之說，即肩摧肘，肘摧手是也，亦即肩擠肘，肘擠手，節節相擠，推動整個合作力量。足、膝、胯之摧擠與肩、肘、手相同。惟以足跟為起點，而膝、而胯，各部骨骼與筋肉聯成一氣，一旦著的，立即發揮其功用。倘有一處脫節，則全盤失效，手、足、膝、胯、肩、肘與韌帶活動之力相互緊湊，集中一點發出之力，即國術家之活力。

　　思想主於內，動作形於外，內外相合，得心應手，是謂六合。思想意識與手足之行動，已如上述，茲再申敘氣與力。

　　氣也者，順生理之自然，循氣運之暢行。順則氣舒，滯則氣阻，逆則氣閉。氣舒則各部精神充實而活潑，猶之皮球，未打氣之前癟扁癟陷，既打氣之後激之則飛躍，此乃由氣之充實而發生彈力。語云：「頤指氣使」，實氣與力合絕妙之形容詞也。又如水性下流，若加以壓力，必反上激；氣之壓力愈大，則激射之力亦愈高，此氣與力合又一證也。

　　總之六合者，即思想與行動合一，表裏一致之功夫；亦即王陽明先生「知行合一」之功夫，此乃我國國術最高之哲理也。

☯ 拳術傳薪錄

——向愷然

　　吾年十七渡日本，與吾師王志群先生居密邇，湘人湯松、何陶等，慕吾師拳技，約壯健而熱心研煉者七八輩，賃屋於市外大久保，每於星期三、六及星期日，抨擊其中，吾師苦道遠，車行岑寂，每強吾與偕，其時吾不喜技，且體魄荏弱，殊無研習之意，然目染漸久，依樣葫蘆，亦頗能模仿手足之來去。

　　吾師欣然曰：若輩意志雖強，而體魄苦限於天賦，皆

不及汝敏捷也，曷從事焉。少年喜譽，聞師言，意少動，
課餘輒於室後小院中，騰擊少許，一月後，漸生研煉之興
味，遂於早夜專習之。

　　又三月，興味更濃，行旅坐臥，皆不忘研煉矣；而湯
松、何陶輩，早已輟煉。師乃得以技一意授吾，茲篇所
記，悉出吾師日授，惜當時未嘗筆記，迄今追憶，已遺忘
十之三四。然即此已足為研煉拳技者之借鏡，第隨憶隨
錄，因難次序，閱者諒焉。

　　王師曰：習技者，每喜戲較，此是習技家大毛病；久
而久之，出手必不老辣，臨敵只在抵隙，敵雖有隙可乘，
而出手太軟，不能創之，則敵已抵吾隙矣。故曰：「一硬
不破，一快不破。」「硬在快先，即含出手須老辣之意。」

　　對打非戲較也，習技不可不習對打。對打首在練眼；
眼不經練，非特看敵人勁路不明，臨陣失敗，全壞在眼
上。手足不對練，弊只在進退無標準，出手無把握，果能
獨練功深，此弊自然無有；惟眼則非單純的獨練，所能竟
功。

　　對打時，眼光宜準。因有一定之手法，如何攻，如何
守，不能移易。臨敵與對打之手法，完全不同；對打有接
手，且出手多留頓不收，臨敵則接手留手，俱為敗著；故
對打之意，專在練眼，手足不過能借此引活勁路而已。

　　現今練拳術者，絕少真功夫。即享大名之老拳師，計
其平生苦練不間斷之時期，至多不過三年，動以數十年功
夫眩於人者，欺人之談也，果能苦練三年五載，在拳術範
圍中，無藝不臻絕頂。

練拳尚工勁，搬石（一名仙人擔，以二石餅，貫竹兩端），能增加氣力，非勁也；力愈大，勁愈少，去拳術功夫愈遠。

空氣之抵抗力無窮，故工勁以空氣為練具。

練勁須知一「催」字，上部以肩催肘，以肘催手，下部以腿催膝，以膝催足；知此即知手足之勁路。

世人言拳術派別，動謂南拳北腿，一若南人皆不善用腿者，此殊不然。南拳中用腿者極多，惟用明尖者少，踢腿過頭額者為明尖；用暗鑣、跺子腳、連環拐、鴛鴦拐者多。北人雖善用明尖，然與善南拳者角，每以明尖敗；蓋明尖之難用，幾成拳術中之敗手，凡能以明尖制勝者，即不用明尖，亦能取勝人，而至為人明尖所中，則其眼光身手，必並逃躲而不之知者。

明尖之用，便於群鬥，因群鬥必多笨漢，若一一揮拳擊之，則其跌不遠，其創不深，退而復集，必為所窘；腿之勁，較拳必倍，笨漢既不知躲閃，而群鬥尤妨礙其騰挪，故擊無不中，中無不創深跌遠，無復戰鬥之力，其未受擊者見之，亦必股慄而退。

手足吞吐之勁必同等，例如以五十磅之勁打出，亦以五十磅之勁收回。吞吐勁不相等，病在遲緩，故敵人得接其手而還擊之。快由於有勁，無勁必不能快。吞吐之勁相等，則無留頓不收之弊，敵非但不能接，且有時受傷，尚不知手之來路；故對打有接手，臨敵萬不可接人手也。

臨敵全恃兩眼，兩眼惟注敵人之肩，不可他瞬。敵左肩向後動，必出右手；右肩動，必出左手。用腿時，肩必

下沉，或後仰，此為不可移易之表示。惟個人練習時，兩目須注視自己出手之的，疾徐高下隨之，手眼不合，是大毛病。

練拳式（即整趟之拳）與拆練散手不同，拳式中之手法，不必手手能致用。故練時，心中毋庸假想一敵。拆練散手，則非有假想敵不可。

練拳式之目的有四：一在調勻氣分；二在活動身手；三在習慣持久；四在發舒筋肉。而致用不與焉。致用非拆練散手不可。拆練之散手，雖從拳式中化出，然不拆練，則終年打拳，亦不過於熟中生巧，心領神會其一二手之運用而已，決不能得全式中之變化也。

拳式中，掌則明示其為掌，拳則明示其為拳，及攻守之部位，皆表露於外，無一手不能一望而知其來去，必非高妙之拳式。

我輩生當武器發達至極點之今日，練拳決無專練一部分之理。前人多有鐵頭、鐵臂、鐵腿之稱，皆是專練一部分者，違反生理，不足為訓，即其成功，亦甚容易。金鐘罩、鐵布衫諸藝，雖不專練一部分，然其閉塞周身毛孔，改換腸胃，使四肢百骸，成為機械的作用，尤有妨害生理，且與拳術無涉也。

湖南辰永郴桂各州，皆崇尚氣功（俗稱蔽桶子，湘人俗呼身體為桶子），其成功亦與金鐘罩、鐵布衫相等，同一無關於拳術也，但能受人擊，而不能擊人，則亦何取於拳術哉。

拳有五合，無論南北派、陰陽勁、內外家，胥不出此

範圍。五合是由心與眼合，眼與手合，肩與腰合，肘與膝合，手與足合。手進足不進，不可也；足進手不進，亦不可也，其弊在嫩，肘膝不對，則勁路反戾。肩腰不合，則勁不過三（肩、肘、手為三關，勁由肩條達於手，必過三關，始能及於敵人之身），不過三，則手雖及敵，不能創之。拳術家有送肩之說，即肩腰相合，以腰送肩、以肩送手也。五合有謂心與意合，眼與心合，手與眼合，肩與腰合，腰與腿合者，大旨略同，惟強分心意，殊屬無謂；而不言肘、膝，亦是缺點。

拳術中亦有氣功，但非蔽桶子之氣功。蔽桶子之氣功，亦名蝦蟆功，亦名蝦蟆勁。

拳術中之氣功，專在調勻氣分；有噓、唏、咳三種，微類道家之吐納，及日人北里博士川合春充等之呼吸，與拳術有密切之關係者也。

練拳不煉工勁，終身無大成之望。工勁之種類甚多，惟閉氣不呼吸者，萬不可用。

人身之關鍵，上部在齒，下部在穀道。故上部用勁，非牙關緊閉不可；下部用勁，非穀道緊閉不可；兩關不緊，則百骸鬆懈。體魄強健，性質堅毅之人，行走坐臥，齒牙無不湊合；怠惰者，則隨時隨地，張口若待哺然。

對打最好與所從學之師行之，進步較與同學者倍蓰。但對打之手，亦非臨敵之手，其效用，已於前言之矣。

赤手與持刀之人角，多用腿飛擊敵腕，使其刀脫手飛去，此法極險而極笨，萬不可嘗試。苟能自信飛腿擊之，確有把握，則非敵為無能之輩，必己之藝，已臻絕頂。然

彼己之藝，既相去懸遠，則亦安用踢去其刀，而後能勝之
哉。

　　不善用械者，不如徒手，不拘何種手法，皆足破之。
即技藝同等，赤手與持械者角，亦不必持械者占優勢，但
視雙方之進退便捷如何耳。世無以械擋械之手法，故赤手
與持械之分別，只在長短之間。所謂拳打開，棍打攏，即
是截長補短之意。

　　己藝無把握者，見敵持白光射目之利刃，已自膽怯；
又見其閃閃連劈而進，心益慌亂不知所措，勝負之數，乃
不待交綏矣。

　　藝高人膽大，膽生於藝，固為不易之言。然養氣亦為
拳術家要著，氣盛可抵五成藝。

　　能養氣，自沉著，其人藝即絕佳；苟其氣不盛，置之
萬人集視之場，或王侯莊嚴之地，令其奏演平生技藝，必
手慌足亂，非復平昔從容之態。故秦人武陽平日睚皆殺
人，非不有藝，非不有膽，而一至秦廷，睹宮殿之嵯峨，
朝儀之嚴整，即顫慄變色，不能自支。

　　理直者氣壯，故鴻門之宴，噲能瞧羽，羽自慚理屈
也，寧羽之氣，不盛於噲哉。

　　拳術家臨敵，有發聲大喝者，亦以氣懾人之意，與練
習時聲喝不同；練時之喝有兩用，一舒肺氣，一送勁過
三。然只陽勁拳中有之，陰勁拳不取此法；陰勁拳與人角
及練習，皆絕無聲息，故輕妙可喜也。

　　陽勁喜響腳，陰勁喜猴胸，皆有妨生理。但亦多係練
者過火，一若非此不足表示其別，而引人注意者；表示愈

甚，弊害愈多。故治陰勁者，十九傴僂消瘦，形若病夫，其肺氣不舒，四肢捲曲故也；治陽勁者，則多患腦病，思想記憶力，漸生障礙，因響腳震傷腦海也。

陰勁猴胸之用，在不以胸當敵，而臨陣時，每利用猴胸，以創敵劈胸打來之掌腕；且陰勁手法，多走小門，猴胸則轉折較便，避敵較捷；故習陰勁，有不能不用猴胸者。

至於陽勁，則響腳除自壯聲威而外，絕無用意。學者多不明理解，但務虛表，每以不響腳者，為無精采；教者為迎合學者心理，遂強自頓地作聲，可笑也已。吾鄉有拳師王春林者，習江西派字門拳，造詣頗深；只以吾鄉俗尚陽勁，從習者少，王迫於衣食，乃以意改字門拳為響腳挺胸之法，現吾鄉尚有此種不陰不陽之拳術。

鄔家拳至湘潭，未三年，而湘潭原有龍門家之麒麟八卦等拳，全受淘汰。鄔家拳亦陰勁中之一種，與江西字門拳，無優劣之可言也。龍門家拳流於湘潭，年代雖不可考，然已有百數十年之歷史，則信而有徵，湘潭之老幼男女，無不知拳術有所謂龍門家者，其藝力可知矣。鄔把勢竟能以猴胸短肋之陰勁拳，取而代之，未及十年，湘潭之人有不練，練必為鄔家拳矣。

王春林技不及鄔，故遂同化，但鄔家拳萬不可學，學久必成廢人。因鄔得名於其足既斷之後（龍門家忌鄔授，而無力以創之，遂設宴招鄔。鄔居隔河，宴畢龍門家父子五人，自操舟送之，及中流，群起撲鄔，舟隘不能轉側，又不善洄，遂為所窘，斷其一足，鄔哀求舁至家。龍門家

父子，謂其足既廢，當不復有為，許之，才及陸，鄔兩手俱發，舁手二人立倒地斃，舁足之一人亦重傷，餘二人疾逃始免。鄔足雖廢，而授徒自若，所授技，轉較前毒辣），由靠丁步變喜鵲步，靠丁步已無益於體育，況無變換之喜鵲步哉（昔年軍隊中用藤牌者，必喜鵲喜步，以左右足迭躍而前，故有變換）。

鄔家拳之用靠丁步者，為初至湘時所傳，許八十一手，陰勁中不可多之拳式也。

嘗有少年，於未習拳術時，與人鬥輒勝。習拳數月，轉敗於前此鬥敗之人，因咎其師傳之妄；而為其師者，亦無辭以自解。王志群曰，即此可證拳術之尚養氣也。其人未習拳時，正如初生之犢，不知虎之可畏，一往直前之勇氣，每足懾人。既習拳數月，新步未得，故步已失，情知尋常手法，破綻過多，而欲求一必勝人之手，又卒不可得，故反覺無手可用。又未習拳時，勝負無關於聲譽；既習拳，則求勝之心必切，得失之念亂於中，運用之法窮於外，欲其不敗得乎。

練拳須一手是一手，吞吐要快，連續不妨略緩，不能如寫草字之牽連不斷也。

不論陰陽勁、內外家，皆尚自然之勁，不可作意安排；作意安排，非但力盡陷於肩背，拳術亦無成功之望，且漸久必成肺病，浸為廢人。

臨敵全賴後手來得快。後手者，即接連而進之第二手、第三手，以致於無窮之手也。來得快，則救得急；雖有敗手，亦一閃而過，敵無可乘也。

普通拳術家，不問其技之至於何等，必有二三手慣用之手法。其慣用者，為何種手法，最易窺探。蓋拳術家與人言技，多喜舉手作勢，而所舉之勢，必其平生慣用者，屢試不爽。

形意、太極、八卦等拳，在北方盛行一時。北方之拳術家，無不言形意、太極者，然能得其三昧者絕少。練形意太極，不到成功之候，與人角，幾無一手可用。單邊長手之拳，非至爐火純青，矜平燥釋之度，不能言與人角也。

雙拳、雙掌，在拳術中為極笨極無用之手法，南方之練步拳中多用之（練步拳有大練、小練等名）。不但因其以胸當敵，為不可用也；兩手同出，最違反勁路，不如單拳、單手多多矣。

拳式中，皆有其主要之手法，學者不可不知。其主要者，必其應用最靈，變化為多者也。陽勁勝陰勁處，在走紅門，直截了當，獨來獨往，氣已辟易千人。陰勁主旨，雖在以柔克剛，然每以氣力不勝，能避鋒而不能克敵。故習陰勁者，多專練一部分毒辣之手，如釘錐（即屈食指戳栗暴）、蜂針（戟食指戳人）、虎爪（亦名五瓜勁）、鐵扇帚（用掌背擊）等，專走小門，攻人要害，有不著，著即戕賊人肢體，使人不復有抵抗之力。

北方拳術家角技，每有角至二三百手，不分勝負者。若南方之拳術家相角，則一二手，多亦不過五六手；勢均力敵者，不互中要害，即相揪相扭，同時力竭罷角，或重整旗鼓，相與復角，曾未有角至若干手，尚不分勝負者，

此其分別之點。

在北拳尚氣勁，南拳尚技巧。北拳相角時，多一立東南隅，一立西北隅，彼此一聲喊，各施門戶，或一步一步互相逼近。及手足既交，一兩手後，復各驚退數步，或各向右方斜走，一至東北，一至西南。再同時析身逼近，手足相交後，亦只一兩手即各驚退，此一交即為一合。如此或數十合，或數百合，但視角者功力如何為差，苟非相去懸絕，則無不經數十合，始分勝負者，此尚是槍炮未發明以前，以長戈大戟決勝疆場之鬥法。

蓋上陣必貫甲，出手較鈍，又多係騎馬，究不能如步行便捷。故一擊或一刺不中，必催馬斜走，伺機復擊復刺，不能立住死鬥，因此有數十合數百合不分勝負者。

南拳則不然，純以技巧勝，功夫不到者無論已；有功夫者，其氣勁不必驚人，然出手必能創敵；角時多不施展門戶，臨時落馬，意到手隨，每有勝負之分，非特旁觀者，不知所以致勝之道，即被創之人，亦多不明敵手來去之路。

易筋經、八段錦等功夫，持之有恆，能長無窮之力，但此種力，非拳術家所需要。

達摩非拳術家，今之言武術者，動稱少林，而少林又尊奉達摩，一若達摩於武術，無所不精，無技非其所創造者。少林拳術，少林棍法，皆久已有人著為專書，其假托與穿鑿附會之跡，今閱者股慄三日。近年夏有所謂達摩劍者，亦成專書，刊行於世，是達摩又多一門本領矣。

湖南鳳凰廳，民俗強悍，善武術者相遇，每以技決生

死。其決鬥之法，憑地紳立死不責償之約，擇廣場列襯於旁，初以徒手相角，任人觀覽，死者即納襯中，隨時埋掩，而群致賀於角勝者之家，勝者出酒食相饗，樂乃無藝，死者家族，無怨言，無怨色，但自咎死者之無能而已。若徒手不能決勝負，則各持利刃，對立互砍，一遞一刀，不能閃讓，血流被體不顧也；弱者經數刀，即倒地不能復砍，強者每互砍至五六十刀，遍體皆為刀裂，猶揮刀不已。

有寇某者，曾與人決鬥至十四次，多至互砍七十刀，但其人血流過多，年未四十，已衰萎而死。民國成立後，此種野蠻風習，已經官廳禁止。

秦鶴奇先生，上海人，知者無不稱其拳藝絕倫。余恨無識荊之緣，未得一聆偉論，有友告余曰，秦先生與霍大力士俊卿友善，嘗語霍曰，君右手、右足之功力，誠不可當，但君不宜多怒，尤不可以全力擊人，防自傷內部也。霍極以為然，而側聞者不解所謂，先生曰，霍君手足之功，因其好勝一念，成之過速；右手實勁過八百斤，右足更在千斤以外，而內勁不及其半，安可以全力擊人也。聞者仍不省，王志群曰，是真知技者之言也；譬之戰艦，噸量小者，必不能載口徑過大之炮，謂體小不勝震也。

今之練拳者，每多專練一部分，即成功如霍公，猶有自傷之懼，況不可期耶，是足資治技者憬悟矣。

拳式中每有手足齊出之手法，南拳中尚少，北拳中則數見不鮮，甚至雙拳或雙掌，加以明尖，而習者猶自詡為絕妙之手法，以為三者齊出，敵無招架之方。殊不知此種

手法在拳術中為絕無意識之動作，於理、法、實用三者，胥無所取義，乃全無拳術知識者所意造。拳式中有此種動作，屬雜其間，則全式無一顧之價值，可斷言也。或者曰，拳式之構造，其意不在手手能打人，不過為引活勁路，鍛鍊手足而已；此種手法，練習既久，能使一足獨立不搖，而子何詆誣之甚也。

志群笑曰，拳術中哪一手不是引活勁路，鍛鍊手足，但勁路既云引活，則違反勁路之手，自不能用，此種手法，乃是牽掣勁路，使不得條達於四肢，與力學生理，皆相背馳，安望其能鍛鍊手足也。且下部之穩實與否，全視其足勁如何，以為比例，兩足有勁，氣能納注丹田，則下部未有不穩實者；一足矗立，不提肛（即閉穀道），不迭肚（即氣注丹田），下部決無穩實之可能。明尖之不可用，亦即此理。

蓋用明尖時，立地之一足，不能屈曲。不屈曲，則肛不提，肚不迭，故用明尖必於敵退步或轉小門時，乘其步馬動亂，奮足一擊，敵乃無騰挪或接擊之餘地。從未有決鬥伊始，或敵步未動時，即以明尖擊人者，跺子腳、暗鑱等之能百無一失，即在落馬先穩下部，而發出之腳，又去勢不遠，發以全力，收以全力，故中能創敵，不中亦已反客為主，早留第二發之地步。然用腳則腳，用手則手，雖已落馬，亦無手足俱發之理，況一腳矗立不落馬者耶。其無用之程度，尚不得稱為敗手，直一無意識之動作耳，萬不可用，萬不可用。

拳式中凡有丁字步者，皆可用足。蓋丁字步本為半

步，跥子腳、暗鑹、溜步、趕步等等，無不從丁字步化
出。靠丁步亦可用跥子腳、連環拐、暗鑹，但須坐前腳，
發後腳。於敵穿小門時，百發不失一。惟溜步、趕步，則
不能用之也。

敵來勢過猛，即退讓一步，坐實前腳，發後腳迎擊，
每能反客為主。此種關頭所用之腳，多係從靠丁步化出。

江西派字門拳中，有所謂「圓」字者，理法實用俱
妙，與陽勁拳中之穿連手略相似，而靈巧過之。惜近時學
者，於穿時多不帶胳膊，不轉胸只穿手腕一節，是大毛
病。由大門轉小門固用穿，由小門轉大門亦可用穿。不帶
胳膊不轉胸，則敵手只須略硬，或略沉或略起，或後足向
空方稍移，皆能頓易主客之勢，而穿者反授胸於敵，以供
其衝擊也。

蓋穿者轉一尺，當者只須轉一寸，故以紅門手（即大
門）擊轉側門（即小門）者，無不後發先至，其勢然也。
若穿者帶胳膊轉胸，則不至脫橋，而主客同一形勢矣。主
客形勢既同，不必硬者占勝，勝利當屬之識鬆緊者，來手
無論硬至何等，若自度不能勝，只須略鬆手勢，將鋒頭避
過，隨將腳跟一定，牙關一緊，以全力乘其舊力已過，新
力未發，無不克敵制勝者，此謂之借力打力。

練拳氣喘色變，其故即在不識鬆緊，從首至尾，握固
不肯放鬆半點，自以為孔武多力，其實拳愈練，而力愈
陷，氣喘色變，特其顯於外之徵候也。凝神集氣，一手是
一手，全身之勁，但注於一擊之中，手既打出，立須鬆
放，則雖連演數十百次，亦必行所無事，安有喘氣變色之

患哉。

　　拳術中有所謂重拳法者，湖南人練者頗多，能碎數寸厚石板，見者多疑為邪術，實非邪術。其習之法，於午夜趺坐井畔，爇香於前，念清心一句，運臂揮拳向井中一擊；念百遍，揮擊千餘拳。如是者不輟月餘，拳下自能激井中，殷殷成聲；又月餘，水深丈許者，隨拳蕩動，更月餘而功成矣。

　　此非邪術，乃漸近之功也，然其成功只在一部分。故非內功先成者，雖成功亦不免有自傷內部之懼。

　　紅砂手，亦非邪術，是練成之藥砂，亦暗器之類也。與人角時，必搶上風，否則不能施放，與拳術毫無關涉，鄉村拳師多用之者。因己無實力，慮角時不能勝人，又不善用其他暗器，故以此藥，因風迷人雙眼，而一任其攻擊也，此為極不道德之舉，不足傚法。

　　拳術中最平庸者為單掌，而最適用者亦為單掌。惟單掌能跌人於數步之外，能破人一切手。單掌之變化極多，敵來手低，則沉而後掌，高則托而後掌，左則閉而後掌，右則分而後掌，凡中上部之手，無不可以掌接擊之也。

　　龍頭手，獅子大張口（亦名虛實手），皆從雙掌化出，極適於用。因虛實相倚，奇正相生也。惟未經變化之雙掌，萬不可用，無虛實，無奇正，弊害百出，以單掌破之，絕無變化抵抗之餘力。

　　拳術必須口授，圖說雖詳，只足供學者參考，不能恃為入手之圭臬也。拳術非柔軟體操可比；柔軟體操無變化，拳術之妙，全在變化，運用動路，只在分寸之間，口

授猶時有辭不能達之處，寧筆墨所能盡之。至於點穴，尤差之毫釐，失之千里，豈草率不備具之圖所能標舉，而使讀者運用無訛乎？

人身要害之處，有最簡單而最明了之觀驗法，以己之拇指從心窩量起，上下左右與中指距離之處，皆為要害。復從中指起量，與拇指距離之處，亦皆為要害。但此限於頭部及前後胸背。四肢無死穴也，僅能阻遏血脈，使人麻木，失其神經作用。至言以一二指點人四肢之一部，即能使人立死，非魔術則欺人之談矣。

村拳師秘藏之人身穴道圖說，所標舉即不謬妄，學者亦不能對本實施而行之有效。書中雖有註明某穴用陽手，某穴用陰手，及用一指鑢或二指鑢，或三四指鑢者，然學者內功未成，安能附勁於一指之顛，透人筋絡。至於傷科藥方，尤乖醫理，每有一方多至五六十味者，而其中性質相反之藥，時相並列；且傷科藥方中，無不喜用極毒烈不常用之藥劑，以人命為兒戲，莫其於此。

點穴之術，非深明生理學者，所言類多謬妄。今之拳術家，輒言能點穴，此欺世駭俗之談也。世人舉數，多喜言三十六、七十二，合之為一百零八。而言穴道者，亦遂謂人身有三十六死穴，七十二活穴，合之周身有一百零八穴，此種絕無根據之談，稍有知識者，聞之冷齒。

村拳師授徒，無不秘藏二鈔本，以欺罔學者。二鈔本為何，一《人身穴道圖說》，一《傷科藥方》。雖人各異其傳，然自誇得之某某名人，或傳自某某異人，則皆同其詞也。余初得從村拳師許，睹此類鈔本，殊自驚為異數，

以為如此不傳之秘訣，非拳師雅重余者，安肯推誠相示，因其中文句，多不可通，不能強記，遂殷勤乞得，繕錄一過，亦秘而藏之，不輕以示人也。

　　是後每值其他村拳師，必以言探其有無秘藏此類鈔本，始皆笑不肯承，以利欣動之，則故躊躇作態，強而後可，及其出以相示，類多德色，內容或詳或略，而其文句之不可通，標舉之絕無根據，藥方之全無理由，千篇一律；以意義還叩之村拳師，或不能答，或答以玄虛不切事理之言，非吝不肯告，實不能以其昏昏，使人昭昭也。

　　拳術家每侈言，某手非某手不能破，此欺人之談，絕無其事也。惟硬不破，惟快不破，硬中須有軟，既快貴能穩，則真不破耳。出手如風馳電掣，勝負分乎瞬息之間，寧有絲毫措思餘暇，敵手未動，我無由預測其將出何手，而預為破之之手以待。敵手已動，則我縱眼捷手快，亦不能立判其為某手，而我非某手不能破之也。且凡手法之佳者，其變化必多，世未有施用某手不能創敵，猶頻頻施用之也，尤未有出手不收，以待敵人之接擊也。

　　村拳師授徒，不明理解，每好為似是而實非之言，以聳人聽，以取多資，故有此類說法。為其徒者，安有判別虛誣之識。如是某手不能破某手之說，幾成為拳術家之公例，其眛目無識，為可笑矣。

　　動手先落馬，出手必送肩。落馬則肛自上提，氣自下注，下部一穩，則全身之勁，自能貫注於肩背達之，打出之肘腕，故曰出必送肩也。

　　善拳術者，不必善蹤跳，善蹤跳者，亦不必善拳術。

蹤跳本另是一途功夫，與拳術全無關涉。今人論拳，每混合二者而言，以為善蹤跳者即拳術家，而拳術家亦無不善蹤跳者。霍元甲拳名滿天下，絕不能蹤跳，趙玉堂能一躍登三丈高屋樑，亦絕不能拳，此其明證也。

蹤跳只在身輕，身輕由於腳有力，其用功之道，不與練拳者同其蹊徑，謂蹤跳與拳藝同屬於武術則可，謂蹤跳屬於拳藝，則不可也。

拳式中有所謂九滾十八跌及林沖下山，貴妃醉酒諸式，全用撲跌躦滾。說者為此類拳式，善能敗中求勝，為練拳者不可不知不可不能之身手。嗚呼！為斯言者，殆不知拳術為何物者也。

拳術家以技與人角，其敗中轉勝之手法，每出於意外，有一不可有二，即其本人，亦不能以此手法，為第二次之施用，如棍術中之鐵牛耕地，全為敗中轉勝之棍法。然學棍者，雖與人角至百次敗至百次，亦決無施用鐵牛耕地之時也。

藉以上所舉拳式，為練習使身體敏活之用，未嘗不可，然在拳術中，已落下乘；至欲用其手法以臨敵，則恐終其身與人較，曰在敗中而無求勝之機也。

人之右手，每較左手便捷，如是練拳者，多專練左手，以圖補救此天然之缺憾。但左手練硬後，右手之便捷復遜，世無兩手完全同等者，此實無關於拳術之程度，即能練至兩手完全同等，用時亦無兩手同施之理。雙手不如單手，與雙刀不如單刀，雙劍不如單劍之理正同，學者殊不必以左手硬遜右手為病也。

低馬拳式與高馬拳式之比較。低馬拳式，利於實力不足之人，短手容易上勁；又出手多走小門。故練低馬拳式者，半年三五月後，即能應用。高馬拳式，則非實力充足之人，加以一二年之苦練，幾無一手可用，然及其成功，高馬拳較低馬拳簡捷多多矣。

沉托勁在陽勁拳中，用處極多，以其利於搶紅門也。陰勁拳則多喜用分閉勁，若字門拳中之內圓外圓，則又沉托而兼分閉者矣。

江西有某老拳師者，善字門拳，由「圓」字變化一手，名為蝴蝶手，極運用之神化，敵手一為其手所著，即如膠粘不可脫，敵進則退，敵退則進，其柔殆類蛛網，終其身無能破之者。

安徽有饒某者，業窯，人遂稱為窯師傅，喜治技，善側掌中人，因其所業，恆須以掌範泥也，雄視一鄉。村拳師憚其勇，莫敢與較，然皆惡其慢也。

會有鳳陽女子，鬻技於其地，雖纖弱而矯捷如飛鳥。村拳師謂其能在饒上，設詞激饒往角，實欲因以創饒。饒負氣往，女騰一足，饒側掌擊之，斷其踝，女遂傾撲，狼狽遁去，饒聲譽益振。無何，復一鳳陽女，訪饒於其居室，適饒他往。饒家飼家雞十餘頭，女盡繫之以去，行時顧饒家人曰：「此去裏許有雷祖殿者，余將遲饒於彼，一日不至，則宰食一雞。」

饒歸聞語，將往，懼不勝；不往，則損名且失雞。不得已佯為力人往，至則見有女年可二十，姿容娟好，跌坐階際，連雞置於左右。饒徑前語曰：「吾窯師傅之力人

也，彼適不得間，命吾且將雞去。」言已，趨攫雞，但覺有物中股際，即撲跌尋丈外。饒茫然不知致撲之由，知不敵，踉蹌而歸，焦急無可為計。

饒有長年雇工名張老者，年已六十餘矣，以力傭於饒且二十年，饒固以尋常力人遇之者。至是張老見饒環室而行，若重有憂者，乃請曰：「君得毋慮鳳陽女難勝，而雞不得返乎？」饒曰：「然。」因言跌時情狀。

張老笑曰：「吾將為君往索雞，得則君居其名，不得，於君無與也。」饒恚曰：「奈何誑我，吾且見敗，若奚往焉。」張老曰：「吾固言不得於子無與也。」

饒終疑之，然計無所出，姑允偕往。女仍跌坐如前，張不語，突前取雞，女自裙底飛一足出，張提而投之，女駭請姓氏，張自指其面曰：「吾窯師傅也。」女拜手謝教去，饒伏地不起曰：「與公同寢饋近二十年，竟不知公身懷絕世之藝，謹請屬為弟子。」張欣然受之，授以技術。

越三載，而前鬧技之鳳陽女至，指名索饒，饒與較。三數合後，女復騰足，饒以左手把持之；女立地之足亦發，饒以右手接之；女身中懸不偏頗，饒知為勁敵，作勢遠投，女著地大笑而去。饒歸面張陳述，張驚曰：「汝傷重矣，久且不治。」

饒曰弟子未嘗敗，何言傷重？張命饒袖示其胸兩乳旁各有黑點如錢大，始駭服，泣請醫治，張曰：「汝投時不應縮手作勢，彼足距汝胸僅及寸，縮手即為所中，其勢然也，彼等之頭，皆附以鐵，一著即傷，無可倖免。喜傷處非要害，若上下寸許，則無可為矣。」

　　觀饒某之受傷於不自覺，可以知拳術之難矣。使當日其師不在側，則饒某將至死不晤其死於藝之疏也。拳術家以技與人角，因傷致死，而不知所以殺身之故者，不知凡幾。故俞大猷曰：「視不能如能，生疏莫臨敵。凡百藝術，皆有競爭角勝之時。惟以武術與人角勝，則動輒孤注性命，真有能耐者，不輕與人言技，即懼因名而招來角者也。」

　　長沙陳雅田，善技享重名，來訪者嘗不遠數千里，晚年益甚。陳患之，每辭以他出，而陰覘其人，藝皆出己上者。因益自韜匿，遂得終身不敗於人。

　　拳師與人角技，每喜於數步外，兩手上下連環旋舞而進，來勢一若極凶猛之致，功夫不純熟者遇之，無不辟易，其實破之極易。自己手硬者，直走紅門衝擊之，彼旋舞之手，著手無不披靡者。若自料不能硬進，只後腳略橫半步，即是直來橫受之道，彼旋舞之手，亦無所施矣。須知兩手上下旋舞，著人必不入木，無避讓之必要也。

　　余於長沙組織國技學會時，延聘各地武術家，前後以百計。雖藝有高下，然其談論技術時，莫不神色飛舞，有不可一世之概，若第就其外表觀之，皆萬夫之雄也。

　　湘潭曾甫，年四十餘，以拳術享重名，凡鬻技於湘潭者，無敢不先謁其門；非然者，即真有能亦無可得貰。因是曾之聲譽益隆，而究無有知其技至何等者。余以六十金招致之，居會中將一月，與他拳師言，恆傲岸不為禮，人多銜之，屢欲與角。余慮俱傷，力為排解。曾知不見於眾，亦興辭去。

　　曾行之前一夕，余治食俎之。曾半醉，欣然語余曰：「吾有妙手，當於再會時出以相示。此次雖聚首一月，實未得盡吾長也。」余時亦被酒，乃笑曰：「君手皆妙，復何手之能獨妙也？」曾曰：「妙在能倒人。」余曰：「君手皆能倒人，此何手而特妙也，尚勁者乎？尚快者乎？」曾曰：「尚勁與快，始能倒人，則不得云妙矣。」余曰：「是則神術也。」曾曰：「否。」余推案而起曰：「不勁不快，亦非神術，余敢必其無此妙手，曷請相示。」但得倒余無所忤，他拳師從而和之，曾色撓，志群師力止余。曾慚惡，即夕遁去。

　　拳師以此術弋貲者，十人而八九，不曰有祕密之傳，即謂有神妙之手，學者求藝心切，無不入其術中，其實皆詐欺取財者也。拳理既通，安有所謂祕密，安有所謂神妙；拳理不通，何手不能謂之祕密，何手不能謂之神妙。且學技者，貴得其道而力持之，功夫既深，神化自出。父不能傳子，兄不能傳之弟，寧可貨而得之者。

第四卷　太極拳之體

◆ 楊澄甫

　　楊澄甫（1883—1936），名兆清，生於廣平府南關（今永年廣府南關）。與其祖父楊露禪、伯父楊班侯、父親楊健侯均為享譽一時的太極名家。

　　楊澄甫先生幼承家學，早悟太極之理，長而體型魁偉，專事太極拳，練就一身外柔內剛、「棉裏裏鐵」的純正太極拳功夫。年未弱冠即在北京走上職業教拳之路，並得其父楊健侯刻意栽培，常親自指點澄甫的弟子，如田兆麟、牛春明、李雅軒、張欽霖等，以增加其在太極拳界的影響力。

　　1917 年，楊健侯去世，時楊澄甫已名聞京城，雖為一介布衣，卻有許多上層社會的人士拜於門下。因其前妻去世，1919 年，楊先生回永年老家與續絃侯助清結婚，旋應邀南下上海，擔任第二次國術比賽裁判工作。

1925 年，弟子陳微明徵得其同意，公開出版了《太極拳術》一書，該書圖文並茂，並發表了楊澄甫一套太極拳動作照片，這是太極拳史上第一套太極拳動作攝影照片，對於世人認識太極拳和太極拳在社會上的普及，均產生了巨大的推動作用；書中還發表了古典拳論數篇和楊澄甫的《太極拳術十要》。

1928 年，南京國民政府成立中央國術館，楊澄甫應館長張之江之邀赴中央國術館擔任太極拳教員。這個時期，楊澄甫眾弟子也相繼南下，太極拳亦隨之向南方傳播開來。1929 年，楊澄甫又應浙江省省長兼浙江國術館館長張靜江之邀，轉赴杭州任浙江國術館教務長。在杭州，攝影家依其所演示的一個個「定式」，拍攝下一組太極拳動作照片。期間，褚桂亭也在浙江國術館任教，有意與楊澄甫之太極拳一試，後一較而欽服，遂拜於門下。

1930 年，楊澄甫安家上海，住聖母院路（今瑞金二路）聖達里 6 號，後遷至巨籟達路（今鉅鹿路）大德村 20 號。1931 年 1 月，經弟子董英傑協助整理，著有《太極拳使用法》一書，由文光印務館印刷，屬內部發行，是為楊氏同門之憑證，杭州所拍照片被收錄在冊。1932 年正月，楊澄甫夫人侯助清染病，多方求治無果，鄭曼青妙手回春，深得楊家感謝；而鄭曼青也久仰楊澄甫之拳藝，願列門牆，遂被楊澄甫收為弟子。1934 年 2 月，上海大東書局公開出版楊澄甫著作《太極拳體用全書》，該書是以《太極拳使用法》為基礎，由鄭曼青校注。書中附有許多當時國民政府要員的題詞，留下了鮮明的時代印記。年

底，開設致柔拳社廣州分社的陳微明，受廣州軍政界委
託，邀師南下授拳。楊澄甫攜傅鍾文來到廣州，考察後返
滬，次年二下廣州，開始在此授藝。時廣東法學院院長曾
如柏請陳濟棠在其總部為楊澄甫謀一諮議職務，使其能安
心施教。又按傳統禮儀正式向楊澄甫拜師。未及一年，楊
澄甫因水土不服，潮熱難當，竟患上疝氣，群醫束手，遂
返上海治療，住福照路（今延安中路）安東村 5 號。1936
年病逝，終年 53 歲。

☯ 太極拳之體用論

太極拳本易之太極八卦，曰理、曰氣、曰象，以演
成。孔子所謂範圍天地之化而不過，豈能出於理、氣、象
乎？惟理、氣、象乃太極拳之所胚胎也。三者得能兼備，
而體用全矣。

然象則取法太極、八卦，氣則不出於陰陽、剛柔，理
則主宰變易、不易，以窮其化。學者尤宜先求其象，以養
其氣，久之自然能得其理矣。

太極拳之主體，貴在動靜有常。故練時舉步之高低，
伸手之疾徐，運動之輕重，進退之伸縮，氣息之宏細，顧
盼之左右上下，腰頂背腹之俯仰，須知各有常度。不可忽
高忽低，忽疾忽徐，忽輕忽重，忽伸忽縮，忽宏忽細，忽
左右上下，俯仰之不勻也。

惟步之高低，手之疾徐，如能得有常度，則亦不必拘
其高低疾徐之有一定法則也。

太極拳要點，凡十有三，曰沉肩垂肘，含胸拔背，氣沉丹田，虛領頂勁，鬆腰胯，分虛實，上下相隨，用意不用力，內外相合，意氣相運，動中求靜，動靜合一，式式均勻。此十三要點之觀念，缺一不可，學者希留意參合也。

太極拳只有一派，無二法門，不可自炫聰明，妄加增損。前賢成法，倘有可移易之處，自元明迄今，已數百年，如有可改之處，昔人亦已先我行之矣，烏待我輩乎？願後之學者，弗惟外之是鶩，而為內之是求。欲進精醇，期日可待。要之拳式細目，非取形似，必求意合。惟恐私心妄改，以誤傳誤，易失體用之真傳，以致湮沒昔賢之本意。

太極拳，非專為與有力者鬥狠而作。蓋三豐真人，創造柔拳，以資助道體之用。世之有願衛身養性、卻病延年者，無論騷人墨客，羸弱病夫，以至老弱閒人，皆可學習。有恆者，三歲有成。

若問其用，則在不用力，而卻不畏有力也。倘有大力者來擊我，以吾之至柔，自足以制勝者，蓋順其勢而取之也。衛身養性之要，亦曰順而守其弱也可，不然雖有勇力如賁育者，亦非太極拳家之所取也。

初學此拳式者，萬不可貪多，每日僅熟練一二式，則易窺其底蘊，多者僅得其皮毛耳。練畢弗即坐，須稍散步數圈，以調暢其氣血。

炎夏練畢，弗用涼水盥手，恐其鬱火。嚴冬練罷，宜速著衣，以免受涼。功夫宜寒暑增加，所謂夏練三伏，冬

練三九，比春秋日勝。晨甫起床，及夜將就睡，兩時萬不可間斷，則功夫易見有成也。

太極拳以練習推手為致用。學推手則即是學覺勁，有覺勁則懂勁便不難矣。故總論所謂由懂勁而階及神明。此言即根於推手無疑矣。

太極拳能養生，不能制敵，文功也；能制敵，不能養生，武功也；真太極，既能養生，又能制敵，修養使用兼全，為文武完全太極。

太極拳皆是圓圈組成，全體無招架、無招式之拳術，只是立圓，平圓，斜圓，無數手、足、腰之圓圈在旋轉。至登峰造極時，會令敵人無法進入，形容稍誇張是潑水不入；感覺練至敏銳處，敵人心意一動，即被拋出。是為神明。

世間練太極者，亦不在少數。宜知分別純雜，以其味不同也。純粹太極，其臂如棉裏鐵，柔軟沉重。推手之時，可以分辨。其拿人之時，手極輕而人不能過。其放人之時，如脫彈丸，迅速乾脆，毫不受力。被跌出者，但覺一動，並不覺痛，已跌出丈餘矣。其黏人之時，並不抓擒，輕輕黏住，即如膠而不能脫，使人雙臂酸麻不可耐。此乃真太極也。

若用力按人推人，雖亦可以制人，將人打出，然自己終未免吃力，受者亦覺得甚痛，雖打出亦不能乾脆。反之，吾欲以力擒制太極拳能手，則如捕風捉影，處處落空。又如水上踩葫蘆，終不得力，此乃真太極意也。

☯ 太極拳之練習談

——楊澄甫口述，張鴻逵錄

中國之拳術，雖派別繁多，要知皆寓有哲理之技術。歷來古人窮畢生之精力，而不能盡其玄妙者，比比皆是。學者若費一日之功力，即得有一日之成效，日積月累，水到渠成。

太極拳，乃柔中寓剛，綿裏藏針之藝術，於技術上、生理上、力學上，有相當之哲理存焉。故研究此道者，須經過一定之程序與相當之時日。雖然良師之指導，好友之切磋，固不可少，而最要緊者，是在逐日自身之鍛鍊。否則，談論終日，思慕經年，一朝交手，空洞無物，依然是門外漢者。未有逐日功夫，古人所謂「終思無益，不如學也」。若能晨昏無間，寒暑不易，一經動念，即舉摹練，無論老幼男女，及其成功則一也。

近來研究太極拳者，由北而南，同志日增，不禁為武術前途喜。然同志中，專心苦練，誠心向學，將來不可限量者，固不乏人。但普通不免入於兩途：

一則天才既具，年力又強，舉一反三，穎悟出群。惜乎稍有小成，便是滿足，遽邇中輟，未能大受。

其次，急求速效，忽略而成，未經一載，拳、劍、刀、槍皆已學全。雖然依樣葫蘆，而實際未得此中三昧，一經考究，其方向動作，上下內外，皆未合度。如欲改正，則式式皆須修改，且朝經改正，而夕已忘卻。

故常聞人曰：「習拳容易改拳難」，此語之來，皆由速成而致此。如此輩者，以誤傳誤，必致自誤誤人，最為技術前途憂者也。

太極拳開始，先練拳架。所謂拳架者，即照拳譜上各式名稱，一式一式由師指教，學者悉心靜氣，默記揣摩，而照行之，謂之練架子。此時學者應注意內外上下：屬於內者，即所謂用意不用力；下則氣沉丹田，上則虛靈頂勁。屬於外者，周身輕靈，節節貫串，由腳、而腿、而腰，沉肩曲肘等是也。

初學之時，先此數句，朝夕揣摩而體會之。一式一手，總需仔細推求，舉動練習，務求正確。習練既純，再求二式，於是逐漸而至於習完。如是則毋事改正，日久亦不致更變要領也。

習練運行時，周身骨節，均須鬆開自然。其一，口腹不可閉氣；其二，四肢腰腿，不可起強勁。此二句，學內家拳者，類能道之。但一舉動，一轉身，或踢腿擺腰，其氣喘矣，其身搖矣，其病皆由閉氣與起強勁也。

摹練時，頭部不可偏側與俯仰，所謂要「頂頭懸」。若有物頂於頭上之意，切忌硬直，所謂「懸」字意義也。

目光雖然向前平視，有時當隨身法而轉移。其視線雖屬空虛，亦為變化中一緊要之動作，而補身法、手法不足也。

其口似開非開，似閉非閉，口呼鼻吸，任其自然。如舌下生津，當隨時嚥入，勿吐棄之。

身軀宜中正而不倚。脊樑與尾閭，宜垂直而不偏。但

遇開合變化時，有含胸拔背、沉肩轉腰之活動，初學時節須注意，否則日久難改，必流於板滯。功夫雖深，難以得益致用矣。

兩臂骨節均須鬆開，肩應下垂，肘應下曲，掌宜微伸，手尖微曲。以意運臂，以氣貫指，日積月累，內勁通靈，其玄妙自生矣。

兩腿宜分虛實，起落猶似貓行。體重移於左者，則左實，而右腳謂之虛；移於右者，則右實，而左腳謂之虛。

所謂虛者，非空，其勢仍未斷，而留有伸縮變化之餘意存焉。所謂實者，確實而已，非用勁過分、用力過猛之謂。故腿屈至垂直為準，逾此謂之過勁。身軀前撲，即失中正之勢。

腳掌應分踢腿（譜上左右分腳或寫左右起腳）與蹬腳二式。踢腿時則注意腳尖，蹬腿時則注意全掌。意到而氣到，氣到而勁自到。但腿節均須鬆開平穩出之。此時最易起強勁，身軀波折而不穩，發腿亦無力矣。

太極拳之程序，先練拳架（屬於徒手），如太極拳、太極長拳；其次單手推挽、原地推手、活步推手、大捋、散手；再次則器械，如太極劍、太極刀、太極槍（十三槍）等是也。

練習時間，每日起床後兩遍，若晨起無暇，則睡前兩遍。一日之中，應練七八次，至少晨昏各一遍。但醉後、飽食後，皆宜避忌。

練習地點，以庭園與廳堂，能通空氣、多光線者為相宜。忌直吹之烈風與有陰濕霉氣之場所。因身體一經運

動，呼吸定然深長，故烈風與霉氣，如深入腹中，有害於肺臟，易致疾病也。

練習之服裝，以寬大之中服短裝與闊頭之布鞋為相宜。習練經時，如遇出汗，切忌脫衣裸體，或行冷水揩抹，否則未有不罹疾病也。

☯ 太極拳術十要

——楊澄甫口述，陳微明筆錄

◆ 第一，虛靈頂勁

頂勁者，頭容正直，神貫於頂也。不可用力，用力則項強，氣血不能流通，須有虛靈自然之意。非有虛靈項勁，則精神不能提起也。

◆ 第二，含胸拔背

含胸者，胸略內涵，使氣沉於丹田也；胸忌挺出，挺出則氣擁胸際，上重下輕，腳跟易於浮起。

拔背者，氣貼於背也，能含胸則自能拔背，能拔背則能力由脊發，所向無敵也。

◆ 第三，鬆腰

腰為一身之主宰，能鬆腰然後兩足有力，下盤穩固。虛實變化皆由腰轉動，故曰：「命意源頭在腰隙。」有不得力，必於腰腿求之也。

◆ 第四，分虛實

太極拳術以分虛實為第一義，如全身皆坐在右腿，則右腿為實，左腿為虛；全身皆坐在左腿，則左腿為實，右腿為虛。

虛實能分，而後轉動輕靈，毫不費力；如不能分，則邁步重滯，自立不穩，而易為人所牽動。

◆ 第五，沉肩墜肘

沉肩者，肩鬆開下垂也。若不能鬆垂，兩肩端起，則氣亦隨之而上，全身皆不得力矣。

墜肘者，肘往下鬆墜之意，肘若懸起，則肩不能沉，放人不遠，近於外家之斷勁矣。

◆ 第六，用意不用力

太極拳論云：「此全是用意，不用力。」練太極拳全身鬆開，不使有分毫之拙勁以留滯於筋骨血脈之間以自縛束，然後能輕靈變化，圓轉自如。

或疑不用力何以能長力？蓋人身之有經絡，如地之有溝壑，溝壑不塞而水行，經絡不閉則氣通。如渾身僵勁滿經絡，氣血停滯，轉動不靈，牽一髮而全身動矣。

若不用力而用意，意之所至，氣即至焉，如是氣血流注，日日貫輸，周流全身，無時停滯。久久練習，則得真正內勁，即太極拳論中所云「極柔軟，然後極堅剛」也。

太極拳功夫純熟之人，臂膊如綿裹鐵，分量極沉；練

外家拳者，用力則顯有力，不用力時，則甚輕浮，可見其力乃外勁浮面之勁也。不用意而用力，最易引動，不足尚也。

◆ 第七，上下相隨

上下相隨者，即太極拳論中所云：「其根在腳，發於腿，主宰於腰，形於手指，由腳、而腿、而腰，總須完整一氣」也。

手動、腰動、足動，眼神亦隨之動，如是方可謂之上下相隨。有一不動，即散亂也。

◆ 第八，內外相合

太極拳所練在神，故云：「神為主帥，身為驅使。」精神能提得起，自然舉動輕靈。架子不外虛實開合。

所謂開者，不但手足開，心意亦與之俱開；所謂合者，不但手足合，心意亦與之俱合。能內外合為一氣，則渾然無間矣。

◆ 第九，相連不斷

外家拳術，其勁乃後天之拙勁，故有起有止，有續有斷，舊力已盡，新力未生，此時最易為人所乘。

太極拳用意不用力，自始至終，綿綿不斷，週而復始，循環無窮。原論所謂「如長江大河，滔滔不絕」，又曰「運勁如抽絲」，皆言其貫串一氣也。

◆ 第十，動中求靜

外家拳術，以跳躑為能，用盡氣力，故練習之後，無不喘氣者。

太極拳以靜禦動，雖動猶靜。故練架子愈慢愈好，使則呼吸深長，氣沉丹田，自無血脈僨張之弊。學者細心體會，庶可得其意焉。

◆ 鄭曼青

鄭曼青（1902—1975），原名岳，字曼青，自號蓮父，別署玉井山人，又號曼髯，永嘉城區（今溫州鹿城區）人。

幼穎悟，從母張氏習詩書，過目成誦。10 歲從汪香禪習畫，14 歲後畫藝大進。1917 年，到杭州，結識沈寐叟、馬一浮、經子淵、樓辛壺等，相與研論詩、書、畫。1920 年到北京，因在報章與名士以詩唱和，受郁文大學招聘，講授詩學，並得以結交鄭蘇戡、陳師曾、王夢白等，經六載之薰陶，詩畫俱臻進境。1928 年，執教國立暨南大學，又任上海美專國畫科主任。1931 年，與黃賓虹等創辦中國文藝學院，任副院長。1932 年，辭去一切教職，專從陽湖國學大師錢名山攻經學，三年足不出廬。

又因少時多病，隨母捶藥，萌有醫藥濟世之志。25 歲從安徽名中醫宋幼庵學醫。精於病理，由於婦科、骨科別有心得，曾任全國中醫公會理事長。1946 年任制憲國大代表，次年當選中醫公會國大代表。

　　鄭先生因早年學習少林拳，後改習太極拳，頗多感悟。27 歲在上海向太極拳大師楊澄甫學習楊家老架太極拳。任職湖南省政府諮議兼國術館館長期間，積極推動國術為該省全民運動，並規定每兩個月調派全省各縣國術館長及教官四十人，傳授太極拳課程。但因學習時間較短，為便於傳授學習，乃刪減老架的重複招式，精簡為三十七式，名為：「鄭子簡易太極拳」。

　　因鄭先生早年曾治癒楊澄甫之妻侯助清令群醫束手之頑疾，楊澄甫深為感激，傳其要旨。鄭先生融會貫通，武藝超群。英軍軍官訪華時與之切磋，驚嘆：「君之臂是鐵否？」

　　1949 年鄭先生攜眷來台，與于右任、陳含光等結詩社，又與馬壽華、陶芸樓、陳方、張谷年、劉延濤、高逸鴻等成立七友書畫會，並參與發起建立中華民國畫學會，當選為理事兼國畫委員會主委，又任中國文化學院華岡教授、中華文化復興運動委員會紐約分會藝術組負責人。

　　鄭先生的書畫，亦別開生面，當年聲名之重，不下於張大千，宋美齡晚年曾拜他為師學畫。

　　25 年中，先後多次在國內外舉行個人畫展，其間在巴黎國家畫廊與紐約世界博覽會上，為西方畫家所讚賞，被譽為東方水墨畫之大師。由於擅詩、書、畫、拳、醫五長，故被贊為「一代奇才」「五絕老人」。

　　鄭先生在台灣，創立時中拳社，傳授太極拳術。1965年赴美國，客居紐約，創辦太極拳學社，廣授生徒，直接間接從學研習者不下數萬人，影響力巨大。

鄭曼青一生著作頗豐，先後著有《唐詩針度》《玉井草堂詩集》《曼青詞選》《鄭曼青書畫集》《曼青寫意》《曼髯三論》《女科新法》《談癌八要》《骨科精微》《鄭子太極拳十三篇》《老子易知解》《學庸新解》《人文淺說》《論語釋旨》和《易全》等多部著作，尤以《易全》所耗心血最多。

☯ 太極拳口訣秘傳（附序及按語）

從來武術家，得有妙法，多秘不示人。所謂傳子不傳女也，然子未必皆肖而賢，以致屢屢失其真傳；倘或有得意弟子，乃傳其法者，亦必留一手，以備不測。誠如是，欲求吾國武術之發揚，豈易得哉！

今曼青之受澄師者，未敢說盡其傳，倘也留一手，或秘而不宣，則懷寶迷邦矣。十餘年來，每欲筆諸於書，以廣流傳，此心萌動，而後擱置者，屢矣，亦恐傳非其人耳。既而思之，善與人同，固吾所願，乃謹錄要訣十二則如次。此皆澄師所不輕易傳人者。每一語出，輒叮嚀曰，余如不言，汝雖學三世，不易得也。此言何止重提數千遍。蒙澄師之過愛若此，而不能達其厚望，慚愧無已。尚希世之賢哲英豪，有以參證而廣大之，使盡人皆能祛病延年，則民族幸甚。

◆ 一曰鬆

澄師每日，必重言十餘次，要鬆，要鬆，要鬆淨，要

全身鬆開。反此則曰，不鬆，不鬆，不鬆就是挨打的架子。

按：鬆之一字，最為難能，如真能鬆淨，余皆末事耳。余將澄師平日口授指點之大意，附於下，使學者易於領悟。鬆，要全身筋絡鬆開，不可有絲毫緊張。所謂柔腰百折若無骨，若無骨，只有筋耳，筋能鬆開，其餘尚有不鬆之理乎。

◆ 二曰沉

如能鬆透，即是沉。筋絡鬆開，則軀幹所繫，皆得從下沉也。

按：沉與鬆，原是一事。沉即不浮，浮是病。體能沉已善矣，尤須加以氣沉；氣沉，則神凝，其用大矣。

◆ 三曰分虛實

拳論所謂「處處總此一虛實」。以右手與左腳相貫一線之勁，右腳與左手亦然。如右手左腳實，則右腳左手虛。反是，則亦然。是為分清，總之全身負擔，只許放在一隻腳上，如兩腳分擔，便是雙重。其轉變時，要注意尾閭與夾脊得中，方為不失中定，至要至要！

按：轉變一語，即是變換虛實之樞機，不經道破，真永不知有下手處也。右手實勁，交與左手，其樞機在夾脊。左腳實勁，交與右腳，其樞機在尾閭。但要尾閭與夾脊中正對直，方為不失中定。此語非潛心領悟，不易得也。

◆ 四曰虛靈頂勁

即是頂勁虛靈耳，亦即所謂「頂頭懸」之意也。

按：頂頭懸者，譬如有辮子時，將其辮子繫於樑上，體亦懸空離地，此時使之全身旋轉則可。若單使頭部俯仰，及左右擺動，則不可得也。虛靈頂勁及頂頭懸之意，亦若此而已。須於練功架時，將玉枕骨豎起，而神與氣，不期然而相遇於頂焉。

◆ 五曰磨轉心不轉

磨轉者，即喻腰轉。心不轉者，乃氣沉丹田之中定也。

按：磨轉心不轉者，此家傳口訣也。比諸拳論所謂「腰如車軸」「腰為纛」二語，尤為顯赫。余得此意後，自覺功夫日見進境。

◆ 六曰似拉鋸式之攬雀尾

即掤、捋、擠、按之推手也，往復相推，喻之以拉鋸。拉鋸者，彼此用力均勻，則往復可以暢通無阻；如一面稍欲變化，則鋸齒隨處可以掣住。如彼使之掣住，則我雖欲用力不得拉回時，只可用推力送之，便可復得相推如初。

此理在太極拳之推手上，有二意。一曰，捨己從人。順其勢，可以得化勁與走勁之妙用。二曰，彼微動，己先動。此即彼欲用推力送來時，則我亦先之以拉力拉回，彼

如以拉力拉去時，則我亦先之以推力送之去。

按：拉鋸之喻，其理可謂透徹之至。此真家傳妙訣。余於此恍然大悟於彼微動，己先動之著手功夫。苟能於此嫻熟，則操縱在我不在彼，其餘又何論矣。

◆ 七曰我不是肉架子，汝為什麼掛在我身上

按：太極拳，專尚鬆靈，最忌板滯。若如肉架上掛肉，便是死肉，又何有靈氣之可言。故痛惡而決絕之，乃有我不是肉架子之詈罵。此亦家傳口訣，用意深刻，幸細觀之。

◆ 八曰撥不倒

不倒翁，用身輕靈，其根在腳。非具有鬆沉兩種功夫，不易辦到。

按：不倒翁之重心，在乎下部一點。拳論所謂「偏沉則隨，雙重則滯」。如兩腳同時用力，一撥便倒無疑。用身稍有板滯，一撥便倒無疑。要之全身之勁，百分之百，沉於一隻足心，其餘全身皆鬆淨。得能輕於鴻毛，便撥不倒矣。

◆ 九曰能發勁

勁與力不同。勁由於筋，力由於骨。故柔的、活的、有彈性的，是勁。剛的、死的、無彈性的，便是力。何為發勁？放箭似的。

按：放箭，是靠弓弦上彈力。弓與弦之力量，即是柔

的、活的、有彈性的。勁力不同，能發不能發，可以見矣。此猶不過論發勁之性質耳，於作用上猶未詳盡。

余又將澄師平日，時時講解發勁要法，茲附錄之。曰，要得機得勢。曰，要由腳、而腿、而腰，總須完整一氣。謂健侯老先生，喜誦此二語。然得機得勢，最難領略。余以拉鋸式之作用中，確是有機有勢存乎其間。因彼之欲進欲退，我先知之，是為得機。彼既進既退，受制於我，是為得勢。舉此一端，可以知之。腳、腿、腰能完整一氣，一則，是力聚，可以致遠；一則，身不散亂，方可命中。發勁之妙用，盡於此矣，學者勉之。

◆ 十曰搬架子，要平正均匀

按：「平正均匀」四字，最為平淡，卻極難能。平正方能安舒，可以支撐八面。均匀方能貫串，而無斷續處也。此即拳論所謂「立如平準」，及「運勁如抽絲」等語。非從此四字下手不為功。

◆ 十一曰須認真

打手歌曰：「掤捋擠按須認真。」若不認真，便都成了假的。吾今舉以告汝，掤若掤到人家身上去，捋若捋到自己身上來，都是錯認。掤不要掤到人家身上去，捋不要捋到自己身上來，此是真的。按與擠，皆要蓄其勁，不可失卻中定，此是真的。

按：「須認真」三字，從來讀破太極拳論，未得悟澈。一經澄師道破，始知有尺寸，有法度，非經口授指

點，不易瞭解者，皆此類也。此真家傳秘訣，學者其由此體驗之，便可得其尺寸，則不復失中定矣。至要至要！

◆ 十二曰四兩撥千斤

四兩何能撥千斤？人皆未之信。所謂「牽動四兩撥千斤」者，只要用四兩勁，牽動千斤，而後撥之。此牽與撥，是兩事，非真以四兩撥千斤也。

按：此節，「牽撥」二字，分開解釋，便能見其妙用。牽之之法，譬如牛重千斤，穿鼻之繩，不過四兩，以四兩之繩，牽千斤之牛，左右如意，其欲奔馳不可得也。蓋牽者，牽其鼻準。若牽其角、其腿，不行也。是牽以其道，以其處也。

然則牛可以四兩之繩牽之，如千斤之石馬，亦能以四兩之朽索牽之乎？不能也。此活與死之作用不同。人有靈性，其欲以千斤之力攻人時，其來有方向。譬如對直而來，則我以四兩之勁，牽其手之末，順其勢而斜出之，此之謂牽。因牽動之後，彼之力已落空，則此時以勁撥之，未有不擲出尋丈之外者。然牽之之勁，只要四兩足矣。撥之之勁，酌用在我耳。然牽之之勁，不可過重，重則彼知之，可以變化脫逃也。或則藉牽之勁，換其所向，得以襲擊之也。否則彼知我牽之，便蓄其力而不前。蓄其力，其勢已退挫，可即因其退挫，便捨牽之之勁，而反為發放，則彼未有不應手而倒。此反撥也。

以上種種，皆澄師口授指點之傳於曼青者，不敢自秘，願廣其流傳。幸世之同仁共勉旃。

◆ 葉大密

葉大密（1888—1973），名百齡，號柔克齋主，浙江文成縣人。

早年曾習溫州小八卦，1917 年在北伐軍第二十五軍第二師第八團任職時，從太極名家田兆麟習練楊氏中架太極拳。次年武術名家孫存周先生去該團教內功拳，與孫存周結為金蘭交，經常切磋拳藝，並得到孫存周之父孫祿堂老先生的口授身傳，因而功夫大進。

1928 年，太極拳名家楊少侯、楊澄甫先後來到南京，葉先生又從少侯、澄甫兄弟倆學習拳架、劍、刀和桿子。後來他改編了太極拳架，把楊氏大、中、小拳架的主要特點和八卦掌裏的斜開掌轉身法，以及武當對劍中的轉臂捷用法等內容都吸收了進來，形成了沉著鬆淨、輕靈活潑、舒展大方的獨特風格，人們稱之為「葉家拳」。

在葉先生向楊氏兄弟學習時，楊式太極名家武匯川、褚桂亭等人也隨楊澄甫先生來到南京。由於中央國術館教師名額有限，楊澄甫就托葉大密先生帶武匯川、褚桂亭和武的學生張玉來上海謀生。三人都住在葉家。武、褚兩人先在「武當太極拳社」授課，後由葉先生分別介紹到幾家公館教拳。半年後，武匯川在霞飛路（現淮海中路）和合坊成立了「匯川太極拳社」，後遷蒲石路貝諦鏖路（現長樂路成都南路）。褚桂亭除了在葉大密介紹的幾家公館教拳外，也曾在「匯川太極拳社」授課，後被南京某軍政機關聘去為國術教官。

1929 年 11 月，在杭州召開的「國術遊藝會」，葉大密先生和陳微明、田兆麟、孫存周、武匯川、褚桂亭等人，同為由 37 人組成的監察委員之一，嗣後，更是屢為「中央國術館」聘為國考評判，為國術之推廣做出了很大貢獻。

另外，葉大密先生還是田漢、陽翰笙等文藝界前輩的老戰友。1933 年成立的進步的「藝華影業公司」就是由葉大密先生積極參與促成的。1933 年 11 月 12 日星期天上午，國民黨特務搗毀並焚燒了「藝華影業公司」在康腦脫路（現康定路）金司徒廟附近新建的攝影棚，田漢、陽翰笙、廖沐沙等同志只好暫時撤離，留下了黨外人士卜萬蒼、岳楓、胡涂等人繼續拍攝《逃亡》《生之哀歌》《黃金時代》等幾部尚未完成的影片。並由葉大密先生出面，租賃了一間房子，供岳楓、胡涂等人和田漢、陽翰笙等同志會晤。這條「暗線」一直保持到這幾部電影全部順利拍成。

1962 年 9 月，葉大密被上海中醫文獻研究館聘為館員，為導引推拿治療內科疾病，開拓了一條新的道路。

葉大密先生除了精通拳術之外，還擅長氣功，上世紀 60 年代初曾由陳濤同志請去湖南路「氣功療養所」指導氣功和太極拳。他的「太極行功」五十七式，曾由其學生曹樹偉（在香港教拳）編寫，後因十年動亂失散，誠為可惜。

葉大密先生的學生，新中國成立後在上海武術界比較知名的有濮冰如、金仁霖、蔣錫榮、曹樹偉等。

☯ 練習太極拳的要點

　　練習太極拳的要點，各流派都有它一套傳統的經驗總結，例如武禹襄的「身法八要」，楊澄甫的「太極拳十要」等。這些經驗總結，都是各家根據實踐經歷，再三揣摩而給以歸納起來的。因此各流派太極拳的要點實質，儘管一脈相承，基本相同；但說明的內容，往往因各家所表現的風格和特徵不同，所站的角度和所得的體會也不盡相同，而有精粗深淺之別。

　　加上前人說明的文字，大多是用文言文書寫，和現代漢語不論在所用辭彙還是文法修辭方面，都有相當距離；無形中給學習的人，又增加了困難。這裏著者想參考各家理論、闡述，以及過去師友間的所傳所聞，結合自身近五十年的研究心得，儘量深入淺出地加以說明，以期透過這樣的解說，使學者能夠得到提高，少走一些像我已經走過的彎路，那才是我真正的願望。

‖ 一、用意放鬆 ‖

　　練習太極拳時，要精神貫注、思想集中，使中樞神經系統保持一定的緊張度，引導動作屈伸開合，使處處能符合要點要求，恰到好處，沒有過分或不夠的地方，這就是古人所說的用意。

　　放鬆是指全身肌肉，在中樞神經系統的控制下，除了維持運動速度和保持肢體位置所應有的緊張度外，儘量放鬆，減少不必要的能量消耗，以節省體力。古人所謂「用

意不用力」的不用「拙力」，就是指這多餘不必要的力而言。

能用意放鬆，就能更好地使經絡寬暢、氣血流通，有利於內勁的增長和增進身體健康。

‖ 二、連綿不斷 ‖

練習太極拳時，一勢一式，要像「長江大海」一樣，一浪接一浪地連綿不斷、滔滔不絕。成式時動作雖略有停頓，而意識仍然不停，下一勢緊接著上一式，在兩者之間可用小圈圈來貫串銜接。

所謂小圈圈，實際上就是古人所說的「往復須有摺疊」的摺疊。有摺疊，來來去去就沒有斷續的痕跡。這樣才能達到連綿不斷、一氣呵成的要求，給鍛鍊者以十分舒適的感覺，提高了鍛鍊興趣。在技擊上也就能達到「運勁如抽絲」「斷而復連」「斷而能接」「不丟不頂」「有縫即滲」的要求。

‖ 三、周身完整 ‖

練習太極拳，無論在做任何一個動作，或擺任何一個架式，都要做到周身能相隨相合的完整。所謂相隨，就是古人所說的「一動無有不動，一靜無有不靜」，由腳、而腿、而腰，總須完整一氣，「腰動、腳動、手動，眼光也隨著而動」的上下相隨。所謂相合，不僅要機體在形式上做到不同側的肩和胯、肘和膝、手和足相向或相背地有呼應著落的所謂「外三合」；更重要的是要求意識、呼吸和

動作的相互配合，做到所謂意與氣合，氣與勁合的「內三合」。這樣才能真正做到「周身一家」「無有缺陷」的完整。在技擊上，也就是使對方沒有空隙可乘。

‖ 四、分清虛實 ‖

練習太極拳，以分清虛實為入門第一步功夫。分虛實，先要從大處著手。以下肢部為例，如全身重量寄於左腳，則左腳為實，右腳為虛；寄於右腳，則右腳為實，左腳為虛。進步時必先轉腰合胯，一腳坐實，一腳變虛而進。否則出步重滯，就不可能做到古人所說的「步隨身換」「邁步如貓行」的要求。

以軀幹部為例，斂腹吸息時，拿上下來說，是腹虛而胸實；拿前後來說，是胸虛而背實。拔背呼息時，拿上下來說，是胸虛而腹實；拿前後來說，是背虛而腹實。以上肢部為例，如以一手前伸為虛，則另一手輔助或平衡為實；所以在技擊上發勁放人，必須先在實手加意，和用刀劈物必須在刀背加力一樣。這是大的方面。

至於小的方面，則正像《十三勢說略》所說的「一處自有一處虛實」，軀幹、四肢、一手、一腳以至一個指趾，無不有它的虛實存在，要在鍛鍊者自己悉心體會，由大而小，由面而點，逐步縮小。

在技擊上則可結合推手，用「實則虛之，虛則實之」的辦法來對付對方，達到古人所說「因敵變化示神奇」的境界。

分清虛實，無論在練太極拳或推手，對於機體感受其

靈敏度和中樞神經系統反應能力的提高，是極其有效的訓練，因此，它實際上也是增進機體健康的重要一面。

‖ 五、斂腹含胸 ‖

斂腹、含胸，是一個動作的兩個方面。斂腹是在吸息時將腹壁有意識地略為收縮，使和膈肌的收縮下降配合起來。含胸是緊接著斂腹，使胸部肌肉放鬆，胸骨正中第三、四肋間隙玉堂穴和膻中穴中間，稍微有內吸的意思；這樣可使胸廓下部得到充分的擴展，有利於肺活量的增加。斂腹、含胸時，腹壓降低，丹田向上合抱，使內氣從尾閭沿脊柱往第四胸椎棘突間的身柱穴處提斂，也就是古人所說的「斂入脊骨」。

斂腹、含胸一般是在動作開始或轉換變化時行之，在技擊上是一個走化或蓄勢的動作。對初學的人來說，只能先從外形的斂腹、含胸著手。結合呼吸的提斂內氣，可以留在後一步來做，避免發生偏差。

‖ 六、拔背頂勁 ‖

拔背、頂勁，也是一個動作的兩個方面。拔背是在呼息時使兩側背部的肌肉群，如棘肌、半棘肌、骶株肌等，由下而上地依次拉伸一下，然後豎起身軀，則在脊柱第四胸椎棘突間的身柱穴處，就有往上拔起的感覺。頂勁是緊接著拔背，由頭棘肌的作用，鬆鬆豎起頸項，抬頭向前平看，頭頂百會穴處有凌空頂起的意思。

拔背頂勁時，可使由斂腹含胸時提斂至脊骨身柱穴處

的丹田內氣，再從身柱穴沿督脈上升到百會，經前頂、神庭、印堂而到齦交；由舌抵上齶的作用，接通任脈承漿，再沿任脈而下，回歸小腹。

這時丹田落歸原位，膈肌上升、恢復原來隆凸狀態，腹部內壓力增加，腹肌放鬆而有飽滿舒暢的感覺，這就是古人所說的「氣沉丹田」。

這裏應該注意的是，氣沉丹田是配合著拔背頂勁的動作，並不單獨存在，是意識引導丹田內氣的作用，不是用力屏住呼吸住下硬壓。

拔背頂勁，一般是在動作的終了或成定勢時行之。在技擊上是一個放勁的動作。

‖ 七、鬆腰收臀 ‖

太極拳以軀幹帶動四肢，而軀幹的轉動，主要在於腰脊部的旋轉靈活。所以古人說「腰如車軸」，又說「腰為纛」，「腰為主宰」，同樣說明了腰脊部的重要作用。

鬆腰，就是要在放鬆腰部四周肌肉群的前提下，使兩脅肋部往下鬆塌，而又有向前抱合的意思。所以武禹襄把它稱為「護肫」。能鬆腰，腰脊才能轉動靈活、上下不相牽掣，重心降低，兩腳有根而下盤穩固。

收臀，是在鬆腰的同時，有意識地使臀部稍微往裏收縮，使臀部和腰背部基本保持在一個曲面上，而不向後凸出。

能鬆腰、收臀，才能使脊柱直豎，尾閭中正，起到像大纛旗和力向盤一樣的指揮作用。

‖八、沉肩垂肘‖

沉肩，是在放鬆肩關節的前提下，有意識地使上臂往下鬆沉，所以又稱鬆肩。垂肘，是緊接著沉肩，使肘關節保持適當的彎曲度，肘尖尺骨鷹嘴突處向下沉垂，所以又稱沉肘。

沉肩、垂肘，可以幫助拔背頂勁和坐腕伸指的形成。在技擊上，肘關節保持微屈，能合乎古人所提出的「勁以曲蓄而有餘」的要求，對出勁的能否乾脆，起到十分重要的作用。

‖九、坐腕伸指‖

坐腕，是當手臂前伸時，腕關節放鬆而大陵穴處有向下塌垂的意思，這樣就能使手掌上翹，好像坐在手腕上一樣，因此稱它為坐腕，或稱塌腕。

伸指，是緊接著坐腕，趁手掌上翹之勢，五個手指舒鬆地伸展一下，使丹田中充盈的內氣，能毫無阻礙地循著三陰經脈，平均地貫注到五個手指，古人所說的「形於手指」，指的就是這個意思。

在技擊上，坐腕伸指雖然已是放勁的最後一個動作，但是它和「沉肩垂肘」「拔背頂勁」是相互銜接、相輔相成，而不能孤立地分割開來的。

‖十、緩慢均勻‖

練習太極拳要用意識引導動作，配合呼吸。所以練習

時特別要注意緩慢均勻。

緩慢，則一式一勢沒有一處不可著意揣摩，沒有一處能被輕易滑過，古人所謂「處處存心揆用意」的知己功夫，就是這樣練的。

均勻，則呼吸自然，漸能逐步協調細緻，達到細、長、深、足的要求，而沒有喘息、憋氣的弊病。

能緩慢均勻，才能逐步做到上述種種要點的要求，符合古人對太極拳能在「動中求靜」的評價，也符合古人對練太極拳者提出要「視動猶靜」的高標準要求。

☯ 習練太極拳之要點

—— 李先吾

練太極拳術，苟不得其法，則功效不著，徒費時日；有苦練十數載，而渾不懂勁者。蓋不研究拳理，不向師友求益，或誤走途徑，致失此拳真義。

茲略述練時最宜注意之點，學者能循此研求，用功不輟，功效自速！

‖ 姿　勢 ‖

(一) 頭

頭部最為重要，宜正直，不偏不倚，勿用力，順其自然，使有空虛輕靈之意（周身輕靈，則精神貫注於頂）。

眼勿怒睜；眉勿皺縮；口宜閉（以鼻呼吸），忌咬齒；舌抵上齶，則津液自生，久而不渴。

（二）肩

肩須鬆開，使往下沉，則氣不上升，歸於丹田。假令肩部聳起，氣即隨之上升，致胸部不舒；且運用時不能靈活。

（三）肘

肩、肘二部，實有連帶關係。蓋肩鬆則肘自垂下，肘掀則肩亦隨而聳起。故肘宜下垂，使肩部不受牽累；且運用時肋部不易為敵人襲擊。

（四）手

練太極拳術，用掌時多，握拳時少（只有五槌）。伸手時切忌僵硬，緊促，手指宜有舒展意，掌心宜有突出意；至握拳時，亦不能用力，宜有鬆柔之意，所以運勁自然，絕無一毫急迫態度。

（五）胸

胸部略向內凹（涵胸），使氣下沉丹田，自覺胸部非常輕鬆，腳根不易浮動，全體靈活，乃能表現自然之態度。

倘胸部挺出，氣充其中，即犯上重下輕，全身不得力之弊，且僵硬異常，大失太極拳主「柔」之義。

（六）背

背部稍微向外突出（拔背），此與涵胸互為關係。蓋胸凹則背必突出，背突則胸自不挺。至拔背之意，乃使脊骨一一堆疊，氣自貼於背上，故能「力從脊發」也。

（七）腰

腰在太極拳中，與頭均為最重要之部分。而腰居中央，一舉一動，足以支配全身，恰如軍中總司令然，拳論所謂「主宰於腰」也。

故欲周身輕靈，姿勢正確，必須鬆腰。能鬆腰，氣自下沉，兩腿有力，下盤穩定，而四肢運動靈活，虛實分清，《十三勢歌》所謂「命意源頭在腰隙」也。

苟腰部用力，則全身僵硬，動作遲鈍，拳論云：「其病必於腰腿求之」，學者宜注意焉！

（八）腹

腹、胸二部，亦有連帶關係。蓋胸部略向內凹時，從生理方面言之，即胸壁內壓，而使橫膈膜下壓，同時行腹部呼吸（按姿勢之開合為準），所以氣能徐往下沉，腹部變為堅實，而有彈力，重心亦穩，拳經所謂「氣沉丹田」，即指此也。

（九）臀

突臀之病，學者最易犯此。臀向外突，腰背受其影

響，變為僵硬，即失輕靈之意，故必須收臀。臀收則腰背放鬆，態度自然，而姿勢正確。學者不可不特為注意！

（十）腿

腿與腳之運動，須順拳勢之屈伸，而作前進後退，上下起落之狀態。至虛實變換時，宜靈活，清楚，使兩腿、兩腳得平均之調和，而鍛鍊之。拳論云，「其根在腳、發於腿」「其病必於腰、腿求之」，是可知腿之重要矣。

以上十則，乃練太極拳時身體各部最重要之姿勢。以腰為中心，自腰而上，為頭、肩、肘、手、胸、背六部；自腰而下，為腹、臀、腿三部。各部姿勢，如何方為正確，均已一一說明；而十部中以頭垂、胸挺、腰硬、臀突，尤為初學最易犯之病，是宜加以注意！

🔯 太極拳之要義

——李先吾

‖ 一、意靜心專 ‖

太極拳乃動中求靜之拳術，與外家拳之專主於動者不同。是以演式時，雖全體各部，運動不息，而心理上反收寧靜之效。彼初學者，不諳此理，於演習之際，心不專一，意念紛紜，則不特姿勢謬誤，動作呆滯，且絲毫不能收效，與不練等耳。

故練此拳者，必須意念唯一，心不旁騖；自覺全體輕

靈，舉動自然，而心理寧靜，精神愉快；功深者，真有飄飄欲仙之想矣。

‖二、動作柔緩‖

外家拳以「剛」「速」為主，故剛以剛遇，速以速迎，抗力維均，而力大者勝，或兩敗而俱傷焉。練此種拳術者，雖肌肉堅硬，力大而勢猛，惟於感覺方面，則大欠缺。而太極拳主化人，不尚力，不求速（觀《打手歌》之「四兩撥千斤」句，《拳經》之「觀耄耋能禦眾之形，快何能為」句，可知此拳之不尚剛、速矣）。

以敵之動作為動作，不自主張，探知敵勁之方向、大小，即因其方向而轉移之，使敵勁失效（此即《拳經》之「人剛我柔謂之走」也）。而我黏住彼勁，則敵隨我吸引而落空矣。

然必須感覺靈敏，舉動輕靈，方能聽知對方之勁，善為應付。如欲感覺靈敏，舉動輕靈，必須於盤架子時「柔軟」與「和緩」之動作中得之（《行功心解》所謂「極柔軟然後極剛強」，「運勁如抽絲」，即指出「柔緩」二字）。且動作柔緩，則呼吸深長，氣不上浮，血脈不致緊張，而徐徐運行於全體，對於衛生方面，益莫大焉！

‖三、演式均勻‖

演式時，心意既已專一不馳，動作亦柔緩不迫，則均勻尚焉。蓋太極拳無處不含一「環形」，故宜旋轉靈活，聯貫一氣；最忌若斷若續，忽速忽緩。

是以演式務須均勻，其速度與力量式式相等；每式與下式連接處，須聯為一氣，勿令停滯。此不特姿勢（外）為然，而心意（內）尤貴貫串。故呼吸必須均勻，則運動後可免氣喘之弊。且平時演式均勻，至應用，自能不授人以隙，太極拳論於「均勻」方面，再三致意，此學者所宜慎思、明辨也！

‖四、不用拙力‖

吾人在未習此拳之先，身體所發出之一種力量，是為拙力。彼初習者，舉止動作，非常僵硬，乃因拙力未去故。是以練時須周身放鬆，不用絲毫之力，只是用意；意到處，氣即隨之而至，則氣血暢通，周身靈活，運勁自然矣。

‖五、虛實分清‖

盤架子或應敵時，均須分清虛實。《拳論》云：「虛實宜分清楚，一處自有一處虛實，處處總此一虛實。」可知太極拳無處不有虛實，惟步法最顯著易見。如全身坐於右腿，重心在右腿，為實，左腿為虛；反之，重心在左腿，則左腿為實，右腿為虛。

我之虛實既能分清，則舉動靈活，可因敵之變化而轉移，以為應付，彼實我虛，彼虛我實，虛可變實，實忽轉虛，使敵不能捉摸，處處落空。蓋不如是，則互相抵抗，是為「雙重」，如我重心一失，進退重滯，不能穩立，則為敵所牽動矣。

‖六、上下相隨‖

練此拳者，最忌手動而腰腿不動。蓋腰腿不動，手便僵硬，周身不得靈活，而致散亂，故手一動，腰、腿、腳均同時活動，則身體節節貫串，眼神亦隨之而轉動，故能完整一氣。

《拳論》之「其根在腳，發於腿，主宰於腰，形於手指；由腳、而腿、而腰，總須完整一氣」；《行功心解》之「一動無有不動，一靜無有不靜」，即指此也。

‖七、內外相合‖

太極拳表面之姿勢，固宜正確，而心意之作用，尤為重要，是以內（心意）、外（姿勢）宜聯絡一致。每一姿勢之開合，心意亦必與之同時開合；換言之，即呼吸之出入，須與動作同一節奏，使內外聯成一氣，方為盡善。

‖八、沾連黏隨‖

粘、連、黏、隨四字，乃推手中要義！沾者，提之向上也；連者，相連不離也；黏者，黏著不分也；隨者，追隨不捨也。

諳此四者，則敵力雖大，毫不能施；重心已失，胸無主宰，仰則覺我愈高，俯則覺我愈深，進擊則覺我愈長而不能及，退避又覺我愈逼而不得逃。然初學者不克以語此，必須按照八法掤、捋、擠、按、採、挒、肘、靠練習，久而久之，遂能聽知對方之勁。

人剛我柔，忽虛忽實。隨彼之動而動；彼急則急，彼緩則緩。彼用力抵抗，則提之向上；彼如逼近，則與之相連不離；彼欲與我脫離，則我黏著不分；彼欲逃避，我又追隨不捨。使彼毫不得力，處處落空，而我不用絲毫拙力，略為牽動，彼自跌出矣。此《打手歌》所謂「四兩撥千斤」也。

‖九、不丟不頂‖

不丟，不離開也；不頂，不抵抗也，亦推手中之要義！凡敵進攻時，無論姿勢若何，用勁大小，切勿與之抵抗，宜以走法化之，更不能離開，須黏著敵勁，則敵失其效，我之勝利，可操左券。

蓋推手乃練習感覺之術，如一有抵抗或離開，則感覺無從鍛鍊，難臻靈敏（《拳經》之「一羽不能加，一蠅不能落」，即指感覺極靈敏而言），為推手之大病。

‖十、捨己從人‖

太極拳應敵之法，乃以靜制動，以逸待勞，不作主動，處處從人，與外家拳術適相反對。察敵向我何方擊來，即隨其方向，以「不丟不頂」之法，而為應付，使之落空或跌出。反而言之，自作主張，不知隨敵之動作而動作，加以抵抗，是謂不能捨己從人，乃捨近求遠矣。

要義十則，首三則，為盤架子時不可或缺之原則；次四則乃盤架子與推手均宜遵循之要義；末三則，為推手所專用者。

☯ 太極拳練法要領

——董英傑

◆ 身法

提起精神、虛靈頂勁、涵胸拔背、鬆肩墜肘、氣沉丹田、手與肩平、胯鬆膝平、尻道上提、尾閭中正、內外相合。

◆ 練法

不強用力、以心行氣、步如貓行、上下相隨、呼吸自然、一線串成、變換在腰、氣行四肢、分清虛實、圓轉如意。

◆ 習拳箴言

依規矩，熟規矩，化規矩，神規矩，不離規矩。

初習要慢，逐漸要勻，極熟後，從心所欲。動靜虛實，陰陽開合，各種神氣姿態要表現出圓中有方，方中有圓，勁若斷而意實未斷也。靈動神妙，造極登峰。習拳至此，不可思議矣。

☯ 學太極拳之初步

—— 董英傑

太極拳本係武當內功，欲鍛鍊身體者，無論老少皆可學習。小兒八歲以上，老者六十開外與夫體弱者，皆可學習。習之數月，即漸覺強壯矣。小孩正當發育期間，練拳宜開展（即伸手與蹬腳，以伸展較長為善）。惟二十歲以下青年，練拳不必涵胸。因二十歲前，骨骼尚未長成，正當變遷時候，以直身為宜。過二十歲以後，方可再加涵胸。

十三式架子，三個月可學會，一年習熟，三年練好。日後愈練愈精，但非真傳不可。太極拳不得真傳，只是身體略壯耳，練拳十年，終是糊塗，焉能知精微奧妙及知覺運用。若得真傳，如法練去，金剛羅漢體不難得矣，不但體壯，自衛防身之能力寓焉。

早晚練拳，最宜飯後休息半小時或一小時，方可運動。如體質弱者，量力練之。服食中西藥品或打針後，皆不可即時運動，必須休息，至復元方可繼續練習。練拳每早晚兩次或三次均可。

夏天練拳，正燥熱之候千萬不可以冷水沐浴，恐致閉熱，稍息無妨。冬天練拳，速穿衣服，否則恐易受涼。

練畢勿立即就坐，可步行五分鐘，使血脈調和。用功時須澄心息慮，心無所思，意無所感，專心練拳。

太極對敵法甚妙，非不能用。只緣今之同志，大多單

練皮毛，不肯深究。不求高師益友，但說太極不能實用，如此豈能怪授者不授耶？此拳由道而生，初學，每日可學一兩式，不可但率；初學略難，一月後，拳式入門後則易學矣。

同志常有於初學一兩月，覺拳甚好；再學三四個月後，反覺不如從前，遂感煩躁；須知此正是進步境象。蓋如無進步，不能自知拳式好壞也。初學者必經此階段，勿因此懈志。

☯ 習太極拳之程序

—— 董英傑

初學拳時，少理論，但聽先生所教。首須不用力，全身放鬆軟，每日學一兩式，不可過多。三個月後，可以學完全套。再三個月，練習與校正姿勢。姿勢正確八九成時，可作為個人健身運動，如懷健身之寶。如願再進一步，再學三個月，學轉動路線及太極之意義。再三個月，學太極拳之勁氣，開始窺太極拳門徑，期約一年，然非高明老師教授，不能達到目的。

學拳六個月後，就可學推手初步練習。第一個月亦是不用力，先學兩人沾黏打圈。第二個月，學掤、捋、擠、按四個方法。第三個月學化勁，先學肘化、次學腰化、再學兩肩化，更要有柔軟圓滑，然後學隨機應變全身化。後再三個月，學掤、捋、擠、按之用法，然後再學連化勁帶

打法。以上為期一年，以後有暇可並學太極劍。如肯用功，再加半年，共為期年半，拳、劍、推手三樣皆熟，略有本領，身體健康矣。

此算一小乘，再續用功一年半，在此期內，可學太極槍，學推手以外各種手法。此期間內，加緊實地練習，為期共約三年，拳、劍、槍各用法皆熟，健身防身自衛皆可有大本領，本身有拳，兵刃短有劍，長有槍，其功夫足供一生練習矣，此可稱中乘。三年後，練拳法又不同，要聚精會神，苦心求高明老師傳授，煉精化氣、煉氣化神、煉神還虛，升入上乘門徑。

太極拳分三乘，推手大圈為初乘，學化小圈為中乘，連化帶打無圈為上乘。無圈之中有圈，專打不化，打中又有化，就是大圈套小圈，小圈變無圈。此即無極生太極，陰陽八卦五行，千變萬化歸一。得上乘之功，天下無敵矣！為期若干年，則不能預定，須視個人天分聰明與用功程度矣。

本來學藝無止境，然肯下功夫者，無論如何，必一日技精一日。學者須耐心練拳，達到神化境界，非難事也。

◆ 喻潤川

生平不詳。據喻潤川先生長子喻魯生云：「我記得父親曾兩次習楊氏太極拳，第一次是在北京念大學的時候，直接從楊澄甫先生習太極拳。

30年代武漢太極拳愛好者擬聘請楊澄甫先生來武漢傳授太極拳，當時因楊澄甫先生已受上海聘請，故派其高

足崔毅士先生來武漢教太極拳。當時教拳的地點是武昌蛇山抱冰堂內，崔毅士先生把他的長子帶在身邊輔導練拳。我的父親第二次就是師從崔毅士先生習楊氏太極拳。」

喻潤川先生在其80歲高齡時，編寫了《太極拳概要》一書，自序云：「練太極拳數十年如一日，以至年屆八旬而飲食睡眠如常。」可見先生精神健旺，養生有得，太極功夫深厚。

太極拳綱要

◆ 虛靈頂勁

頂勁，乃頂頭懸起，如頭之上部有一線繫之意。要頂勁發動，須提耳根勁，喉頭不可拋出，即頦內涵，大椎突起，頭容正直，神貫於頂，不可用力。

如果用力，則頸頂強直，氣血不能流通，須有虛靈自然之意，精神提起，自始至終，一線貫串，尤其在每著落點時，頭頂正直目平視，意、氣、勁才能貫到巔末來。

◆ 含胸拔背

含胸者，胸略內涵，但鎖骨不動（鎖骨又名琵琶骨），使意氣沉於丹田，不使胸部挺出。挺出則氣擁胸際，上重下輕，腳跟易於浮起，自立不穩。

拔背者，意氣注於背面，背脊骨拔出，背皮拔平；能含胸則能拔背，能拔背則能力由脊發。

◆ 沉肩墜肘

沉肩者，肩往下沉，肩顒穴露出，則勁由腰運至肩、而肘、而腕，以達於指頭。

墜肘者，肘往下墜。肘若懸起，則肩不能沉，易被人制，且不沉，則放人不遠。以上三條有互相連帶關係。如能將含胸拔背做得對，則沉肩墜肘、虛靈頂勁自然就對。如肘墜得好，則肩自然能沉。如肩沉肘墜得好，則腰勁就出得來，由腳而腰以達於手指，則發勁就整了。

◆ 意沉丹田

因氣隨意行，意到氣亦到，氣到則血亦隨之而到，內勁於以充沛。初學者茫然不知，練久後自有感覺。

丹田者即下丹田，亦即肚臍下附近之丹田。有謂祖竅為上丹田，膻中為中丹田，會陰穴為下丹田，命門穴為後丹田。

總之，肚臍下附近之丹田，為人身精力所寄，此丹田氣足則人生健壯，因此內練家亦注意此丹田。

所謂沉者，以意沉氣，不得逼氣下行，即照之以神光，不著跡象，如水中微塵自然下沉，不得加以壓力。

人身有三節，頭居最上，要頂勁，主於虛，藏元神之所；丹田居中，要沉氣，主於實；腳居最下，應重而實輕，腿腳之氣亦惟其襠，提穀道，則氣上升，而腳腿輕靈，丹田以下之氣既上提於丹田，於是人身上下皆輕，而重點寄於丹田。

◆ 分清虛實

練太極拳以分虛實為第一，如全身在右腿上，則右腿為實，左腿為虛；反之左腿實則右腿虛。

所謂虛者，非全無意義，仍留有伸縮變化之餘意，所謂騰挪者此也。所以從前一著到後一著中間的步法變換，都是從虛腳先動。所謂實者，用意下蹲，確實而已，虛實分清而後轉動靈活，不費力氣。如不分虛實，則邁步遲滯，自立不穩，易為別人牽動。

以上係就個人練拳而言。如和對方推手，雙重是力與力爭，力大制力小；雙重行不通，單重倒成功。所謂單重，是我用力擊出時，就是順對方力的方向進攻，也就是運用勁的出發點上，隨輕用重，隨重用輕。使對方失去抵抗力，就是使對方落空字，所謂用重不如用輕，用輕不如用空，但必須有純熟隨的功夫，才能使對方落空字。

◆ 一身備五弓

五弓者，兩腿、兩臂、一腰五個部分，即墜肘、屈膝、鬆腰也。各關節皆有微彎意，形如弓，即肘膝間皆為鈍角，而不用拙力挺直。微彎則筋可放長，勁可內蓄。所謂練肉不如練筋，筋長則氣活，氣血流注周身，久久練習，可長內勁。

所謂極柔軟，然後極堅剛。功夫純熟之人，膊臂如棉裏藏鐵，分量沉重。五弓以身弓為主，手弓、足弓為輔，每站一勢，是否五弓具備，是否形成八面支撐的蓄勢，需要檢查，勁以曲蓄而才有餘裕。

◆ 用意不用力

太極拳乃以靜禦動，以輕制重，以柔克剛之藝術。要全身鬆開，不用絲毫之拙力。如渾身僵勁滿經絡，則氣血停滯，轉動不靈，牽一髮而動全身。若不用力而用意，意之所至，氣即隨焉。

但用意必須先明瞭每手的大概用法，才能將意用到點上。若不用拙力而用意，然後能意到力到，如千年枯藤，不易折毀。

至於用意方法，即每一式一著，乃至上下著過節的手法，都要意到，不可含混，所以練拳緩慢原因在此。

練拳時，周身混圓一氣，如皮球一樣，毫髮勿遺，所以渾噩於身，全體發之於毛。

◆ 鬆腰開胯

腰為一身之主宰，腰乃一身中節；中節不明，全身是空。上下九節勁（頭、肩、肘、手、背、胸、胯、臀、膝、腳）節節腰中發，鬆腰與扭腰、挺腰不同，腰鬆，下盤才穩固，虛實變化，皆由腰轉動。腰不僅鬆，還要直，因為全身放鬆，腰以上體重全部由腰負擔，腰部必須豎直，方能堅強有力，挺得起來。

上肢，肩要鬆開叫沉肩；下肢，胯是腰腿的轉關之處，轉腰，實際是轉腰胯。

邁步時，實腳的胯根要微向裏收而下沉，胯根撐開，兩大股外往裏合，兩膝微向外開，能起到圓襠的作用。

◆ 相連不斷

太極拳無凸凹、無缺陷、無續斷，用意不用力，自始至終，柔軟勻靜，綿綿不斷，週而復始，循環無端，如長江大河，滔滔不絕。又謂「運勁如抽絲」，皆言其貫串一氣，又要式換勁連，勁換意連，所謂「勁斷意不斷」。

◆ 內外相合

太極拳所練在神。神藏於腦，所以要虛靈頂勁，又云「心為令」，身隨意動，練成習慣後，只覺此心，不覺有身。所謂忘物自然，隨心所欲。

練架子不外虛實開合，開者，不但手足開，心意亦與之俱開。合者，不但手足合，心意亦與之俱合。還有合中寓開，開中寓合。能內外開合，皆以意運氣，則得矣。

◆ 上下相隨

上下相隨者，其根在腳，發於腿，主宰於腰，形於手指，由腳、而腿、而腰，總須完整一氣。手動足動，眼神亦隨之而動，如常山之蛇，擊首則尾應，擊尾則首應，擊中則首尾皆應，有一不動，即不能謂之上下相隨。所謂進退則身步相齊，迴旋則腰腿相應是也。

◆ 動中求靜

太極拳是以靜禦動，雖動猶靜，故云「動中求靜」。內練家不管是坐臥站功，都是靜中動，外形雖未動，身內

之氣，內外上下隨經絡活動。

惟太極拳外形雖然是圓形圈動，而內中之勁，由意志之發動，精神之貫注，將圓形的掤、捋、擠、按、採、挒、肘、靠各勁路撐之為方，如能圓中有方，而後即可用長方點順遂加之於人，方圓相生，無棱角表現，凡此皆是動中求靜而得來的。

☯練習太極拳之順序與經歷

——陳炎林

目今學習太極拳者，開始即由十三勢拳式（即太極拳，俗謂盤架子，或曰長拳）入手，往往練習僅三四月，遂曰已得門徑，不知前輩初步皆先練馬步站樁、川步站樁等，以為基本功夫。歷時甚久，然後方習十三勢拳式，而一勢一式之練習，非經數月不可。直至各勢各式完全純熟，且能應用後，始合之為全套太極拳。其間每有練至數年，一套拳勢，猶未完畢，更無論推手、大捋、刀、劍、桿子、散手等等矣。

至於楊派太極拳之架子，常人只知一套（一種），不知一套（一種）中，尚有高、平、低三種。初習時為高架子，次習平架子（一稱四平架，即眼平、手平、腳平、襠平是也），後習低架子。而三種架子之中，又分大、中、小三種。

大架子求姿勢開展，合於養生，為昔日楊澄甫所授

者。

中架子求各勢動作，合乎中庸之道，使內勁不致過頭，且能綿綿不斷，始終如一，為楊健侯所授者。

小架子求各勢緊湊，動作靈敏而迅速，為楊少侯所授者。

此三種之中，以小架子為最難，每一勢皆發寸勁，故前進、後退步子甚小，手與腰、腿尤須一致。學此三種架子，時間甚久，絕非一年半載所能成事。初習之時，每日只能學習一手或二手足矣，不可過多，多則姿勢既不能準確，復易入於油滑之途，有失太極拳之正義。

除戒求欲速外，又忌用力。所謂不速求，速則傷氣，無力努力則傷血，若氣血兩傷，則危矣。反言之，如練之得法，雖一勢一式，亦能得其益處。否則練非其法，既每次盤全套架子數遍，亦無效可言。

惟練時必須舌抵上齶，唇齒相合，以鼻呼吸，身體中正，含胸拔背，沉肩垂肘，頭正頂懸，尾閭收住，上下一致，落步分虛實，處處求圓滿。周身輕靈，眼神視手之前方，呼吸自然，上下左右相繫，陰陽剛柔分清，澄心斂神，無思無慮。而沉氣鬆力，亦須顧及，因氣沉則呼吸調和，力鬆則拙力消除，每勢每式，求其外形勢順，內部舒適，毫不強梗，如此自能胸膈開展，血氣調和，對於身心有莫大功益。否然者，則氣隔胸膈，浮而不定，益處既不能得，疾病反由是而生。故一套太極拳架子，勿論人之智慧若何，至少非學習半載不可。半載之後，更須經教師數度詳細更正，亦非一載不可。

盤架子猶如習字，次數多則式式姿勢正確；又如臨帖然，摹寫次數愈多，則字跡愈佳。故欲確實練功者，每次盤架子至少須有三遍（即三套）。蓋第一遍，無非舒展筋骨而已，在二遍以上，方能增進功夫（養身者可勿拘，每次半套亦可）。

至練習場所，當求空氣新鮮。初練拳時，地位宜闊大；如地方狹小，十三勢拳勢既難綿綿不斷，又易使姿勢缺陷，而不能正確。然練至功深時，即不拘場所大小，雖四塊方磚大小之地，亦能練習。甚或坐時臥時，均可行使，蓋斯時所練習者為意，而非外式也。

夫練拳時間，每日至少兩次。即於晨起半小時後，臨睡一小時前，各舉行之，每次盤架子約在二十分鐘至二十五分鐘。

練時第一手至末一手，均需求其均勻，不可先快後慢，或先慢後快，更不可有缺陷、凸凹、斷續之處。勢勢能貫串，用法能悟解，呼吸能自然，內外能合一。貴乎不需思索，即能綿綿練習，練至全皆純熟，而精氣神均能顯露，然後可將全套各式改為左式（即反式）。

例如動作為右手者，改左手；左手者，改右手；右足者，改左足；左足者，改右足；左轉者，改右轉；右轉者，改左轉。倘能將全套左式架子，練至綿綿不斷，如右式者同，則功夫更進一層矣。

蓋因左右均能應用，則無偏重之弊。而復練右式時，更覺興味濃厚。斯為欲求功深者，不可不知也。如此可進而學習定步推手、活步推手、大捋、刀、劍、桿子、散手

等，更非數載所能竣事。總之，習太極拳須從緩而進，方能成就，否則難矣。

至於初習之時，每覺全身無力，手足發酸，此乃生理上之反應，無甚關礙。即練至三四月後，亦有如此現象發生，此乃身體中之新陳相替關係，均不足為慮。只須每日多休養二三小時，越三數日後，此種現象，不但自能消失，即精神亦可反較前充足。

此外尚有他種現象發生，如胃口大開，此因內中消耗過多，且須補往昔所虧，故宜如此。但至內部氣分養足，虧者業已補全後，則氣血調和，反無各種現象，其食量猶如常人爾，所謂氣足不思食者是。

初學時多貪睡眠，非至八九小時不可；此無他，因內部血行較速，身體疲乏之故，必須有較長時間休息，始能恢復全身精神。然日久後亦能漸復常態，至功深時，即毋須乎長時間之睡眠，每夜只須四五小時足矣，所謂「神足不思眠」者是。

其於房事亦然。練至精氣神充足時，反不思念，或稍有動心，所謂「精足不思淫」者是。或問曰，然則練太極拳者，究竟可否行房事？曰：並非不可。

因吾人既非六根清淨，豈能無之？惟壯年身強者當節，老年體弱者當絕。而壯者強者在練功新陳相替，身體過疲之時不能；在練拳後，二十四小時內亦不能。反之，房事後，二日內又不可練習拳術，否則有損氣血（習少林拳者，大多為前三後四）。

或問練太極拳者，可否吸菸飲酒？曰可，惟酒宜少

飲，菸宜少吸，若在練拳前或後半小時中，宜忌之；否則因呼吸關係，內部有損。

在初習數月時，如練畢架子後，有手指，或臂部，或腿部發脹麻現狀者，可勿懼，此乃用勁過猛所致，只須在發現斯現象時，隨意抖搖二三分鐘即癒。

往往初練盤架子時，練前一勢，每有遺忘後一勢之情形，蓋愈求姿勢正確，愈易前後不能相聯貫，此為習練不熟之故，熟後則無。

夫初練時，呼吸務求其自然（以鼻呼吸），切勿注意氣之運用，如全神注及內部之氣，則易將外式遺忘。進言之，倘練至相當程度後，內部之氣，自能運用時，則外式亦自無斷續之弊矣。

望學者初習時，勿求之過急，更不可過於將氣下沉至丹田，因沉之不合其時，易生疾病。初練時如覺一勢有不舒適之處，當請教師更正，以姿勢達於舒適為止。

著者於未練太極拳前，在練少林拳時，對於太極拳術，每有四種歧念：

一、動作如此緩和，對於身體有何著力，更有何益處？

二、如此緩慢動作，何能應敵？

三、含胸有損肺部發達；

四、何為丹田，丹田即大腸也。

自練太極拳後，始豁然覺悟以前所思。

一、練太極拳不費力者，對於內部氣分，果然如此，至於周身四肢，其費力反較動作迅速之少林拳為甚。惟因

姿勢舒適，呼吸自然，反覺周身氣血通暢，益處更多。

二、動作緩和，如何應敵？實則練時因求靜關係，動作緩和，用時亦需求速；而寓剛於柔，寓快於慢，為太極拳之特點。且太極拳之速，較少林拳為尤甚，因其有聽勁、懂勁之故，至主動樞紐，全在腰部，非在手足四肢。四肢動作滯而促，腰部動作暢而長。

例如機器，大軸一轉，其他小軸同時非數轉或數十轉不可，腰部猶如大軸，四肢、腕、肘、肩、胯、膝、踝等處，猶如小軸，理解甚明。

三、含胸是否損肺？如僅含胸拔背，而同時不沉肩垂肘，懸頂沉氣，誠有損肺之虞，吾人不妨一試。含胸同時寒肩，其呼吸定然短促；如含胸而沉肩，則呼吸自然。故含胸拔背、沉肩垂肘等動作，實不能相離也。

四、丹田是否大腸？著者在初練太極拳時，亦覺臍下空瘙，不知丹田為何物，三年後始覺。所謂丹田者，能蓄氣，能發氣，能養氣，實為人身氣之總機關。若氣足則丹田充滿，按之如鼓然。藝高者呼吸，每以丹田為換氣之所，與普通人呼吸絕不相同。吾人可視小孩仰臥時，呼吸亦由腹部，常見其腹，一呼一吸，一高一低。年齡愈大，則呼吸與丹田愈遠；至老年臨終時，其呼吸僅在喉胸之間。由此可知，丹田與人生關係甚為重要。

著者以前並不知丹田為何物，實因己身尚未至能用丹田之境界。譬如食物，終身未經口舌嘗過，試問何從知其味之優劣，更何以知其為可食之物？又如遊一勝地，己身未嘗親歷，試問能詳言其實地之狀況否？

　　夫練習十三勢拳式（即盤架子）至純熟時，反生雜思，此乃心不安靜之故。欲免此弊，但須將眼神視手前方，以為有敵在前或身後，與之對搏。或心中有覺，一有思慮，立起覺心，庶可心寧神定，無思無慮，受益良多。

　　練至有相當程度時，在四五式之後，口中舌下，自有津液湧出，下嚥入腹，身之內部，甚覺舒適，毫無乾燥之虞（俗謂乃華池之水，養生之甘露）。此種境界，須一勢一式，皆能舒適，呼吸自然，無論何人，均可得此。

　　蓋內氣運用，周身泰然，斯為武事修身中之己身採戰，或謂汞鉛，亦即借陰補陽之道，非如邪道以男女後天色身為採補也。

　　初學定步推手，掤、捋、擠、按四手，泰半不能聯貫圓滿，須跟隨教師，或藝高者盤轉圓圈至純熟後，再由教師口授掤、捋、擠、按四手。四手能一一分清，練至綿綿不斷，腰腿能旋轉自如，沾化均能順手，然後可學拿勁、發勁，該時當覓一對手，作為鵠的。

　　先練一種拿勁或發勁，切不可一勁未通，又練他勁；更不可同時練習數種。須知一勁能通，任何勁均能使用，一勁不佳，其他亦不妙矣。

　　在未練拿勁、發勁之前，須盡量給教師或藝高者拿發，視其如何引己，如何拿己，如何發己，拿發之地點何處，拿發之時間早遲，拿發之方向正隅，均須以身實地試驗，作為悟解之門徑。萬不可求之過速，欲速則不達。以著者經歷所知，太極拳基本功夫，全在停步推手中，深希學者切勿漠視之。

　　夫推手至相當程度後，又不可專與一人推練。無論何人，手剛手柔，勁大勁小，藝淺藝深，均須推習。否則熟者能發，不熟者不能。似未普及，亦屬徒然。

　　活步推手，當求手、腰、腿三部一致，前進後退，尤不可使沾勁忽斷。大捋、扎桿、散手亦然。己手或桿子至少有一部分須與對方黏住，不然，聽勁中斷，易被敵乘隙而擊。

　　無論徒手或器械，遇敵時，出手宜老辣而入筍，不可游戰，或生畏懼之心。因有此意念，出手必嫩，或不入筍，雖有隙可乘，亦屬無效。對於出手之陰陽虛實，尤當令人莫可揆測。

　　至於散手，必須分開單練，否則不能隨時應用。此外對於手法、步法、身法，尤當注意。一勢出手，步法宜進或退，手法宜高或低，身法宜正或側，均須先求己勢順而不背。手之收發，當含有圓形，往返須有摺疊。步之落地，或前或後，或正或斜，當使身體中正，且有封閉敵身之用意；而己身之進退，當有升降上下起落之勢。

　　除以上三法外，當求姿勢正確，著法純熟，陰陽虛實分清，內勁圓活，能補能瀉（補氣瀉力）。如僅求懂勁，專致力於不規則推手，雖習之年久，仍然疲弱，無效可言；蓋因不知學外式易，而習內勁難也。

　　此外對於練習太極拳後，身體重量及體格之變更，吾人亦宜知之。凡瘦弱者，一年後能將重量增加，體格轉健，此乃由空虛變為充實。肥胖者必先瘦削，減輕重量，經過若干時期後，復變雄壯，此乃由虛胖改為結實。蓋太

極拳之功效，實能使人身內外復行改造也。

至練拳時不可不注意衛生。如食後不可即練，練後不可即食，須中間隔離半小時方可。又精疲力倦時不可練，練後不可即用腦力，否則皆易傷神。練後忌驟飲，尤忌食瓜果、生冷等物。不可解衣迎風，或用冷水洗身，衣若汗濕，即須更換。在脈搏未恢復常態前，不可立即坐臥，必須散步數匝；否則有血行上升，發生頭昏目眩等疾。

而於修養一項，亦當顧及。練後須有充分時間之休息，使所耗之體力得以恢復。尚能如此，其效較僅練者更巨。故習太極拳者，最忌遲睡，蓋遲睡則修養不足，精神定必委靡，每易半途而廢。

此皆為著者身所經歷，絕非捕風捉影之談，倘學者欲求太極拳成功，則非有下列數點之精神不可。

1. 有恆心

因練習太極拳基本要點，厥為有恆，苟無斯種百屈不撓之精神，寧可勿學，以免徒耗精神與時間。

蓋太極拳在初學時，毫無興趣可言，不如少林拳之花拳繡腿能引人入勝。所以性情暴躁者，不足語此也。但學者能持之以恆，則日計不足，月計有餘，一年後，即可化去僵滯，鬆開內勁，達於佳境；五年後，即可小成；二十年後或可大成（以上為確實練功者而言）。

就著者歷年經驗所得，練習太極拳，每於下列三種時期中，強半即生怠心：（甲）初學一二月時；（乙）結婚蜜月時；（丙）遇有要事，一曝十寒時；誠為可惜。設或能在任何遭遇周折中，仍抱持恆心，繼續鍛鍊，勿生怠學

之意，則他日未有不成者。

2.有專心

具此精神，事半功倍，則成功速而造就深。

3.不怠學

雖於嚴寒酷暑之時，亦依舊練習，不少間斷。

4.莫分歧

勿貪多而雜，只求簡而精。

5.不躐等

當循序以漸進，勿圖速而躐等。若拳勢中，上式未熟，強習下式；姿勢未準，即求用法；推手未全，從事大将；刀劍未精，貪學扎桿；諸如此類，以致乖謬成型，反一無所成。須知登高必由卑，行遠必自邇，欲速則不達，萬事皆然，太極拳又豈能例外。

除上述數點外，對於從師亦甚重要。在未求教前，當先探悉其人是否藝高德厚，能秘授真傳。所謂取法乎上，或可青勝於藍也。不然，枉費精神、時間與金錢，徒勞終身，一無所獲。是以既得名師，務必虛心請益，竭誠侍奉；否則雖有問道之志，恐亦不易得其真傳也。

至有相當程度後，對於養氣、韜藏二種功夫，亦不可不力加研究。蓋太極拳之意旨，乃心冶神固，以養氣為歸，萬不可好勝鬥狠，奮袂攘衿，怒目切齒，持血氣之勇，以作匹夫之能。當具有若無，實若虛之涵養功夫，深自秘惜，晦藏不露，切勿驕矜。須知強中尚有強中手，諺云：「打死拳教師，淹死善泅者。」多為失慎所致，學者可不大徹大悟乎。

太極拳之腰腿

—— 陳炎林

　　拳擊之中，無論何門何派，均需求腰腿靈活一致，虛實分明，站步穩實而無浮飄等弊。故練少林拳者，在初步時，必先學習溜腿、扳腿、壓腰、站樁各勢，務使腰腿柔和靈活，穩實有力，以為日後練拳基礎。少林派既如此，太極拳亦何嘗不然。

　　但近人多以太極拳無腰無腿，更無初步練習方法，此說殊謬。考前輩練習斯拳，在初步開始時，必先練習馬步站樁、川步站樁、蹬腿、採腿等法，使腰腿穩實有勁。復由掤、捋、擠、按等單式，一一練起。練至腰、腿一致，前進、後退、閃避、升降，隨心所欲，然後練習太極長拳。

　　現今學習太極拳者，多逕取便捷，不願下此苦工。開始即練太極長拳，因此人多隔閡，莫名所以。實則太極拳一勢一式，拿勁、提勁、化勁、發勁等，均以腰腿為主動，無腰腿即不能成為一勢一式，更不能化人、發人。譬如發勁，手之黏拿，無非幫襯，其主動樞紐，仍在腰腿。化勁亦然；如僅以手化，既費力，又遲鈍，終不若以腰腿之為巧。或有於此不精者，皆不注重練習腰腿之故也。

　　至於踢腿，在現今太極長拳中顯明露形者，只有四腿，即左右翅腿、踢腿、蹬腿及擺蓮腿耳。不解者以為太極拳不善用腿，殊不知太極拳式中，凡虛步之處，均含有

踢腿，而太極拳之奧妙，亦俱在斯。非練至相當程度後，不能瞭解。惟所有踢腿，皆不過人肩部，與少林拳黃河派（北派）善以踢高腿（一名明尖）擊人頭部者，正相異趣。

蓋太極拳不用高腿之意，除免傷身敗氣外，深恐踢腿過高，易被人執，至弄巧成拙，反為人所制，寧可捨去勿用。

太極拳中之踢腿，分有翅、蹬、踢、起、擺、接、套、襯、採等腿（均為鬆彈勁，而以腰發之），可以隨機應用，但須注意腰腿必須一致，切不可腰動而腿不動，腿動而腰不動。

在初學及未精通時，每宜犯腰動腿不動或腿動腰不動之弊病。例如推手時，常覺盤圈不圓，黏化不敏，拿發不靈，均由此而生也。若能練至腰腿靈活，前進、後退、左顧、右盼、升降、閃還、撩了，皆能運用。則身法俱全，庶可升堂入室矣。

太極拳之優點，人所共知者。

（一）動作柔和，呼吸自然。

（二）動中求靜，養氣凝神。

尚不知有練腰益處；因腰能常旋轉，命門（內生命門火）則得以發展。命門在兩腎臟之間，男子用以藏精，女子用以繫胞，生汁液為津，乃人身強弱之主要關鍵。命門火蒸騰，能化而為氣為血，升而為神，張而生肌，動而為力，神旺氣足，身體強健。反之，如面色蒼白，腰痛膝冷，足痠骨酸，陽事痿弱等諸症，皆起與命門受損，牽連腎部。故腰部之於人身，甚為重要，設能練之以法，則身

弱者必能臻於康強之境。

太極拳停步推手中，雙手平圓沾黏推手法，及雙人平圓沾黏扎桿法，均為專練腰腿唯一良法。如能習之以恆，則皮膚滋潤，面現紅色，兩耳發赤，太陽穴充滿而鼓出，眼珠光澤，有神有色，舌底津湧，不思水飲，此乃表示命門火充足之象，實與健康大有關係。

太極拳老譜中云：「車輪兩命門，一蠢搖又轉，心令氣旗使，自然隨我便，滿身輕利者，金剛羅漢煉。」可見命門之重要也。

☯ 太極拳體用論解

—— 陳微明

◆ 太極拳之姿勢

問：太極拳自「攬雀尾」至「合太極」七十餘式，三豐時所傳，即是如此，抑有所變動耶？

答：聞以前太極拳是單式練法，而不聯貫。不知始於何時，將單練之各式連為一氣。以愚意揣之，大約始於王先生宗岳。因先生所作《太極拳論》有各式之名目，係連為一氣也。故宗岳先生對於太極拳術，其功絕偉。若不連為一氣，恐早失其傳矣。

問：北京練太極拳者，俱是楊家所傳，何以形式又略有不同之處？

答：形式雖略有不同，其意未嘗不同。其所以略有不

同之處，據愚意揣測，蓋有二端：一昔時師徒之分極嚴，心有不明不敢多問，而為師者又不肯時演與學者觀之，故不能得最準確之姿勢；一雖得準確之姿勢，而數傳之後，因各人之性情不同，遂無形變改，自不能覺。

故太極非傳者有極精密之教法，學者有極沉細之研究，不能得也。

問：然則太極拳之姿勢何者為準確，何者非準確，何從而斷定之乎？

答：以王宗岳先生所言之立身須「中正安舒」四字為準。中正者，不偏不倚之謂也；安舒者，自然舒適，不緊張用力者是也。

余所作《太極拳術之十要》，亦為姿勢之準則。如頭無虛靈頂勁，兩面傾側搖動；挺胸直立，上重下輕；兩腿雙重，虛實不清；轉動太快，手法含糊；忽高忽低，兩肩亂動；腳步太小，腰不轉動，皆失其規矩者。總要中正、安舒，無處不到，十要之意思，均包涵而不漏。此則雖不能至，亦相去不遠矣。

問：有人言腳步不可太大，太大則換步不靈，是否？

答：此說亦不錯。惟初練架子時，步須開展，總以兩腿之一直一屈為準則。如左腿直則右腿屈。所屈之腿，以膝與足尖成一垂線為準，則腰可鬆下，前後轉動。步太小，則腰之轉動亦小，對方來勢如猛，則無消化之餘地，不得不退步矣。如遇路窄無地可退，則無如何。如步稍大，以腰轉動，則可化對方之力而還擊之。

問：有人言「架子不可太低」，然否？

答：架子低則步大，腰可轉動；架子高則步小，腰之轉動亦小。其高低總以兩腿一直一曲為度，是適中之步。如過於低，則重心下陷，而不能往前，虛實反不能分。《太極拳論》云：「先求開展，後求緊湊。」

若功夫純熟之時，步法、手法均可收小。神而明之，存乎其人。故其小者乃由大而來，其高者由低而來，其緊者由鬆而來，其斷者由綿綿而來。如此，則其小者、高者、緊者、斷者，方有把握。不然，則恐遇緊急時，仍不能隨機應變，步法散亂，而不免於窮促也。

問：有人言「架子不必多練，但習推手即可長功夫」，然否？

答：凡輕視架子者，皆未得架子之規矩精意者也。架子為最要之基礎，久久練之，身體方能重如泰山，輕如鴻毛。若不練架子，雖多推手，身體仍有不穩之時，易為人所牽動。

問：有人言「練太極拳仍須用力者」，然否？

答：《太極拳論》云：「極柔軟然後極堅剛。」太極拳之堅剛內勁係由柔軟鬆開而生，練架子愈柔軟鬆開，則長內勁愈速；稍有強硬不鬆之處，即為長內勁之阻礙。

蓋鬆開則兩臂容易沉重，不鬆開則兩臂仍是輕浮，是為明證。余所著《太極拳術》內已論之詳矣。

凡持此說者，大抵天生有點力量，喜恃其力；或習過硬拳，不肯捨棄，故尚不能堅信極柔軟，然後極堅剛之說。雖練太極，終不能得太極最精妙之意也。

問：教者用同一教授之法，而學者之姿勢有好有醜，

其故何也?

答:其醜者,必生硬而有力者也;其好者,必柔軟而不用力者也。譬如範金者,必以熱度使之熔化,方能隨心所欲。或使之方,或使之圓,均可如意。若以生硬之金鐵,欲硬打成或方或圓之器物,則恐用力甚苦而見功甚遲。故教拳者既令學者用極大之力,使全身生硬而不易於轉動,而又欲其姿勢之佳善,是欲前而卻行也。

人之天生氣力,譬如生鐵,必須使之柔軟,久久鍛鍊,變為精鋼。看似柔軟,堅剛無比,是為太極拳之內勁。

問:練太極拳時之頭部應如何?

答:頭容正直,不可低而下視;頭低者,則精神提不起。

問:練太極拳時之眼光如何?

答:眼者,神之舍也。眼光有時隨手而行。眼隨手則腰自轉動。有時需向前看,所謂左顧、右盼、中定是也。左顧,右盼,則腰轉可化人之勁;前看則中定,將人放出。

久練太極拳,則眼光奕奕有神,神光足者,其功夫必深無疑。

問:練太極拳時,口宜閉宜開?

答:《參同契》云:耳、目、口三寶,閉塞勿發通。太極拳本為動中求靜,輔佐靜功之法。若張口則呼吸由口,舌燥喉乾;閉口舌抵上齶,則自生津液,隨時吞咽,是華池之水,為養生之甘露。凡言宜開口者,則太極拳之

好處完全失之矣。

問：練太極拳時之腰應如何鬆？

答：鬆者，非硬往下壓之意也。硬壓則不易轉動，鬆則轉動可如意。《太極拳論》云「腰如車輪」，此言其活。又曰「腰如纛」，此言其正直。腰不下鬆、不正直，則臀高聳，不但甚不雅觀，而且尾閭必不能中正，神必不能貫頂，力必不能由背脊而發。

問：練太極拳用掌時之手指如何？

答：手指亦宜舒展自然，不可拳屈，又不可太張開，使之硬直。拳屈則氣貫不到指尖；硬直則氣亦不到。兩掌按出時，不可太過膝，過膝則失其重心。

嘗見練太極拳者，兩掌按出過度，全身傾出，臀後高聳，此是由於腳步太小，腰不能下之故。足不到而手往前探，不但打人不出，而己身前傾，恐立不穩。

打人必須進足貼身，則兩手隨腰略進，人已跌出，此乃全身之勁也。

問：太極拳之蹬腳、分腳亦用力否？

答：太極之腿，乃鬆彈之勁，非生硬之勁也。

問：練太極時之神氣態度應如何？

答：總以神凝、氣靜、中正、安舒、從容、大雅、綿綿不斷為準則。看似輕靈而又極沉重；看似動宕而又極安靜；凡太輕浮流動，或過於劍拔弩張之態，皆未得其精意者也。

問：太極拳七十餘式之次序必須如此，而亦能變動否？

答：相傳之次序如此，其相連接之處亦極自然，故學者當謹守之。譬如一篇好文字，增一字減一字不可。雖然，文字本有無窮的變化，太極拳亦然。若將各式顛倒，其連接之處果能自然，又何嘗不可耶？

太極拳架子，本是平時練功夫之體，若用時則又何能刻舟求劍，而必依其次序耶？若然，則真愚之至矣!

問：君所著之《太極拳術》當可作為準則？

答：何敢云然。不過，余從楊澄甫先生學太極拳時，對於架子之姿勢，頗十分注意。著此書時，每式必問過五六次方敢下筆。澄甫先生亦教誨不倦，此書不過代澄甫先生筆述之耳。

問：楊澄甫先生現在所練之架子與君所作之書，又略有不同者，何耶？

答：澄甫先生現在所練之架子，惟第二次琵琶式後又添一摟膝拗步，白蛇吐信之後又將身體屈回，如撇身錘後之搬攔錘一樣，此則無甚大關係者也。

蓋若遇地方寬闊之處，左右摟膝拗步本可多打數次。不但左摟膝可加，右摟膝亦可加。琵琶式變搬攔錘，與拗步變搬攔錘，均無不可。至於白蛇吐信之後，澄甫先生教余之時，本未回身。若敵拳來擊，吾以左手接其肘，以右拳擊其肋下，故稍坐腰即將拳打出，更為簡便。兩次撇身錘後及彎弓射虎後，均係回身，蓋已有三次矣。

問：君所增加之長拳，又將反面之式加入，何耶？

答：若講練功夫，練太極拳已足，長拳本可不練。余因人身之運動，似宜左右平均發育，故將反式加入。諸君

以此長拳作體育運動之法觀之可也。

問：太極拳架子，如摟膝拗步，必將手往後轉一大圈，然後向前打出，如此迂緩何能應敵？

答：太極拳之各式均係圓圈。蓋求其鬆開圓滿，全身轉動，此所以練體也。若求其用，豈能拘定形式。譬如三百六十一度之渾圓體，用時僅用一度或半度，均無不可；而練體則不可不求其圓滿。若應敵時亦照練體之迂緩，此真笨伯之流矣。

問：老輩練拳之意思雖不能見，亦有所聞否？

答：聞楊少侯先生說露禪老先生練單鞭下勢時，以制錢一枚置於地上，可以用口銜起；又可以以肩靠人之膝，其腰之下如是。

班侯先生練拳之時，或面現喜色而冷笑，或忽作怒容而發喊，是所謂帶喜怒者也。此則功夫深到而自然顯之於外者，非勉強而可學者也。

◆ 太極拳之勁

問：太極之勁略分幾種意思？

答：就余所知者，約有黏勁、化勁、提勁、放勁、借勁、截勁、捲勁、入勁、抖擻勁數種。

問：何謂黏勁？

答：黏住敵人之臂。或輕黏之，或重黏之，不使之丟脫，是謂黏勁。

問：何謂化勁？

答：黏住敵人，彼若用力來推，則黏而化之。大概直

來之力，用曲線左右引之，使變其方向，是謂化勁。

問：何謂提勁？

答：黏住敵人之臂，彼若用力上翻，則隨之上起，使之腳跟提起，是謂提勁。

問：何謂放勁？

答：敵腳跟提起身不穩時，則隨其傾側之方向而放之，則毫不費力而跌出必遠，是謂放勁。《太極拳論》云「蓄勁如張弓，發勁如放箭」，敵提起時，我勁已蓄，隨其方向沉著鬆淨，去如放箭。《孫子》曰「勢如擴弩，節如發機」，即此意也。

問：何謂借勁？

答：敵若前推，則借其前推之力而採之；敵若後扯，則借其後扯之力而放之；左右上下皆然，是謂借勁。

問：何謂截勁？

答：敵若用拳來擊，不及變化，則用截黏。截勁者，即碰勁也，一碰即跌出。此非功夫深者不能也。

問：何謂捲勁？

答：拳到敵身，如錘鑽之前進，是謂捲勁。

問：何謂入勁？

答：掌貼敵身，氣往下沉，掌一閃動，其勁直入內，五臟震動，必受重傷。是謂入勁。

問：何謂抖擻勁？

答：敵若由背後擊來，無暇轉身，則身一抖擻，彼必跌出。此則非到神妙之地不能也，是謂抖擻勁。

問：勁與著有何分別？

答：著，乃變化之法也。勁即運入著之中，著有萬，而勁則一；無論何著，勁是一個，惟用時之意不同，故勁亦隨之而變。

問：勁與力有何分別？

答：力是生來本有，勁是功夫練出。生來本有之力，是一種生力，譬如生鐵，未經鍛鍊；功夫練出之勁，譬如煉鐵而已成鋼。古語云：「力不敵功。」功，即練出之勁也。然各種拳派均是鍛鍊，而煉出之勁則又不同。

太極拳是鬆散練出，乃柔帶剛之真內勁也。凡堅硬練出者，鬆散無意之時，則勁不存在，被人猛擊，不免受傷。而鬆散練出者，鬆散無意之時，勁仍存留，其氣自然充滿全身，無絲毫之間斷，雖被人擊，不致受傷。

問：圓勁、直勁是分是合？

答：《太極拳論》云：「曲中求直。」圓勁之中，必須有直勁；直勁之中，必須有圓勁。若有圓勁而無直勁，則只能化而不能放；若有直勁而無圓勁，則遇有化勁者必致落空。故圓、直二勁能融合為一，則善矣。

問：硬勁與鬆勁有何分別？

答：硬勁自握其勁。百斤之勁，打上人身，不過五十斤，一半仍留在己身。

鬆勁譬如丟一石塊，務求其遠，若有百斤之勁，則全放在人身上，毫不存留於己身。

問：用截勁有定時否？

答：用截勁最要時之恰當，差之秒忽則機會錯過，大抵彼勁將發未發、將展未展之時，用截勁最好。

◆ 太極拳之導引及靜坐法

問：太極拳與古導引之術同否？

答：古導引熊經鳥伸、華佗五禽戲，皆取法於鳥獸。太極亦有倒攆猴、野馬分鬃種種名目。太極拳不外乎虛、實、開、合，虛、實、開、合即所以調呼吸也。其最妙處，則在全身運動，極勻而緩。動作勻緩，則呼吸自然深長，故息不必調而自調。導引亦不過假形式之開、合以調其呼吸耳。

易筋經、八段錦乃一枝一節之運動，太極拳則是全體之運動。可使四肢百體，皆平均發育，毫無偏重之處，此所以能卻病延年也。《參同契》為丹書之祖，曰：「緩體處空房。」「緩體」二字最宜注意，即《太極拳論》所謂鬆淨是也。蓋緩體鬆淨，則氣自沉於丹田。故主張用力者，決不能歸於自然舒適之境，則不可得太極導引之利益，形式雖是，而意則非矣。

問：太極拳之呼吸如何？

答：太極拳之呼吸，隨體式之開合。吸為開，呼為合。李亦畬先生云：「吸，則自然提得起，亦拿得人起；呼，則自然沉得下，亦放得人出。」吸，本為入氣而反為提；呼，本為出氣而反為沉。蓋太極呼吸之升沉，實為先天氣之消息。故與靜坐金丹之訣密合。其所以能卻病延年者由此也。

柳華陽《風火經》云：「吸降呼升者，即先天、後天二氣之機也。然後天氣吸，則先天炁升焉。升是升於乾，

而為採取也。後天氣吸，則先天炁降焉，降是降於坤，而為烹練也。若以口鼻一呼、一吸為升降者，則去先天之炁遠矣。」按其所言先天炁之升降，與太極拳內中之消息相同。故太極為動中求靜，輔佐靜功之最要法門。凡認太極拳為武技，專求取勝於人者，豈知此中之玄妙耶！

問：取名太極究係何意？

答：太極本一圓形，為陰陽渾合之一體。太極拳處處求圓滿，分陰、陽、虛、實，故以為名。然此尚是形容其外之體用也，不知人身中間一穴，為立命之處，名為大中極。大者太也，此穴即人身之太極中點，立爐安鼎、坎離交媾即在此處。太極拳運轉先天之炁，凝神入氣穴，不久則丹生焉。故太極拳能通小周天之氣，較之但枯坐者更為速焉。

問：練太極拳兼習靜坐可否？

答：兼習靜坐，自與養生卻病更有效益。惟靜坐之功難得真傳，傳授不好，往往流弊甚大，不但無益而反有害。如欲兼習靜坐，無真傳口訣，即照練太極拳之意，跏趺而坐，須有虛靈頂勁、尾閭中正、兩目垂簾、兩手相握抱臍；收視反聽、迴光返照、謹閉五賊、恐被盜馳。謹於眼，則目不外視而魂歸肝；謹於耳，則耳不外聽而精歸腎；謹於口，則兌合不談而神歸心；謹於鼻，則鼻不外嗅而魄歸肺；謹於意，則用志不分而意歸脾。

精神魂魄意，心肝脾肺腎，金木水火土，耳目口鼻意，攢簇各歸其根，各復其命，則天心自見，神明自來，必有特別感覺發現，而自與凡人不同矣。

柳華陽注重風、火。火者，神也。風者，先天之呼吸也。何以能煉神化氣？如水必賴火烹而後發為蒸汽。精者，水也。若用神火下照，則精自可化而為氣矣。神火下照，有時恐力不足，故鼓巽風以動之，則火必旺，亦由鑄金者之鼓其風箱也。太極拳之能調呼吸，即風火之用也。如蒸汽機借火力以烹水發為蒸汽，而數萬噸之重量，可以鼓動。而人身之精、氣、神三寶，若能保守鍛鍊，其神通亦不可思議矣。

問：練太極拳可以代靜坐否？

答：何嘗不可。靜坐妄念難除，練太極拳精神貫注，可以毫無妄念，及至心平氣靜，人我俱忘，境界微妙，身體舒適，難以言語形容，是可謂之入太極三昧。

◆ 學太極拳者之體格及成就

問：如何體格學太極拳最為相宜？

答：無不相宜。惟體格軟硬，習之略分難易耳。大概體格瘦者較為靈活，而厚重則遜之；肥者較為穩厚，而不免於拙滯。各有所長，亦有所短。然若能勤練功夫，其成功一也。

問：練功夫者雖多，而真能成為名手則不多見。是何故耶？

答：吾聞之楊澄甫先生云：「成為名手，一要傳授好；二要肯下功夫；三要體格雄厚而又活潑；四要心精細而能領會。四者俱全，若下十年苦功，未有不成名者也。」

問：譬如一人有力，一人無力，同時學太極拳，自以有力者優勝？

答：若初學數年之間，尚未懂勁之時，不免有時頂撞，自有力者勝；若懂勁之後，能不丟、不頂，而腰腿又靈活，至此之時，則有力者亦未必占便宜也。

問：功夫之深淺如何評論？

答：自表面觀之，二人比手，自有勝負。若精密論斷，譬如一人體格雄厚有力，一人體格單弱無力，若此二人比手，雄厚者不能將單弱者打出，則此單弱者之功夫必甚深，應當評為較優也。蓋就原人而論，自是強勝於弱，強不勝弱，則強者之功夫，不及弱者，明矣。

問：拳有各派，互相抵訾。非真比手，不能斷其優劣？

答：雖真比手，亦難評斷。蓋習甲種拳者，只有三年功夫，而習乙種者，有五六年功夫，而乙勝。此乃甲之功夫不深，非拳派之劣也。若欲精密比較，須選年歲、體格、力量、智慧無不相同之人，同時各學一種拳術，教授者又均是名手，五六年之後，約相比較，如此或可以定拳派之優劣耳。

問：練太極拳易緩，若表演時，太緩則人厭觀，尚不如外家拳之有精神，應如何而能引起觀者之興味？

答：太極拳精神內斂，非真識者不能知，本不宜於表演。蓋太極拳本為修身練己之功夫，非博人之喝采也。惟太極拳為最適宜於養生之運動，不能不加以提倡，表演之時不可太慢。余每見前輩功夫好者，自己練習與表演不甚

相同，識是故也。太極拳，二人活步推手，圓轉變化，其精彩不下於外家拳之對打，亦可引起觀者之興味。

問：欲成出類拔萃之名手，功夫如何練習？

答：須先有五種心。一、信仰心，學一種拳術，必須有極大之信仰，不可稍存懷疑之意。

二、尊重心，既擇師而從，須尊重恭敬，不可稍存玩狎之意。

三、有恆心，「人而無恆，不可以作巫醫」，學拳術更非有恆不可。

四、忍耐心，五年不成，期之十年；十年不成，期之二十年。雖資質魯鈍，一時難見功效，若有絕大之忍耐力，未有不成者也。

五、謙遜心，功夫雖小有成就，不可自以為高，絕無對手。

無論何種拳術，必有其特長之處，皆須虛心研究，然後能知己知彼，而不致因驕以失敗矣。

◆ 卞人傑

生卒年不詳，太極拳研究家，江蘇常州人。曾從師於徐哲東（徐震）學習文學和太極拳術，對太極拳有較深造詣。

徐哲東弟子鄭正之在《懷念徐哲東先生》文中講到：「常州弟子中以卞人傑、徐翔雲、程烈夫等人技藝為精，能傳其技。」

從 1934 年開始，卞人傑在上海《健康雜誌》和《勤

奮體育月報》上發表了很多關於武術、養生等內容的文章。這些文章後來結集成書，出版了《國技概論》《國術初階》等著作。

☯ 太極拳練法的十二個基本要則

‖ 前　言 ‖

孟子曰：「公輸子之巧，不依規矩，不能成方圓。」上面的幾句話，可以借來說明編撰本書的用意。

太極拳的規矩，就是身法。身法是什麼？簡單的說，就是使我們的身體改變平常固有的態度另成一種典型的方法，也就是本篇所要敘述的十二個基本要則。

十二個基本要則，是太極拳動止的標準，太極拳每一個姿勢的動作正確與否，全視能不能遵守十二個基本要則而定。所以假如不懂得這些規則，單是無標準的依樣模仿姿勢和動作的形態，決不容易相像，即使相像了也決不會正確的。許多人都認為太極拳非常難學，無論姿勢或動作方面，都很不容易合拍，往往一個極簡單的動作，可是要它準確就很麻煩，左一點固然不對，右一點還是不對。因此，學習太極拳的人雖然多，因感不到興趣畏難而退的也就不在少數。

但是，太極拳真的如此難學嗎？這種觀念其實是錯誤的。實際上就是他們沒有明白太極拳動止的標準，而去盲目地模仿的原因。

太極拳的身法雖是這樣重要，初學者在一個時間內決不能完全做到，因為我們的意識決不能同時有兩種不同的傾向。比方說，在專意領略曼妙的歌曲的時候，決不能再用心去讀一本名貴的小說。荀子說「目不能兩視而明」，正是這種理由的最好說明。

一部分學者往往感到太極拳的身法過於繁複、不容易遵守的困難，其實就是犯了兼顧的毛病的原因，所以會犯這種毛病，或者可說是教授者的過錯吧！

原來許多規則只能逐漸地對學者說明，但有些教者卻在開始時便把應該遵守的許多規則全數告訴了學者，結果，學者為了要儘量地做到，當然顧此失彼，反而感到難於遵守了。所以，最初只應該明白許多規則中的一個規則，等待第一個規則遵守得純熟了，已經成為一種自然的態度，不用再加以注意的時候，再注意第二個。這是最緊要的!

還有一句話應該加以申說，這裏的所謂基本要則雖有十二個，待注意純熟的時候，只是一個而已。所以這許多規則並不是單獨的，是互相聯繫的；不是局部的，是整個的。希望讀者注意！

‖ 一、解除無謂的用力 ‖

「不要用力」。一個太極拳的初學者，常會聽到這樣的告誡。的確，太極拳真是柔軟溫和的拳術，不必親自去試驗，就是站在旁觀者的地位看來，也會覺得真的一點沒有用力的現象。但是肢體的動作，可能絕對不要用力嗎？

不用力是否將失去拳術的功用？你如果稍加思索，一定會發生這樣的疑問。實際上我們知道，除了睡眠的時候，神經系統失去知覺，一切官能均呈休止的狀態，或許可能絕對的不要用力。

此外，一切行動，決不能可以不要用力來維持的。就以最平常的行動步行來說，假如兩腿不用力交互運動，身體便不能前進，這是極明顯的事實，何況拳術是全體運動的一種，施演時怎能不要用力呢？並且，退一步說，即使能夠做到不用力的程度，則肢體與筋肉，勢必停止運動而鬆弛而靜止。這樣，還能發生拳術的功用嗎？所以，「不要用力」這句話，是有語病的，我們應該這樣說：「解除無謂的用力。」而太極拳形式的所以會柔軟溫和，也不過是動作緩慢所致，並不是不用力的現象。

再，一般太極拳家，對於不要用力的作用解釋是：常人所本來具有的力是拙力，也叫作浮力，並不是真力（即內勁）。拙力是沒有什麼效用的，非真力不能顯示出太極拳的功能；拙勁之存在，尤足妨礙真力的產生。所以，必須把拙力化盡時，真力才會產生；而不要用力，便是化去拙力的方法。

這種說法也是錯誤的。力的發生，由於筋肉的拮抗、細胞之榨壓，這是生理上的規定。凡人體由筋肉之運動而發生的力，均不能超出此原則。

太極拳既不能離開筋肉而運動，哪裏會產生與常人原有的體力──即拙力──完全不同的另一種真力呢？其實，所謂拙力與真力者，不過是無謂的用力，構成體力的

散亂；和無謂的用力，解除以後，體力集中的現象。而所謂不要用力的作用，即在解除無謂的用力而已。

何以謂之無謂的用力？即這種用力，對於行動的功績絕對不會發生影響的。比方說，步行時的兩手，寫字時的兩腿，都沒有用力的必要。假如有用力的現象時，就是無謂的用力。無謂的用力，其弊害足以構成體力的分散，減低動作的功績。例如，假定我們把體力完全應用於兩腿，則每小時有步行二十公里的能力；但假如有無謂的用力的部分時，便不能有這樣的成績了。但在平常的行動，一般人對它並不留意，因此，無謂的用力的弊害，似乎不甚顯著；但在拳術上，便很顯明了。

第一，能增多體力的消耗量，使身體容易疲勞，不能維持長久的運動。外家拳練後所以會有氣喘力乏等現象，便由於這種緣故。第二，因為體力之分散，在需要用力的部分，不能用出很多的力，致使技術的功能減低。

所以，無謂的用力之解除是必要的。不僅太極拳要解除，不論任何拳術都需要解除。而別的拳術之所以不去解除者，是他們不懂解除的方法，並不是不需要解除。

解除無謂的用力之方法，並不困難。即在運動的時候，極易認清每一個動作所必須用力的部分，和不需要用力的部分之分界，然後注意後者，如覺察有用力的現象時，立刻以意識促使它鬆弛。這樣，時間長久了，便不會再有無謂的用力的現象，體力即可漸漸集中。

但因為一般人平常對此並不注意，無謂的用力已成為一種習慣。明明只要一手用力的動作，常會呈滿身用力的

現象。因此，初學對於應有的用力和無謂的用力是很不易認辨的。必須在開始運動之前，做一度全體弛鬆的狀態，除去軀幹欲維持它直立的安定，稍許要用一點支撐的力量外，其餘肢體，都不許用力，以先明了不用力的現象。然後慢慢地運動，細心地體會，應用力與無謂的用力的分界自能清楚。太極拳的開始，不是有一個無極的姿勢嗎？它的作用便是這樣的。

‖二、避免雙重‖

雙重，是太極拳身法中最容易犯的毛病；同時，避免雙重，卻又非常的重要。假如對於這個要則，沒有充分的認識和瞭解，則此人的太極拳，絕不能練到精湛的程度。所以，李亦畬《走架打手行功要言》說：「如自己有不得力處，便是雙重未化，要於陰陽開合中求之。」又王宗岳《太極拳論》：「偏沉則隨，雙重則滯。每見數年純功，不能運化者，率皆自為人制，雙重之病未悟耳。」許多學者的沒有進步，或不能運化，都由於不能避免雙重，則其重要可知了。

兩足不分虛實，同時用力著地，使身體的重心，分支於兩足，謂之雙重。反之，兩足同樣用力，但身體的重心，卻完全支柱於一足，使另一足的用力和軀幹的用力相平衡，適合於力學上支點的定則，便不是雙重。這是普通對於雙重的解釋。

不過，一般學者對於非雙重的形態，大致都很模糊，每以為虛足毋需用力。不知全恃虛足用力，能合於力學上

抵力點與主力點相平衡的原則；而使身體重心的地位，得以安定與準確。不過虛足的力，用於空處，不能使它著地而已。假如虛足無力地擱置地上，身體必呈散亂的現象，重心亦必至偏倚。

王宗岳所謂：「偏沉則隨」，即指虛足無力而言，與雙重同屬毛病的一種。所以，他（李亦畬）又說：「虛非全然無力，實非全然占煞。」學者對於此點，如不能認清，則雖已避免雙重，卻又犯了偏沉之病。顧此失彼，其弊害還是相等。

據此，雙重之病，其理好像並非難解，怎會數年純功，尚不能領悟呢？原來，以上不過是粗淺的說法。其實，「雙重」不是形式，是一種現象，是指全體的任何一個部分，在時間上不發生呆滯的現象。所以，在推手時會被人打出，以及人體的任何一部分有被人打著機會，都是由於「雙重」的緣故。否則決不會被人打出或打著。而避免「雙重」，就是避免這種現象的發生；使全身的任何一個部分很迅速地連續不斷的有虛實的變法。假使實的部分，在時間上其作用將要發生動搖的時候，便運用意識，立刻使它變虛。反之，也是一樣。總不使它有固定的形態的時候。王宗岳《太極拳論》所謂「左重則左虛，右重則右杳」，也就是這樣變化倏忽、虛實轉換不已的說明。

至避免「雙重」的部分，則可由大而小，當練到精微時，即每方寸的地方，都能夠避免「雙重」的現象。小說中有敘述捉到鳥雀放在掌上，使不能脫逃的情形。雖不必有這樣的事實，在理論上是可以相信的。不過，這樣精密

的練法，初學者是無法領悟的。起初，還是只能在形式上捉摸，從淺近的地方，慢慢走向深處去了！

‖三、涵　胸‖

「涵胸」，使胸部有含蓄的意思。其目的在解除胸間的緊張，使體力發生彈性的作用。比方貓在將要撲捉鼠類的時候，必使身體儘量的蜷縮。還有，我們在舉行跳躍運動之前，股、膝、足三部的關節，必作一度甚強的屈曲。設不如此，即不能實現撲出與跳起的行動。涵胸的作用，正也是這樣。不能涵胸，便不能把體力發射。

武禹襄《十三勢行功心解》說：「蓄勁如張弓，發勁如放箭。」又說：「曲中求直，蓄而後發。」李亦畬《走架打手行功要言》也說：「變換在腿，含蓄在胸。」這些都是「涵胸」的作用很好的說明。

以意識使胸部弛鬆，同時使它有收束的意思，這是涵胸的練法。不過應該注意，這是一種自然的姿勢，決不可使胸部在形式上有挺突凹縮等緊張的現象。一部分學者對於這一點沒有認識清楚，認為「涵胸」的涵字，有含容的意義，便極力使胸腔明顯地向內吞縮。結果，練成胸腔傴僂的狀態。於是使一般對於太極拳的練法沒有深切瞭解的人們，以為涵胸足使心肺受著壓迫，是一種違背生理、很不衛生的姿勢。因此，對太極拳的功用，表示懷疑的態度，這實在是一個錯誤。涵胸的作用和練法說明了，順便再在這裏指出通常對於涵胸的誤解。

一部分學者以為涵胸的作用，在使氣沉丹田，重心下

移，身體得以穩定。這種說法不能算錯。但涵胸真正的作用，並不在此。並且，根據生理，我們知道下腹部，即丹田所在，決不能營呼吸的作用，則氣怎能沉向丹田呢？其實，這不過是因涵胸而使胸部鬆弛以後的現象。但由此，另一部分學者遂認為涵胸的作用，純為使胸部鬆弛，這也是錯誤的。如果涵胸僅有如此作用時，不是失去「涵字」的意義嗎？何不直捷爽快地謂之寬胸呢？

主張挺胸的人們，是不贊成涵胸的。以為涵胸的姿勢，即使沒有弊害，也決不會使肺部發展；而身體的健全與否，繫於肺量的強弱。涵胸既無強肺的功效，太極拳能夠健身之說，也就發生了動搖。不知單是胸部的挺突，只能運動肺葉的一部分，並不會使肺部整個的發展。不但肺肋間的肌肉因挺胸而緊張，因之，和胸部的傴僂是一樣地反而有壓迫心肺的情形。至涵胸則因胸肋間的緊張盡去，肺臟得自由平衡的發展。

根據此點，可見挺胸並不是絕對優良的狀態，只有涵胸才是正常的姿勢。練太極拳者，其呼吸常較一般人為深長，這便是一個很好的例證。

‖四、拔　背‖

我不曾遇見一個老師，能夠把「拔背」的意義與作用清楚地告訴給學者。假如我猜的不錯的話，大部分的學者，對於「拔背」這個名詞，正如在看煙霞籠罩下的遠山一樣的神祕；不知是一種姿勢呢？還是一種動作？但學者對於「拔背」，雖沒有清晰的瞭解，為要滿足自己的企

求，常常假定自己的理想，來做習練的標準。這樣，能夠
不發生誤解嗎？於是，有些學者以為把肩背有意識地向上
抽拔，就是「拔背」。另一些人則把「拔背」解為一種前
俯的現象。結果，前者養成肩背肌肉的緊張，甚至造成拱
肩縮背等不良的姿勢。後者構成脊柱的彎曲症，也許有變
成駝背的可能。未得其益，先受其害。歸結起來，可說都
是教師的過錯。

以意識解除肩背肌肉的緊張，使脊柱有向上提拔起來
的意思，這是「拔背」的練法。在形式上既不前俯後仰，
也不左右歪斜。背部顯現出略具弧形的狀態，這是「拔
背」的姿勢。使脊柱端正，不受肌肉的牽制與阻礙，恢復
其生理上本來的狀態，使得盡軀幹支柱的作用；身體因之
能自由而靈活，這是「拔背」的作用。

所以，「拔背」本是一種自然的姿勢，不是勉強造成
的；是軀體本來的狀態，不是違背生理的。故孩童們大概
都是「拔背」的姿勢，至成人則因平日行動的姿勢不正，
失去脊柱的正常狀態，致不能保持本來的面目。非經過一
番鍛鍊的功夫，不能恢復原狀──「拔背」的姿勢。

一部分太極拳家常說，「拔背」和「涵胸」有連帶的
關係，不能涵胸，即不能拔背。但與其這樣說，不如說不
能拔背，便不能涵胸之恰當。因為胸部的挺突，由於兩肩
和胸椎的向後反張，假如已經是「拔背」的姿勢，決不會
再呈挺胸的現象。反之，「涵胸」的態度，卻不一定會解
除背部肌肉的緊張。

有些人以為脊柱是應該使它垂直的，於是認為「涵

胸」和「拔背」一樣地，是違反生理、有悖衛生的姿勢。根據以上的敘述，我們便可以知道這種見解的錯誤了。脊柱略帶弧形，並不是絕對垂直的。向前佝僂，固足造成脊柱的彎曲症；但過分地向後挺張，何嘗不也違反脊柱的本來狀態呢？不過一則向前屈曲，一則向後反張而已。同樣是違反生理的舉動，其弊當然也是一樣。可見只有「拔背」，才是正確的姿勢。

‖五、塌　腰‖

「十三總勢莫輕視，命意源頭在腰隙。刻刻留心在腰間，腹內鬆淨氣騰然。」（《十三勢行功歌訣》）

從上面幾句歌訣看來，可見太極拳對於腰部之注意了。塌是墜下的意義，注意腰部的鬆弛，由後面到前面，整個腰部的肌肉，不許有絲毫緊張的現象；同時，集中意識，使兩脅收斂，腰部向下垂注，這就是「塌腰」。

太極拳第一步功夫，即求身體之完整，使從頭至足，周身一家，不要呈兩橛的現象，致上下不能相隨，進退不能一致。而「塌腰」這個規則的作用，即在使身體完整，達到周身一家的目的。

因為人體上下肢的分界，以腰部為鴻溝，全體之不能完整，大多是不能「塌腰」的毛病。所以，武禹襄《十三勢行功心解》說：「由腳、而腿、而腰，總需完整一氣。向前退後，乃得機得勢；有不得機得勢處，身便散亂，必至偏倚，其病必於腰腿求之。」

注意「塌腰」的時候，最緊要的是腰脊應該端正地豎

起，不能因腰圍之下垂而彎曲。同時，只能用意識的下垂，不能有用力的現象。否則，不但不能得塌腰之益，反練成彎腰的毛病，或胸脅緊張的習慣。還有，有些人往往喜歡緊縛腰部，這是非常不衛生的舉動，假如不把這種不良的習慣改正，決不能夠「塌腰」。

「塌腰」這個要則，雖幾句話可以說明，但做到卻並不容易；要是不細心去體認，一定不能得到良好的成績。

║六、斂　臀║

臀部的向外突出，是人體固有的現象。不過，男子的盆骨小，突出的程度也少，不是留心注意，不容易察覺；女人的盆骨較男人為大，並且因為肌肉豐滿，突出的部分，便顯著了。但學習外家拳的人們，在練習的時候，他們臀部的突出，也是非常顯著的。你要是曾經用心地看過外家拳的表演，我相信你一定會察覺他們臀部的突出，正如他們胸部的突出一樣地容易引人注意。

我從前學習外家拳時，頗以為這種形狀之不雅觀，不願把臀部向外突出。為此，曾向有經驗的教師詢問，為什麼練習外家拳必須把臀部突出？他們的答案是，這是練習外家拳的必要條件之一，假使臀部不挺，姿勢即不能美觀，同時，腰部也不能用力，因此，將要失去外家拳那種勇猛的氣概。聽了這番解釋之後，認為他們的話很正確，因為我曾經實驗過，假如把臀部向內縮時，旋展起來，真的便好像一點不得勁兒了。

知識一點點地增進，讀過了黃百家作的《王征南傳》

中說及拳法的禁犯病忌，有扭臀一忌；並且明白扭臀就是臀部向外突出的現象，才知道扭臀是毛病，是不好的現象。但尚不知扭臀有什麼弊病？直到練了太極拳，始知拳術絕對不能扭臀。不僅如此，即常人的臀部那種稍微向外凸的現象，亦不能讓它存在，因為臀部的突出，能夠破壞我們在運動時全體的完整與統一，使上下隔絕而成為兩橛，因之減少我們身體靈活的程度，失去拳術大部分的作用。因此，我明白了有許多拳術不能達到高深的階段，有一部分就是犯了扭臀的緣故。

和扭臀起完全相反之作用者，即是「斂臀」。前面已經說過，臀部的突出，是人體固有的現象。所以，太極拳的練法，不單是不能犯扭臀的毛病，更必須注意到「斂臀」這一個規則。但在普通所謂太極拳重要的身法，如「涵胸、拔背」等，「斂臀」是沒有被列入的一條。其實，這個規則的重要性，正不亞於涵胸與拔背。據個人的觀察，有些難於進步的學者，就是不懂得斂臀之故。所以學者對這個要則，是應該特別注意的。

「斂臀」就是以意識使臀部向內收縮，使與背之下部相平，在外面一點看不出有突出的痕跡為止。但說來雖如此簡單，初學者一時決不容易做到。並且有時會起不容易鑑別突出與不突出的分界的感覺。前者是時間上的問題，不能勉強；後一點則很容易解決。當你已經注意到斂臀，而不知是否已達到斂臀的程度時，只要先使臀部明顯的突出，隨即收進，便可看出它的差別和分界了。

還有應該注意的是，收縮的運動，雖然不能絕對的不

用力，但絕不可使胸部和腹部有用力的現象，以幫助臀部達到收縮的目的。

　　斂臀和涵胸、拔背、避免雙重、解除無謂的用力，都有很大的關係。因為臀部突出，胸部一定跟著挺起，同時也就不能拔背，胸部一緊張，自然不能解除無謂的用力；而避免雙重更談不到了。故初學者在明白了以上兩節以後，便首先應該注意到這一個要則。

‖七、弔　當‖

　　「弔當」是怎樣一種行為？要明白這個問題，先要弄清楚「當」是否與指、臂等同屬於人體的一個部位。「當」有人寫作「襠」，其實，「當」是「襠」之同字；「襠」是「胯」的一部名稱，都和弔當的本意不符。這裏的「當」，指兩腿的中間，是意識所假定的一個注意點，隨個人的感覺而有所上下，並非有形而固定的。大約則相當於胯襠的部位，所以有人寫作襠者，或者也是這樣取意了。

　　「弔當」是一種意識的行為，即在練拳的時候，以意識注意兩腿中間的一點，使它有向上提起來的意思。把這一種注意的行為養成習慣時，「弔當」這個要則便成功了。

　　「弔當」的主要作用，在使意識集中，精神收斂；同時，肛門括約筋因弔當而起收束，尾骶骨因之中正而使腰椎端直，幫助發生提頂的作用。在形意拳中，有提肛一條，就是和「弔當」相當的一個練法，不過它把注意點移於肛門，孫福全（孫祿堂）所謂：「穀道上提，如忍大便之狀」，所以叫作提肛。其用意雖與「弔當」相同，練法

卻沒有「弔當」妥善。

蓋穀道上提，很易使人誤用拙力，構成胸腹緊張的狀態。弔當則因其注意點非有形的部位，因此不易誤用拙力，有人以為弔當與提肛的作用不同，這種見解也是錯誤的。提肛的作用，不過在使肛門的括約肌增加收束的力量，使尾閭得以中正而已。弔當不是已含有這種意思嗎？

‖ 八、提　頂 ‖

「提頂」和「弔當」有直接的關係，不能弔當，決不能提頂。所以，弔當提頂，常常相連在一起稱說。《十三勢行功歌訣》說：「尾閭中正神貫頂。」弔當後才能提頂，很明顯的把這種情形說明了。

提頂和弔當同屬一種意識的行為，即在練拳時上意識地使頭頂向上提起，假想有懸掛的意思，絕對不是形式上的動作。假如學者對於此點不能認清，誤會把頭頂用力上提，致頭及頸部的肌肉發生緊張，則不但不能得提頂之益，反把頭頸練成僵滯的毛病。

李亦畬說：「身滯，則進退不能自如。」初學者如覺察身體不靈，足下滯重，便由於不能提頂的緣故。提頂的功用，能使身體輕利靈活，所以《十三勢行功歌訣》說：「尾閭中正神貫頂，滿身輕利頂頭懸。」頂頭懸就是提頂。何以頂頭懸起，便會滿身輕利？原因是提頂的作用和弔當完全相同，把意識集中，精神收斂，不再注意外界的事物；使每一個姿勢，都是上意識的動作著。

而身體所以會滯而不靈，本不過是一種意識散亂、精

神困怠的現象。假如能把精神提起，意識集中，這種現象自會消滅。《十三勢行功心解》說：「精神能提的起，則無滯重之虞。」既不滯重，當然輕利了。

‖九、裹　當‖

本篇企圖使裹當的意義格外顯明，所以用問答的體裁寫出來。

問：當在什麼地方？

答：在兩腿中間。

問：怎樣謂之裹當？

答：裹是合的意思。

問：裹當是兩腿合在一起嗎？

答：不對，裹當不是形式上的動作。

問：那麼怎樣呢？

答：以意識使兩腿有對向包裹的意思。

問：這樣，當便裹住嗎？

答：當然需要相當時間的注意，不是立刻便能成功的。

問：裹當形式上是否能看得出？

答：稍微有一點看得出，裹當以後，兩腿中間好像變成圓形。同時，兩腿的進退，成為有秩序的。

問：裹當有什麼作用？

答：使兩腿緊張，保持嚴正的態度。

問：不裹當便怎樣？

答：兩腿便散亂，進退因之不能自如。

問：別的拳術有否裹當的規則？

答：有的，不過不叫裹當，形意拳十六處練法的所謂夾法，就是裹當。

問：外家拳也有裹當嗎？

答：有的，外家拳所謂緊當者，也就是裹當。不過，裹當是以意識使它包裹，緊當是用力使兩腿明顯的顯出扣合的形式，這是裹當與緊當不同之處。

問：但作用是否相同呢？

答：大致相同。總之，裹當是訓練下肢的不可缺少的一個規則，缺了它，便所謂沒有步法了。不過，外家拳因多腿法，所以兼有封閉防護的意思。

‖十、抽 胯‖

相傳太極拳的大師陳長興，身常中正，動止有威儀；因之，別人稱他為「牌位先生」。陳長興的名字，如果為讀者所熟知的話，一定知道他這段事蹟的。《十三勢行功歌訣》說：「尾閭中正神貫頂。」《十三勢行功心解》說：「立身中正安舒，支撐八面。」尾閭，俗稱「尾閭穴」，相當於脊柱的末端，生理學之所謂尾骶骨處。立身中正，是指不論在怎樣動作的時候，從頭至足，都正對著一個方向，沒有歪斜偏倚的地方。形意拳的練法所謂要鼻尖、手尖、腳尖三尖能夠相對，也是這個意思。支撐八面，則是形容旋轉隨意，身體靈活的情形。

我們譬如把身體比作船舶，則尾閭的中正，正如船舵一般的重要。沒有它，動轉便沒有標準，也不能隨意了。

　　再，兩腿的雙重，和中正也有關係，身體不能中正，決計不能絕對避免雙重。但怎樣可使尾閭中正呢？上文雖已說過，弔襠的規則，能夠使尾骶骨中正，脊柱端直，但它只能避免脊柱向左右橫曲的毛病，不能叫身體整個的中正——鼻尖和腳尖相對。要達到中正的目的，除卻「抽胯」，沒有別的方法。

　　要抽胯，應先明白胯的部位，這該是不錯的罷！舊說，兩股間叫作胯，所以淮陰少年對韓信說「不能死，出我胯下」，叫他從他兩股中間鑽過去。要是這裏也作這樣解，讀者永遠不能明白抽胯是怎樣做法。這裏的所謂胯，是指在生理學上所謂股骨的上節，在身體上則是大腿的摺疊處下陷的地方之上部。

　　抽是向內抽縮的意思，怎樣把胯向內抽縮呢？你練拳時的兩腿，不是要進退嗎？譬方，你的左腿前進一步，身體的重心還支在右足的時候，立刻注意把左腿的根節向內抽縮；同時，叫右腿的根節向外挺突，使兩胯的位置，並列在一條橫線上，沒有凹突不平衡的情形，這便是抽胯的方法。右步前進時也是一樣，不過左挺右抽，換一個方向而已。退步時也是這樣。

　　何以這樣一個好像很簡單的動作，便能使身體中正？這是讀者少不了的疑問。要解決這個問題，非常容易，只要請你放下了書本，依著上面敘述的方法，實驗一下，立刻便可以得著解答。不過，這個說明仍舊不能省去。

　　根據生理，我們知道骨盆是軀幹的重鎮，骨盆端正，身體自然中正；而骨盆的端正與否，即視兩胯能否平衡而

定。所以，注意抽胯，身體便可以中正了。

‖十一、鬆　肩‖

不妨去試驗一下，到有拳磅的地方，揮一拳，只有八十磅；撞一肩，卻有一百二十磅，何以手上發出的力沒有肩上大呢？我相信，肩、臀等部分的力大過手上的力，是讀者所熟知的。

一臀能把人撞倒，一拳卻未必能把人打倒。但正有許多人不明白這是什麼緣故，手和臀，同屬身體的一部，照例，臀可以發二百斤的力，手上也應該有同樣的功績；但這，一定有人要說是由於體力的不能集中。因之，面積較大的臀和肩，會發出大過於手上的力。然而，有許多練內功拳已有相當的程度，不能說他的體力不能集中，但是仍舊不能運用於兩手，甚至身勁練得很好，手上卻一點發不出力。這種情形，太極拳的練者感到一定的不少，其實這完全是肩上的毛病。

李亦畬《走架打手行功要言》說：「勁起於腳跟，變換在腿，含蓄在胸，運動在兩肩，主宰在腰。上與兩膊相繫，下與兩腿相隨。」身體是發力的機關，兩手是發力的工具。力從身上發出，必須經過肩的關節，然後能集中到手上。假如肩的關節阻滯淤塞，力量便不能通過。比方，電流中斷了，電話還能發生作用嗎？因此體力雖能集中，當然不能運用到手上。

所以要把體力集中到手上，必須通過肩部；要通過肩部，必使肩關節通利；要肩關節通利，必使肩關節的骨膜

靈活，筋絡引長。但怎樣達到這個目的呢？很簡單，只要注意「鬆肩」。

鬆肩的方法，可以分做兩部：

第一部，要注意兩肩，使它鬆弛。可是，雖這樣簡單，實行卻很困難。譬如，一舉起你的手，便會感到肩部極度的緊張。故非長久的注意，不能叫它鬆弛。當然，兩肩為維持手臂的上舉，肌肉的緊張是必然的，決難絕對的鬆弛，不過減少它緊張的程度而已。

第二部，在練時以意識使兩肩降下去，同時，儘量把兩臂向外伸展，有把肩部拉開的意思。

前者在使骨膜靈活，後者即把筋絡引長。不過這非經久長的鍛鍊，不易覺到效驗。至能鬆開時，兩肩必有異常舒快的感覺。

在外家拳中也有「鬆肩」的練法，因為無論如何，肩不鬆，體力終不能達到手上。所以，只要是拳術，終少不了「鬆肩」的練法。不過，他們的練法和這裏所說的不同，這裏的方法，以意識為主。他們則以力量把他們拉開，因此，結果當然也兩樣了。

「聳肩」是非常惡劣的姿勢，這是我們所熟知的。具有這種不良姿勢的人們，他們的不快，可想而知；因此，這裏順便說明它的療法。只要能把肩部鬆開時，聳肩的姿勢，便自然消滅。你看見有「聳肩」的拳術家嗎？

‖十二、沉　肘‖

體力通過肩部，還須經過肘的關節，才能直接集中到

手上。假如兩肘發生阻滯，則其情形正同肩部的不能通利一樣。而一般人的兩肘，卻正又和兩肩一般地常常犯著阻塞的毛病。因此非加以訓練，不能通利，不能完全達到隨意把體力運用於兩手的目的。至訓練的方法，就是「沉肘」。

肘在手臂的中部，就是肱骨和橈骨及尺骨相連接的一個動關節。沉，就是使肘有下垂的意思，和投物在水中，叫它沉下去的意思一樣，所以叫做「沉肘」。但切忌明顯地露出下沉的形式，這是初學者應注意的。這原是簡單的一個規則，不過缺少時，發勁時所感到的不利，卻會出乎你意料之外。

外家拳也講究沉肘，使兩肘和兩脅相依。他們所謂「肘不離脅」，就是指此而言。其用意在保護兩脅，以為否則兩脅空虛，容易為敵人攻入，所以外家拳有「脫肘」的禁忌；又有「手似兩扇門」的說法。這雖與太極無關，似也是學者應該知道的。

◆ 餘墨

有幾點應附帶在這裏補充與說明。

「塌腰」，又叫做「豎腰」，也叫做「鬆腰」。因為「塌腰」的含義比較的正確而廣泛，因此這裏便把它採用了。

「鬆肩」，也叫做「塌肩」，因為它有向下降的意思。

所敘述的要則，都是在練拳時注意的，不是單獨的行動，學者切勿誤會！

練法的基本要則，原來並沒有一定的數目。郝氏所藏

拳譜，雖則有身法一項，亦只有「涵胸、拔背、裏襠、護肫、騰挪、閃戰」等八條，並且，「騰挪、閃戰」，不能列入基本練法。

這裏，是根據個人的經驗，從各方面收集起來的。梁和柱，磚瓦和水泥，一切材料完備時，才能完成一個優良的建築。這十二個要則的重要，正如造屋的材料一樣。假如缺少了一部分，決不能完成太極拳的身法，這是應該再三申說的。還有，這是太極拳的基礎練法，不是太極拳的全部練法。學者對此深思熟慮後，應再作進一步的追求，才能獲得更大的成就。

1925 年 6 月 19 日 寫完後記

註：

斯編拳論出自本人收藏之卞人傑先生所著《太極拳練法的十二個基本要則》一書，此書是專門闡述太極拳練法的一本學術專著。

其書對於太極拳盤架及練法之闡述可謂是備極詳盡，文字雖不盡雅訓，但說理卻樸實無華，甚為懇切。且論述皆有理有據，均為身體力行之感悟；其立論雖有部分觀點乃卞先生的一家之言，其間亦有不少值得商榷的地方，但作為一份關於太極拳練法的參考資料來說，則有其存在的特殊價值，是一份很值得參考的珍貴歷史資料。

☯ 練太極拳之經驗

——向愷然

　　前清丁未年間，我在日本，會見一位直隸朋友，就聽他說起北方練拳術的人，有幾個大派別。一派是練八卦拳的，一派是練形意拳的，一派是練太極拳的，還有一派練岳氏散手拳的，後來由岳氏散手又產生一派，謂岳氏連拳。此外，雖尚有不少的家數，然練習的人比較少，不能自成一派。我當時聽了這些話，不過知道有這些名目罷了。究竟各派是些什麼手法，彼此分別之點在什麼地方，因那位直隸朋友不能一一演給我看，無從知道。

　　直到民國癸卯年，遇見李存義的弟子葉雲表、郝海鵬，才見著了形意拳。八卦拳也看了一部分。太極拳仍是不曾見著。不過曾聽得葉、郝二人說起太極拳意義，使我增添了許多嚮往之心罷了。

　　經過了若干年，只是沒有機會遇著太極拳練得好的朋友。不但無從研究，便想看一次是如何的形式，也達不到這個目的。

　　到乙丑年五月，幸有一位陳微明先生，從北京來到上海，以所從楊家學得的太極拳，設一個致柔拳社，專教人練習。我得這個機會，才從事研究了幾個月。不料正在研練的時候，二十年前教我練拳的王志群先生也到了上海。我這時與王先生已有好幾年不曾見面了，一向只聽得王先

生在北京專心研究太極拳，因為原來根底甚深的緣故，成功比任何人都容易，我於是又從王先生研究。

論王先生所練的太極拳，與陳先生所練的，本屬一家。陳先生的師承是楊澄甫，王先生的師承是吳鑑泉。兩人都是楊露禪的再傳弟子，當然是一家一派的了。但是兩人所傳授的拳式，各自不同。

我當時很是疑惑，不敢隨便判斷誰對誰不對。我既以研究拳術為目的，自不能存黨同伐異的心，何況同是太極拳術、又是同出一家呢？只以研究便利的關係，因王先生住在我家，便專從王先生研究，也時常與陳先生推手。奈不久離了上海回湖南，在湖南找不著練太極拳的人，沒有人和我推手，只好獨自練習。

戊辰七月，我跟著湖南的軍隊到了北京，此時北京已改名北平。因政府遷都南京的關係，北京市面漸就蕭條。影響所及，連幾個練太極拳有名的人物，如楊澄甫、吳鑑泉等，都跟著往南京或上海去了。所會見的幾個，雖也是北方有相當聲望的人，如許禹生、劉恩綬之類，對於太極拳都有若干年的研究。其所練架式，類似吳鑑泉傳授者為最多。我於是又從許、劉兩人研究了些日子。

許君以吳楊等專練太極拳之人皆已南去，他辦了一個體育學校，找不著教太極拳的好手，就託人在河南溫縣陳家溝子聘了一位姓陳名績甫的來。相傳楊露禪當日，是從陳家溝子學來的太極，他的師父叫陳長興。從陳長興到現在，代有傳人。此刻陳家溝子的人，少有不練拳的，練的都是太極，沒有第二種拳在那地方流行。

體育學校請來那位姓陳的，年齡不過四十歲，是從小專練太極拳，不曾練過旁的拳。到北平後，除在體育學校擔任教授而外，還有許多人請到自己家裏去教。

我聽得這麼一位人物，少不得要去見一見。這日由許君介紹，在體育學校會面，並見他練了拳、推了手，還和他談論了好一會。

不會他倒也罷了，會過之後，使我更加了疑惑起來。因為他這地道的太極拳，不僅和吳鑑泉傳授的形式大不相同，就是和楊澄甫所傳授的比較，也全不是那麼一回事，連拳譜上的名目，也不一樣。

吳楊兩家所傳的姿勢，雖有分別，但是起手都是以攬雀尾為名稱。就是孫祿堂從郝維真所學的，起手名懶扎衣，也與攬雀尾的音相似。不管是誰的音轉變了，總還是這個音調差不多的名稱。

至於陳績甫練拳起手叫做金剛搗碓，雖也有懶扎衣的名目，唯手法、身法與吳楊兩家的攬雀尾、孫祿堂的懶扎衣，都無相似之處，且全式名稱不同之點甚多。如青龍出水、雙推手、神仙一把抓、小擒打、前招後招、鐵叉、切地龍、當地炮等名稱，皆吳、楊二家所未有。至如封似閉稱六射四閉、單鞭稱丹變、倒撐猴稱倒捻肱、扇通臂稱閃通背、右起腳稱右插、左起腳稱左插、轉身蹬腳稱蹬一根子、抱虎歸山稱抱頭推山、雲手稱運手，音尚相近，但身手、動作、方法，亦多不類。

再看他推手，只有同邊活步的一個方法，就是一個左腳向前，一個右腳向前。掤擠進一步，捋按退一步。我問

他推手共有幾個方式，他說就是這一個方式。我又問沒有站定不動腳的推法嗎？他說沒有。我又問他沒有四隅進退名叫大捋的推法嗎？他也說沒有。我想這就奇了，楊露禪是從陳家溝子學來的，到此不過三傳，何以與陳績甫的相差這麼遠？楊家練習的方式，倒比較的完備。

楊家推手的方式，由淺入深，共有四種。最初彼此都用單手搭挽，使站走靈活。次則掤、擠、捋、按四手，彼此都用雙手，兩腳站立不動，僅以身手進退。又次則活步進退。再次則向四隅進退，名為大捋。步法、身法、手法，漸次繁難，務使練習的人，能進退隨意，緩急皆由自主，不受制於人。

若僅一同邊活步之方式，初學者不易黏走；而練有相當程度的，覺得其活步容易討巧，腰腿難得有真功夫；至於欲求深造的，則又嫌其太簡單。

太極拳的原理，和其他之拳術不同。太極注重黏走，所謂於不丟不頂中討生活是也。黏即是不丟，走即是不頂。此理說的容易，做到實難。一部分之黏走尚易，全體之黏走尚難。欲全體黏走如意，則非有大捋不為功。按：大捋之法，決非創自楊家。想必是陳績甫未得其傳，故其法尚不及楊家完備。

以我個人近年研究太極拳之結果，深信拳理之精細、拳法之周密及練習之有益無損，此非他種拳術所能及。

近年來政府提倡武術，設國術館於首都，各省也遍設分館。首都國術館中，分武當、少林兩門。武當門即以太極拳為主體，因此太極拳的勢力漸漸侵到了南京，練習的

人日漸增多。然首都經過一次武術比賽之後，聲明以太極拳為專長的多未勝利。而北平方面所去應試之人，其得勝利者雖十之七八也曾練習太極，但在報名時，卻未聲明以太極拳為專長（國術館考試武術時，報名者須聲明曾練何種武術，以何種為專長）。因之一般人對太極拳懷疑者極多。原來反對太極拳的人，不待說，益發振振有詞。即平日也曾練習太極、對太極有相當認識的，也懷疑太極不能致用。

我是最相信太極的人，在這時不得不將我個人對於太極拳的經驗及心得說出來，或者可以解釋一部人的疑惑，及增加一部人的信仰，並可以供同好的參證。篇中時有文言口語雜操之處，隨手寫來，但求達意，不及修改，閱者諒之。

我覺得太極拳在各種拳術中為最難致用之一種。什麼緣故呢？

練他種拳術的人，功夫即算不深，只是練過拳的，必有相當體力，比較未經練過的強健。唯練太極拳的人，以不尚力緣故，初練一年半載，體力並不見得比尋常的人發達許多。體力既不比人強，而太極拳的用法，又遠不及他種拳式之簡易、易於領會。無論初學的人，就是對太極拳用過三五年苦工夫的，除卻照一定的規矩推手而外，若教他將太極拳一手一手的用法，從頭至尾解釋出來，恐怕能辦得到的很少。

既是自己不能領會自己所練太極拳的手法，卻如何能使用呢？

　　練他種拳術的，和人比試起來，縱然不能把平日所學的手法，絲毫不亂地使用出來，然因其平日練習時橫衝直擊，成了習慣，只要利用這種習慣，再繼之以猛勇直前，每能克敵制勝。練太極拳的則不然。平日練習以緩慢為原則，以毫不使力為要義。而一趟架式自首至尾連綿不斷。雖搬攔捶、指襠拳等手用法似已顯明，然練習時不是斷勁，用時自難得力。

　　人類本自然具有以手足自衛及抓攫人的知能。即不知拳術為何物的小孩，他們有時相打起來，也知道劈頭劈腦地舉手打去；被打痛了的人，也知道閃開和還手。練太極拳沒練到能致用的時候，便冒昧和人去比試，不但不能用拳法去打人，有時甚至連那本來具有的自衛抓攫的知能都沒有了，擺出一個一成不變的架式，去接受人家的攻擊。舊小說中常有「只有招架的工夫，並無還手之力」的話。練太極拳不曾練好的人，並招架的功夫也沒有。因為太極拳裏面就沒有尋常招架的手法。

　　然則沒有招架的手法，難道人家打來，不招架任憑人打嗎？要解釋這問題，先得明瞭太極拳的原理。

　　他種拳術的名稱，每有與拳術無甚關係的。唯有太極二字，完全包括了這種拳術的意義。太極就是一個圓圈，太極拳也就是由無數的圓圈聯貫而成的一種拳法。無論一舉手、一投足，皆不能離這個圓圈。離了這個圓圈，就違背了太極的原理。再精細一點說，不但舉手投足不能離圓圈，四肢百骸不動則已，動則皆不能離圓圈。

　　太極拳的招架，便是攻擊，攻擊也便是招架。不能用

太極拳的方法攻擊人的，斷不能用太極拳的方法招架。因為手手處處皆是圓圈。就在這一個圓圈之中，分一半是招架，一半是攻擊。功夫越深，圓圈越小。有時尚不見其轉動，已盡招架與攻擊之能事。

所以練太極拳的人，在推手的時候，十分注意聽勁的功夫。聽勁的名詞，為太極拳所專有。其意義並不是用耳去聽，乃是用皮膚去聽。質言之，便是練習觸覺，使之靈敏。皮膚能聽得敵勁之來路方面，即順著來勢以半個圓招架，半個圓攻擊。太極拳論中所謂黏即是走、走即是黏，就是這個道理。

太極拳之不容易使用，既如上述。

因之練習太極拳的人，其好勇鬥狠的習氣及希圖嘗試的心理，都不及練他種拳術的人濃厚。與同道的推手，雖也是練習致用的方法，但是推手究有一定的規則，與平常比試不同。推手時的本領，不見得便能在與人比試時，完全使用得著。在練習的時候，既不常與練他種拳術的作友誼比試，曾練過十年八載之後，已享有相當之名望，或已身為人師，益發不敢輕易與人比試了。這是練太極拳的人普通大毛病。

練他種拳術的人，雖也有免不了這種毛病的，卻不似練太極拳的這麼普遍。即如楊澄甫受祖傳的太極，用了大半世的工夫，徒弟也教得不少。論他的本領，北平武術界的人誰也不敢批評他一個「壞」字。楊家的太極拳架式，比較吳鑑泉所傳的開展，步馬也寬大。練習起來，容易增長內勁。楊澄甫本人身材高大，氣力也自不小，應該能藉

這個祖傳的拳術，稱雄一時。

　　然我到北平後，調查的結果，楊澄甫的聲名在北平的武術界中知道的確是不少。只是本領到如何程度，卻少人知道，因為缺乏臨陣的經驗。

　　本來練太極拳，非有臨陣經驗不可。太極拳更是需要極多之臨陣經驗，不然總難有把握。練太極拳的人，萬不可忽略臨陣經驗這一層。

　　拳術從事比試，誰也知道少不了一個「快」字。何以太極拳在練習的時候卻是越慢越好呢？

　　這道理在練他種拳術的人，固多不免懷疑，就是練太極拳的人們，也是不明瞭的。須知太極拳的架式，全是練體，是做拳術的根本功夫。

　　如何謂之根本功夫呢？

　　第一是虛實得分別清楚。王宗岳《太極拳經》曰：「偏重則隨，雙重則滯。每見數年純功不能運化者，率皆已為人制，雙重之病未悟耳。」所謂「雙重」，便是虛實未曾分清楚。我看普通練太極拳的人，解釋「雙重」的道理，多以為兩腳同時著地即謂之雙重，一腳虛、一腳實，便不是雙重。兩手同時打出為雙重，一手虛一手實即非雙重。若只如此，則雙重之病，有何難悟？豈有數載純功，尚不能領會這一點兒道理？

　　以我經驗所得，豈僅兩手兩足有雙重，即一指之微，尚應將虛實分別清楚。如以一指著人，不會分別虛實，即犯雙重之病。練架式的時候，四肢百骸從頂至踵，循環虛實。一手之中，其虛實之互為變換，愈密愈妙。自起手以

至終結，處處成圓，處處隨虛隨實。假使有一寸大的地方，未曾注意這一寸大地方，便不免有雙重之病。是這般練習，如何能快？是這般練一趟，比隨便練十趟二十趟有進步。

第二是增長內勁。太極拳既不像他種拳術用力，難道與人比試起來，真個一點兒力不要，能將一個百多斤重並有武力的人打倒嗎？

經中有「四兩撥千斤」之語，不過形容少力勝多力的話，然也得四兩之力，不能說毫不要力。練太極拳時，是絕不用力。若動作太快，隨隨便便，和他種拳一樣，不過幾十秒鐘便完了，如何能增長內勁？

因其動作很慢，又一氣到底，中間不能停留，至少也得七八分鐘以上的時間。四肢百骸不住地運動，自然能將氣力增長起來。似這般增長氣力，與練他種拳術及搬石打砂袋所增長的氣力，完全不同。

這種氣力，行家稱為內勁，是全身活動的，要在全身什麼地方使用，就能全部集中於這一個地方，不一定限於肩、背、手、足。這種內勁著在敵人身上，也與尋常的氣力不同，能使受者有如觸電。

還有一層必須緩慢的道理，也是我們研究太極拳的人所不能不知道、並將注意的，就是王宗岳《太極拳經》所說「虛靈頂勁、氣沉丹田」的道理。他種拳術雖也有「氣沉丹田」說法，只是練習的時候，斬眉努目，百脈僨張，將全部的氣提上唯恐不及，何嘗能整個氣沉丹田？即有之，亦不過將氣悶住，或用意下沉而已。

　　太極拳相傳為遼陽張通，於洪武初年奉召入都，路阻武當，夜夢玄武大帝授於拳法，且以破賊，因名其拳為武當派。傳宋遠橋、張松溪等七人。按：張通字均實（君實），元季儒者，工詩詞，善書畫，中統元年，曾舉茂才異等，任中山博陵令。因慕葛稚川其為人，絕意仕進，修道於寶雞山中。山有三峰，因自號三峰子。

　　中國道家吐納導引之術，都注意丹田。人身丹田有三處。一居頭頂，道家認為藏神之地。故《黃庭經》云：「子欲不死修崑崙。」崑崙即以喻頭頂之意。二居中脘，道家認為蓄炁之地。三居臍下，道家認為藏精之地。

　　虛靈頂勁者，乃頂欲虛靈。所謂存神上丹田，屏寂思慮。氣沉丹田者，乃沉氣臍下，欲其充實。《黃庭經》云：「呼吸盧外入丹田，審能行之可常存。」蓋常人呼吸短促，不能直達臍下，故肺量窄狹，排泄力因之薄弱，影響壽命極大。

　　太極拳亦可稱為道家導引方術之一種。道家吐納之術，多為坐功，導引則為行功。不論坐功行功，其要十分注意存神上丹田，納氣下丹田。

　　老子為我國道家之祖，嘗曰：「虛其心，實其腹。」亦即上丹田欲其虛，下丹田欲其實之意。如練習架式時，動作過快，心思必散亂，呼吸必急促，何能收「虛靈頂勁、氣沉丹田」之效？

　　我們須知道，太極拳之所以異於他種拳術的地方，不在身手步法之有別，全在練習時能注意到存神納氣。故經文中又曰：「尾閭中正神貫頂，滿身輕利頂頭懸。」練習

的人，若不知在這上面用工夫，專注意於身法、步法之運用，則與外家拳有何區別。

以我個人練習的經驗，最好於練習架式以前，以若干分鐘練習靜坐。此種靜坐法並不如道家一般的守竅，只要屏寂思慮，務使萬緣都淨，做腹部呼吸，氣納下丹田。靜坐後，再從容練習。

在練習的時候，最要注意的是滿身鬆散，不可有一寸許著力之處。其轉動、屈伸、仰俯、周旋之態，一如落雲行太空，毫無阻隔、毫無停滯。從起手以至結尾，不得有停頓處、有棱角處，也不得忽急忽緩，更不得和練外家拳一樣，想像某手係如何使用、攻擊敵人何部、應如何發出，方為得力。此類想像為練他種拳術時所不可少，唯練太極拳，則萬不宜有此。若存此類想像，便是自己限制自己的進步，其結果必至所想像的完全錯誤，就想得一部分效力，如練他種拳術的人之或專善用肘，或專善用腿，亦不可得。其故在太極拳皆係圓圈組成。

在一趟架式中，就原來不曾分出某手如何攻擊、如何招架，可以說全體沒有攻擊和招架方法，也可以說全體皆是攻擊和招架的方法。無論頭腦如何細密的人，欲從一趟的架式中分析出如何攻擊、如何招架，必是掛一漏萬，是不啻自己將攻擊招架方法的範圍縮小。

我嘗見有以太極拳教授徒眾為業的，因徒弟詢問架式中手法用處，他勉強解說，謂扇通背是用手招架敵人的手，左手向敵人胸膛打去；海底針是以右手食指戳敵人肛門，肛門又稱海底，所以謂之海底針。嗚呼！如此解釋太

極拳用法，則太極拳的用法，豈不是極笨極無理嗎？此種人可說是根本不明瞭太極拳的原理。

或有問曰：誠如爾所說，太極拳既不要快，又不用力，平常練習時又不能想像如何攻擊招架，卻用什麼去和人比試？

我說，我們練習拳術的人，無論是練太極拳，或其他拳術，都應該知道這個「快」字意義。不是兩手伸縮迅速謂之快，也不是兩腳進退迅速謂之快。同具一樣的手腳，伸縮進退迅速的程度，除卻老邁龍鍾及疲弱殘疾的人，大概都相差不遠。

須知快慢的分別，重在兩隻眼睛。但是同具一樣的兩隻眼睛，卻又有什麼分別呢？就在看機會能迅速與否。敵人沒露出有可乘的機會，手腳儘管打到了他身上，不僅不發生效力，每每轉予敵人以進手的機會。

兩人對打時，如何謂之機會呢？在敵人失卻重心的須臾之間，便是機會。

兩眼看到了機會，趁這機會進攻，便能將敵人打倒麼？仍不一定。還得不失地位、不失方向，才能有效。

因敵人的重心雖失，然須審其偏差所在，從何地進攻、向何方衝擊，方能用力少而成功多。若方向地位未嘗審度停當，敵人原來已失之重心，有時轉因受攻擊而得回覆。兩人相打之際，可以進攻之機會，彼此皆時時可以發生。只苦於以兩眼不能發見。有時發見稍遲，則機會已過。有時因攻擊之地位及方向錯誤，雖進攻不能發生效力，也是錯過了機會。練推手聽勁，就是重在尋機會，及

練習何種機會、應從何地位何方向進攻。

兩眼能不失機會、進攻又不能失機會方向，便是武藝高超，全不在手腳如何迅速。分別功夫的深淺、武藝的高下，完全在此。

若不待機會、不明方向地位，只算是蠻打蠻揪。在練他種拳術的，每有自恃氣力剛強，練就二三手慣用手法，不顧人情如何，動手就一味橫衝直擊，屢能制勝，因而成名的。練太極拳的，卻根本上不能產出這種人才。

太極拳之所以練不用力，於練架式之外有數種推手方法，就是要練習的人，從拳術根本上做工夫，不可注意一部的動作，學外家拳打樁板、推沙包等動作。

或問練太極拳時候，若以餘力兼練打樁板、推沙包等動作，應該只有利益，沒有妨礙。我說如何沒有妨礙？並且有絕大妨礙。因為太極拳以圓活為體，所以在練習架式的時候，務使全身鬆散，久久自能圓活無礙。有一寸許處著力，則必停滯。何況打樁板、推沙包專用蠻力呢？練太極拳所得的是彈勁，打樁板、推沙包所得的是直力。太極拳最忌直力，原富有直力者，練太極拳尚須漸次使直力化為彈勁，必完全變化之後，方能得太極之妙用。豈可以練太極的時候，兼練根本相反之直力？

或又問練太極拳的素來不注意樁步，練習架式時，又全不用力，因之下部力量加增甚緩，和人比試起來，每苦下部不穩，容易受敵人牽動。打樁板、推沙包的結果不能增長直力，誠有妨礙於太極圓活之體。若只兼習站樁步，使下部增加穩實的程度，應該是有益無損。究竟如何呢？

我說萬不可有此畫蛇添足的舉動。須知下部穩實與否，全繫於練習架式時，是否能實在氣沉丹田。如練有相當的功夫，確實能於每一呼吸之中，都注意氣沉丹田，則下部決無不實之理。

還有一層道理，應當明瞭。和人比試的時候，其所以容易受人牽動，或被衝退，其病並不在下部不穩，實乃腰腿不活之故。腰腳能活，則站走隨意，沒有與敵人相頂撞的時候，又何至有牽動下部與被敵人撞退之事。

外家拳每有用剛勁衝擊敵人之手法，無「不丟、不頂」之原則。所以初練拳時，須注重樁步。然腰腿亦貴能活。如腰腿全無功夫，休說是兩腳立在地上，全身堅立，穩不到如何程度，即釘兩木樁於地下，用繩將兩腳綁紮其上，也一般容易打倒。

嘗有武功純熟的人，兩腳或一腳立懸崖，壯士五六人推挽不動，觀者莫不詫為樁步穩實。其實與立懸崖邊之腳，並無何等關係，完全由於腰腿靈活，能將著身之力引向空處。太極拳論中所謂「引勁落空」，術語謂之化勁者也。越遇著強硬地方，越可以顯出力的效用。譬如槍彈砲彈，越是打在堅硬之處，越能發揮他的侵激力。此理是極易明瞭的。

所以太極拳不以強硬為體，務必練成極柔極軟，以不丟不頂為原則，使敵人雖有大力，不能發揮。如練習站樁，以敵人推挽不動為目的，豈不是與「不丟不頂」的原則相反嗎？若練太極拳有站樁之必要，則古人必早於推手方法之外，傳有站樁方法。

常見有練太極拳之人，於推手的時候，在掤、捋、擠、按四手之外，任意出手或多方阻礙，使不得按規定次序推揉。功夫生疏的，每致停滯不知應如何走法。其多方阻礙之動作，術語謂之「拿」，即拿住不放之意。此類推法，不能沒有，然僅可為練習的一部分工作，不能以此為基本練習。好處在使練習的人容易明白黏走變化的方法，又能使觸覺增加靈敏。無論何種技藝，皆是熟能生巧。一方面練「拿」，拿即是黏，一方面練「走」，自然由熟可以得巧。

然則何以僅一部分工作、不能作基本練習呢？因為能黏與不能黏、能走與不能走，全在功夫的深淺。若沒有相當的功夫，儘管知道「黏、走」的方法，仍是黏不住走不了。基本練習，還是按著規矩推揉掤、捋、擠、按四手，並得認真分析，不可苟且馬虎放過。

推手也是一個太極的圓圈。在一個圓圈之中，分出掤捋擠按四手。掤擠為半圓，捋按為半圓。本係聯貫而成，故一手忽略，則全圓因之破壞。

在這四手聯貫成一大圓圈之中，於彼此皮膚接觸之處，每手又各成一小圓圈。每於小圓圈中，又分半圓為黏，半圓為走。兩手同時黏走，虛實須得分清。若不分清，即犯雙重。兩手虛實分清後，便得注意到一手虛中之實，實中之虛。不然，則一手之中亦犯雙重，其弊害與犯兩手雙重相等。

無論練架與推手，皆須注意尾閭及脊樑。所有動作胥發源於此。

　　脊樑須中正，不偏不倚。因動作必從尾閭發端，方是以身體運動四肢，不是以四肢牽動身體。尾閭有圓圈，則各部的圓圈能黏能走。如尾閭不起作用，各部的圓圈，也都失了黏走之效。

　　在練太極拳不久的人，驟聞此語，必生疑惑。但依此練習若干日，自有恍然之時。倘教授之人，不令學者於此等處注意，在天資聰穎、又能下苦功夫的，或者有自行領悟之一日，否則將終身不知其所以然。

　　故從來練習武術之人，貴能得名師。每有終年遊歷，意在求師訪友，即為此等處非經指點不可也。

　　原來練外家拳的人，半途練太極拳，儘管在練太極拳的期間中，絕對不再練外家拳，而外家拳進步，比未練太極拳以前，反加倍的迅速。原來不明白作用的手法，也明白作用了。原來苦於力陷肩背、不能變化成勁、條達於四肢的，也漸次變化、能條達了。練過若干日太極拳的人，改練外家拳，則深覺其動作之容易。因太極拳的動作，是全部的，非一部分的。所謂「一動無有不動，一靜無有不靜」。

　　外家拳雖不一定限於部分之動作，然其動作皆有一定之目標，及一定之作用。或用拳，或用掌，或用肩、肘、臂、膝，形式顯露，莫不可一望而知。故其用力簡單，練習時可以想像其如何致用，使練者容易發生興味，並容易覺得有顯著之進步。

　　太極拳一趟架式，始終一百餘手。其如何致用，有跡象可尋的甚少。縱可勉強附會，某手如何用法，但因其一

氣連綿不斷，勁路集中之點，無可尋求。唯其如此，所以能收通身圓活之效。

不拘內外家拳術，總以能圓活為第一要義。即以「圓活」二字為拳術之要素，亦無不可。故練外家拳的改練太極拳，因陡增其圓活之程度，乃自覺其進步之倍速也。

外家拳每有兩手同時打出或出手同時踢足者，此與勁路集中之原理相背。太極拳之架式，表面此類手法極多，實際先後主隨，有條不紊。不過練習的人應該特別注意，教授的尤應在此等之處，詳加解釋。某式兩手之中，以何手為主，以何手為隨。而一手之中，應何部分先虛，何部分後實。如何方能使勁路循環，成一完全無缺之圓。此等處略有疏忽，即犯「雙重」之病於不自覺。

拳術何以忌「雙重」，其原因就是妨礙勁路集中。人不患無勁，只患全身所有之勁，不能任意使之集中於某一點。費無數日力求其能集中，尚不易得，豈可忽於「雙重」之病，自於勁路上加一層阻礙？

外家拳於練習及使用時，多有似側身減少敵方攻擊目標，而增加其出手之長度者。本為極合於拳理及力學之動作。唯太極拳不然。因其兩手成圓，互相救應，不能偏左或右之弊，經中所謂「尾閭中正」者是也。

或謂以胸當敵，豈不與敵以便利攻擊之機會？

我說人之一身，從頂至踵，何處非受人攻擊之地？只看人之藝術如何。

其所以練太極拳的要「含胸拔背」，就在根本上防止敵人攻擊胸部的一種姿勢。練太極拳全部的方法，只唯恐

敵人不肯攻入其胸部。敵手一入胸部，則隨時隨地，皆為練太極的進攻之機會。

近有人為迎合淺見者的心理，任意將太極拳的架式改為側身寬步，與外家拳同其姿勢。有時軒眉努目，幾乎握拳透爪，方自以為極兔起鶻落之致。殊不知於太極拳原理相去益遠，將來謬種流傳，必使太極拳盡失中正安舒之義及內家溫和意味。

近人皆謂太極十三式為掤、擠、捋、按、採、挒、肘、靠八法，並左、右、前、後、中定五者。此是勉強附會，斷不可信。

掤、擠、按等不過八種手法，任誰專練太極拳的人，亦不能將此八種手法，一手一手的演出整個姿勢來給人看，僅能按著推手的姿勢略為分析。

認真說起來，只能有這八個名稱，乃略得其意的用法。至於要提出這八個式來教授徒弟，供人練習，以我所認識的太極拳名家，都沒有這套本錢。

僅可稱為八種手法，斷不能為八式；因為並無一定格式使人遵循。然退一步言，當各有其妙法。

至於前、後、左、右、中定五式，更含糊可笑。何種拳術，無前、後、左、右、中定？太極拳的前、後、左、右、中定又有何一定的方式？

古人對於一種技術命名，決不如此不按實際，必另有其十三式。或其法失傳，或其名更變。要非現在所流行之太極架式，可以名為十三式也。

上海李瑞九家曾聘有拳術教師孟某，所擅長之拳稱綿

拳，共有八路架式，亦有兩人推手法，用意頗似太極。聞孟某少時，在山東河南之間，保鏢為業，富有膂力，尤善單刀，其名頗顯。孟年少氣盛，自負其技，睥睨儕輩。

一日攜鏢投宿於旅店，與同道者談武藝，有旁若無人之概。忽有同宿一鬚髮皓然之老叟在旁冷笑，鄙視之意，現於顏色。孟不能堪，忿然謂叟曰：若龍鍾似此，豈亦能武？將毋倚老賣老，以為我沒奈何乎。叟從容曰：強中更有強中手，武藝誰敢稱能？因見汝年輕，不知天高地厚，故不自覺其笑之出於鼻也，怒將何為？孟益不能忍，必欲與叟較，叟亦不辭。孟方出手，已跌數步，意不測叟以何種手法，能跌人如此乾脆。孟初以叟年邁，恐其不勝掊擊，故出手未盡其長。至此乃以全力赴之。不料一迎叟身，手腳如被蛛網纏縛，有力無所施，欲跳脫亦不可得，心中惶急，遍身汗出如瀋。

見叟張兩臂往復搓弄如玩圓球，神氣閒逸，絕無尋常比試態度，孟始知非敵，跪請拜師。叟曰：拜師則可，但汝當棄所業，隨我經商。孟亟思得其傳，竟棄鏢業，從叟往來販運於山陝之間。才二年半，叟即病死，孟尚未得盡其傳。據孟在滬語人，其師所能，原有拳式十三路，歷二年半，僅得其八，餘五路失傳。

聞太極舊稱綿拳，孟所習者亦稱綿拳，復恰為十三路，我疑其即為太極十三式。

又江西於今盛行之字門拳，身手步法酷類太極拳，架式亦為八路。又有所謂魚門拳者，架式十二路，用法與太極尤相類，亦有兩人推手之法。

　　江西熊斗樞曾練魚門十餘年。前年與我相遇於漢臬，為言魚門拳以手手不離逼吸為原則，練時亦貴慢、貴不用力。惜其人不能說出魚門拳來歷。

　　我國術派別繁多，無論全國，即一省之中，每有數十種架式。甚至一縣之內，亦有數十種。拳術界的現象如此，應該能人甚多，始有此創造能力。

　　我經仔細研究結果，知道此種種類拳式之流傳，並不一定傳自有創造能力之人，多有由一個負盛名的教師，在二三十年之中，傳出數十種拳式。雖皆託名傳自古代某人，或言岳飛，或言達摩，且有托之孫悟空、彌勒菩薩者，其實手法皆大同小異。一趟拳架之中，合於拳理及實用者，不過三五手。此教師者，何以如此其不憚煩，編造此種種類類之架式？無非為廣招徠計耳。

　　北方學拳拜師無一定肄業時期，有力者延師至家，或寄居其師家中，三年五年繼續練習之事，甚屬平常。

　　南方則多有限制，或延師來家，或由師自行設廠授徒。率以三四十日為一廠，至多亦不過五十日，期滿則徒弟各自散去。如欲繼續練習，即增設一廠。徒弟進廠之日起，至散廠之日止，其間必晝夜苦練，以求出廠後能致用。若徒弟學過二三廠武藝之後，尚不勝未經練過之蠻漢，則其師為不名譽之甚。

　　如太極拳者，因不能計日有效，即其他理甚精審、法甚縝密之各種拳術，亦決難於百日之間，體用俱備。從來練拳者，多係粗人，不明此理。如練二三廠後，尚不能克敵制勝者，不怪其師藝不高，即疑其吝不傳授。

　　為教師者，欲其徒計日收效，唯有將原有之拳術擱置，擇三五便於應用之手法，加以轉折，及江湖賣藝之門面之動作，編造成一趟架式，而托之於世俗最迷信之古人所傳。其式簡單易練，天資略高之人，十餘日即會，再教以半月之拆用，出廠後居然能戰勝蠻漢。師之聲譽因之雀起，從習者日多。但人情厭故喜新，一年半載後又非得改造一趟架式不可。

　　平江有名拳師潘厚懿，三十歲時即以教拳為業，壽至八十方死。前後所教徒弟在三千人以上。其所傳架式之不同何止數十種，得其真傳者不過十人。並非彼秘不教人，學者欲求速效，使彼不能不如此。現在潘之徒弟在各處當教師者，亦有數十人，輾轉流傳，四百年之久，名稱已屢變。又焉知孟某之綿拳、熊某之魚門拳，不與太極一脈相傳乎？

　　楊露禪至今不過百年，其所傳與陳績甫已相去甚遠。吳鑑泉得自楊家者，亦與楊澄甫有別。更奇者，楊澄甫之兄楊夢祥同受家傳，而夢祥之太極獨練斷勁，一手一手使勁，放出咚咚有聲，與外家拳無別。北平除楊夢祥一人而外，無第二人以斷勁練太極拳者。我曾問陳績甫，陳家溝練太極拳之人，是否有練斷勁一派，陳言無有。我謂如此尚好，太極一練斷勁，便失卻太極的原理，將無窮的用法變為有限的著數，於太極拳前途有害無利。

　　我國人習性，多喜崇拜古人，鄙薄今人。因之對於武藝雖富有創造能力之人，有所發明，有所創造，亦不敢自承，皆托之古人秘傳，或夢中所傳授。此類事實之見於冊

籍者，不一而足。張三豐所傳拳法，安知非其本人所創造？恐不足見重於時，而托之玄武大帝夢中所授。今人練習武藝，朝夕從事，數年或數十年尚難致用如所期願，張三豐夜夢神授，且即以之破賊，古今人智慧能力之相去竟至此哉？

張三豐傳宋遠橋、張松溪等七人，並無傳詳記其手法。黃百家之《內家拳法》中所載敬、勁、勤、緊、切五字訣，尊我齋主人所著《少林拳術秘訣》中亦引為要訣。而現正流行之太極拳，反無此五字訣傳授。

我以為拳術應以理精法備、不違背生理及力學原理為標準，不必穿鑿附會，托之古人以相標榜。一若縫衣匠之供奉軒轅皇帝，木匠之供奉魯班先師，無端生出許多枝節。

南京國術館初開辦時，我適在漢口，從報端見其分武當、少林兩門，各設門長。我當即斷其如此提倡國術，決無好果，並致書京友服務於國術館者，詳論其得失。

藝術本不妨各有宗派，有宗派，斯有競爭；有競爭，斯有進步。唯武術不然。無論我國武術傳籍絕少記載，輾轉流傳，學者又絕少能通文學之人，某派傳自某人，久不可考，非如字畫文學等之派別，絲毫不容混亂。

即算武當、少林兩派，比較其他武術冊籍上略有根據，然現在所流傳者，究竟是否確為武當、少林兩派？且此兩派，又豈能包括中國武術、江湖賣藝之流，以及武術授徒為業之輩？為迎合國人崇拜古人之習性，任意拉扯婦孺皆知之古人，認為祖師，以相號召。南方有齊家拳，謂

為齊天大聖所授傳。又有彌勒拳，謂為彌勒菩薩所傳授。比較少林派傳自達摩祖師者，更誕妄可笑。

彼輩此類知識，多得自師傳，並非現在賣藝及授徒者所假托，故敬謹奉持，不以為妄，偶遇非難，莫不誓死力爭。因其如此，所以各門派之互相忌嫉、互相仇視，千百年來不知生了若干事端，傷害了若干性命。在彼輩知識有限，且有藉古人以資號召之意，其標榜不足責。獨怪以提倡國術為志的張、李諸公，亦不思打破此門戶派別之惡習也。

太極拳在武術中為最有研究之興趣與價值者，提倡國術自應對之有相當注意。但萬不宜以太極為普遍研究之拳術。只可於國術館中設一太極拳術專修之科，非有志深造及資性聰穎者，不得入科練習。因其理太精微，法太複雜，無論天生身體如何靈捷，資性如何聰穎之人，亦非一年半載之練習所能致用。並且初學者練之不能發生興味。任何藝術，如研究者對之不生興趣，即不能有所得。

練他種拳術，但能朝夕依法苦練，不須運用腦力，有相當時日，必有相當成功。練太極拳則非運用極細密之思想力，縱竭一生之功，亦不過偶然得著一部分作用，如練外家拳者之專善用某幾種手法而已。經中所謂「默識揣摩，漸至從心所欲」。可見非能運用極細密之思想力者，不能練太極拳。

此與以上屏寂思慮之言，並不衝突，以上乃屏寂妄想之念。

太極拳為內家拳術，注重上下丹田，本近道家導引之

術。但近之論太極者，多因其名為太極，遂以八卦五行生剋之理、陰陽變化之言，附會易理，則竊疑其理論雖高遠，與事實掤、捋、擠、按等八法，並無一定格式。前已言之，何所根據而擬之八卦，至前後、左右、中定在太極架式中更無其名稱。且任何拳術亦不能離此五者，擬以五行，尤以不倫不類。

太極拳固注意陰陽變化，他種拳法何嘗不注重陰陽變化？太極拳自有其非他種拳所能比擬之長處，決不在此似是而非之玄理。當科學昌明之今日，我等研究提倡，當應按照實際加以判別，不可震驚古人之言，或名流所斷論，遽予盲從。

我於太極拳用功甚淺，但其方法及名稱尚能記憶，且嘗見深於此道之人，教授徒弟。實不聞掤、捋、擠、按、採、挒、肘、靠及所謂五行等有一定格式方位，能單獨提出數人練習，則此等名目之不能稱十三式。

十三式之不能附會為八卦五行，也至明顯。不知與我同好者，亦有曾致疑於此，而欲從事研究其所以然者否。

楊澄甫、吳鑑泉均以專練太極拳有重名於北平。或曰：楊澄甫善發人而不善化，吳鑑泉善化人而不善發，以是二人均有缺陷。若兼有其長，則盡太極之能事矣。

我曰：事或有之，於理則殊不可通。因發與化，似二而實一，不能發則不能化，不能化亦不能發。故經曰：「黏即是走，走即是黏。」不過原來體格強壯，氣力充足之人，發人易遠而乾脆。

楊體魁梧，且嘗聞與其徒推手時，常喜自試其發勁，

故其徒皆稱其善發人。吳為人性極溫文，且深於世故，不論與誰推手，皆僅守範圍，不逼人，不拿人，人亦無逼之拿之者。聞其在北平體育學校教太極拳時，學者眾多，皆年壯力強。與吳推手任意進退，吳唯化之使不逞而已，始終未嘗一發。故人疑其只善化，而不善發。我謂若吳亦嘗發人，但發而不能動或動而不能遠，則疑其不善發人猶可。今吳始終未嘗一發人，證其平日溫文之性格，可斷其為不欲無端發人，招人尤怨，非不善於發人也。

我以北來略遲，於楊吳二君皆未謀面，然深信二君，皆為當今純粹練太極拳之名宿，絕未摻雜他種拳法，以圖討巧，其功夫火候實不分軒輕。

在外家拳盛行之今日，欲求專練太極拳如二君者，恐未易多得。惜乎提倡國術者，不知物色人才，聞二君刻均不在南京國術館。

項城當國時，幕中有宋書銘者，自稱謂宋遠橋之後人，頗善太極拳術。其時以拳術著稱於北平之吳鑑泉、劉恩綬、劉彩臣、紀子修等，皆請授業。究其技之造詣至何等，不之知也。宋約學後不得轉授他人。

時紀子修已年逾六十，謂宋曰：某因練拳者，一代不如一代，雖學者不能下苦功夫，然教者不開誠相授，亦為斯技淪胥之一大原因。故不辭老朽，拜求指教，即為異日轉授他人也。若學後不得轉授，某已年逾六十，將於泉下教鬼耶！遂獨辭出。其從遊者，終無所得。蓋宋某拳師之習氣甚深，其約人之不得傳授他人，即不啻表示自之不肯以技授人也。

　　太極拳架式各家所傳皆有區別。然不論其手法及姿勢
如何不同，其從首至尾須一氣呵成，中間不能停滯，以滿
身輕利、氣沉丹田為原則也。

　　依此原則，又能時時注意陰陽，虛實變換，免除「雙
重」之弊。雖無明師指導，亦自有豁然貫通之日。練架式
既練有真實工夫，則推手必容易進步，且不難出人頭地。
如練架式不下苦功夫，專從推手中覓作用，天資縱高，亦
不過推得兩手靈巧而已。身上功夫即增長，亦屬有限。

　　我自乙丑年五月，從事練習太極拳架式，迄今不過四
年餘，前後已四易架式。因每從一人研究，即更換其人所
傳架式。當時亦頗認為有更換之必要。及練習既熟，始悟
四種架式不同者，僅其外表動作，精神則絕少差異，其有
因各人傳授之不同，而互相詆誹者，特未身經練習，及入
主出奴之惡習未忘耳。

　　練太極拳者，每有存心輕視外家拳之習氣。論拳理，
太極拳自較外家拳精細。但外家拳亦自有其好處。如練太
極拳未練至能自由運用之程度，則尚不如外家拳遠甚。此
番南京考試之結果，便可證明練太極拳者，不如練外家拳
容易致用也。

第五卷　太極拳之用

☯ 太極拳械要義

——陳炎林

‖ 太極劍 ‖

太極劍，亦稱十三勢劍。有十三字訣：抽、帶、提、格、擊、刺、點、崩、攪、壓、劈、截、洗。為楊家晚年著名武器之一。劍式姿勢美觀，用法奧妙，動作全以腰腿為主，不離乎太極拳之原則。

動作時，務宜虛領頂勁，含胸拔背，沉肩垂肘，鬆腰活腕，氣沉丹田，勁由脊發。惟此劍易學難精；凡初學之人，於未有深功時貿然練習，泰半有強拗斷離，姿勢欠美等現象。斯皆因腰腿無功，不明用法所致。為使學者確實瞭解起見，略將劍之正義稍加闡明，俾愛好此道者有徑可踵，而免誤入歧途之虞。

夫劍（除尖刃外）為兩面有口利器，不分正反面，兩面均可使用，銳利異常，用者萬不可以手抽拉，或貼靠身

體或盤頭攔腰，否則人未受損而己已受傷矣。是以用劍必須周身輕靈，動作敏捷，精神提起，上貫於頂，呼吸自然，眼視劍尖，使精氣神與劍合而為一。

手之執劍，須輕鬆靈活，不可以五指握之太緊，有礙活用。只須以大指、中指及無名指三指執之，其食指與小指宜時常鬆開，而掌中亦當空虛，如執筆狀。其出劍內勁，起於丹田，發自脊背，由臂達於劍尖，發時如矢之赴的，勇往直前，人劍微動而己劍已到。夫如是，然後可以出神入化。

語用劍之妙，盡劍法之長，至劍之效用，最著者乃在攻人之腕（手腕）。在與人武器交手時，設能首創其腕，則對方所持武器即失其效用。古代藝高者之名劍，在劍首二三寸處，鋒口必非常銳利。蓋即以之能攻人之腕，刺人之心，刺人之膝也。

此外對於劍鐔（即劍柄尾部），亦當注意，務使另一手常置鐔後，勿越過鐔前，俗云：「單刀看手，寶劍看鐔。」學者能明乎此，則大疵可免焉。

‖ 太極刀 ‖

太極刀，一名十三勢刀。有十三字訣：砍、剁、劃、截、刮、撩、扎、招、劈、纏、搧、攔、滑。為昔日楊家太極拳術中著名器械之一。刀式不多，惟式式均能實用。而化人攻人，尤為神妙，令人不可測度。

相傳楊健侯時，有著名神刀張某者，與楊交手，楊僅以拂塵代刀，張前進未及一步，刀遂被黏住，竟無一刀出

手，可見楊家太極刀之深奧也。惜乎迄今得正傳者少，如廣陵散幾成絕調矣。著者不願珍秘，特將斯刀練法及用法詳加闡明，以供好此者作為借鏡。

太極刀在練時或用時，皆以腰腿為主動樞紐；刀之進退，腰腿相隨。用刀猶如用手，上下前後、左顧右盼，周身一致，其間不可稍有斷續。尤不能以力運刀（**如手臂拙力使刀運轉等**），恐因拙力（**即呆力**），則己身內勁閉於骨肉，不克運行於外，遂有運轉不靈之弊。

務須以刀引出己身內勁，使周身內勁及精氣神運於刀上；如水銀裝於其內，運用達於刀尖，收之至尾。故楊家前輩練習太極刀，有重咸在五斤以上，蓋欲由重刀之轉動，引出本身內勁。倘渠運此重刀，僅以手而不用腰腿，試問其能神速乎？故學者之練習太極刀，非以腰腿勁運轉不可。至於沾黏等勁與徒手拳式同，否則不能成為太極刀正宗也。

◆ 太極刀名稱歌

> 七星跨虎意氣揚，白鶴亮翅暗腿藏。
> 風捲荷花隱葉底，推窗望月偏身長。
> 左顧右盼兩分張，玉女穿梭應八方。
> 獅子盤球向前滾，開山巨蟒轉身行。
> 左右高低蝶戀花，轉身招撩如風車。
> 二起腿來打虎勢，鴛鴦腿發半身斜。
> 順水推舟鞭作篙，翻身分手龍門跳。
> 力劈華山抱刀勢，卞和攜石鳳回巢。

‖ 太極扎桿 ‖

太極拳中之扎桿，亦稱沾黏桿，或曰十三勢桿。有十三字訣：開、合、崩、劈、點、扎、撥、撩、纏、帶、滑、截、圈。為太極拳中重要功夫之一。其沾黏、化、拿、引發諸勁，與徒手拳式相同，亦異常奧妙。

練法分單人、雙人兩種。功至深造時，桿即如手，周身之勁，可直達桿頭，猶如水銀裝於管中，發可至首，收可至尾。斯種扎桿練法、用法，含有畫戟與大槍二種，近人若以之全為大槍者，實誤。蓋其未明太極拳中扎桿之效用耳。

楊氏扎桿甚為著名，而楊露禪以之救火誠奇聞也。其與人對桿時，無論拿人、發人，皆如用手。人遇其桿，即失自主，被擊出一如手發，往往不知其所以然。惜此種深奧功夫，今已失傳。

考桿之練習方法，計分單人扎桿法，雙人平圓沾黏扎桿法，雙人立體圓形沾黏扎桿法及雙人動步刺心、刺腿、刺肩、刺喉四桿法等數種。茲分述於後，俾大好國術余粹，得以保存，不致復失傳矣。

桿，一稱蠟桿，繫藤類，產於河南、山東等地。性韌而堅實，不易斷裂。昔時用作槍、戟等之把柄；有青白兩種，以白而有皮者為佳。其中尤以長過丈三外，兩根成對，下部三尺各無節，三尺以上所有苞節，均陰陽相對者為最佳，稱之謂成品。如用藏得法，經年愈久，其色愈鮮紅。愛此者，每作為古玩，惜此種成品桿子，今已罕見。

◆ 單人扎桿法

太極拳中之單人扎桿，甚為簡單，只有開（即撥）、合（即逼）、發（即扎或刺）三字。練時左足向前，右手執桿尾部，左手執桿中央，兩足分開，成為如弓似馬之步法。周身鬆開，虛領頂勁，此為起勢。

開式，右手下沉，左手移上，桿頭向上往左，全身重心移於右腿，眼神注視桿頭。用法在敵人武器近身時，以此撥開。

合式，雙手靠腰腿向下合，內含有一小圓圈，左手背翻上，右手掌向上，與開式適相反，重心分於兩腿，眼神仍注視桿頭。用法在敵人武器近身時，以此逼住。

發式，隨上合式，右手隨腰腿向前發桿，右手虎口向上，左手不動，桿在左手掌中滑出。易言之，即右手發桿，左手只作托桿之用，重心之大部分，移寄於左腿，但非全部；因恐收勢時變化不便，且有前仆之虞，眼神亦注視桿頭。用法乃刺敵人心窩、或喉、或肩。發時須頂懸身正，含胸拔背，沉肩垂肘，坐腰鬆胯，尾閭中正，氣沉丹田，全以腰腿之勁，而非手也（若僅藉之以手，則桿不能有抖動之狀）。

務使周身之勁，由腳、而腿、而腰、而脊、而肩、而手，以達桿頭。發出之勁，桿身自尾部起，直抖動至桿頭，其中猶如貫以水銀。發後復收回為開，歸還原狀。開後復為合。故此三式，可循環練習。此種單式扎桿，最易長進內勁，雖不如少林派之花式眾多，然欲練至純熟，亦

非易事，學者切勿漠視之。

右足上步，以左手扎桿，與左足上步，以右手發者同，惟左右手相換可也。左右兩面均須練習，否則左手無勁，不能圓滿矣。

學者須知，拳術中，徒手練習，足以長肌肉；器械練習，足以健筋骨。故習太極拳者，徒手練習至相當程度後，則器械練習（如刀、劍、桿子等），不可不學也。

◆ 雙人平圓沾黏扎桿法

此法乃練習沾黏勁，為雙人扎桿之基本功夫，含有開、合、發三勁，用處甚大，且可補助人身命門火之發育，與推手中平圓沾黏推手法效力相同。

練法分刺肩、刺喉、刺心、刺腿四式。

刺肩式：兩人對立，各執一桿，各出左步，均以右手發桿。甲以桿刺乙左肩；乙乘其來勢，將桿上撥，撥至甲勁將盡時而變為合，合後還刺甲之左肩；甲被刺變開（即撥），變合，復變為發（即刺）。兩人開、合、發，彼此變換，循環不絕。

如右步上前，左手發桿亦同，惟所刺則為右肩。刺喉、刺心式亦可仿此。但刺時雙手之上下、正偏，略有分別耳。

至刺腿式可分為定步、動步兩種。

定步練法：兩人對立，各出左步。甲以桿刺乙左膝；乙乘其來勢，將桿往左側下撥，同時斜提左足，避甲刺鋒，至甲勁將盡時，還刺甲之左膝；甲被刺，亦將桿往左

側下撥，同時斜提左足，避乙刺鋒。兩人撥刺、刺撥，互相對練。

動步練法：依照上法，乙在被刺撥桿時，斜提左足，向右側橫邁半步，同時右足隨上半步，刺甲膝部；甲被刺撥桿時，亦斜提左足，向右側橫邁半步，同時右足隨上半步，刺乙膝部。兩人轉成圓圈，隨轉隨撥，隨撥隨刺，循環不絕。

如左步上前，左手刺發者亦同。惟兩桿相繞之圓圈，及二人旋轉之圓圈適相反。此種刺肩、刺腿功夫能練習愈深，則兩桿相遇圓圈愈小，而兩桿接觸，毫無聲息。反之功夫愈淺，圓圈愈大，且起有稜角，以致兩桿時相敲擊，聲不絕耳。

◆ 雙人立體圓形沾黏扎桿法

此法乃補平圓沾黏扎桿法之不足，因只能平圓而不能立體，則有時不敷所用，易為敵所乘。

練法：兩人對立，各出左步。甲以桿用右手刺乙左膝；乙乘其來勢，提起左足，將桿向下往左側撥開，俟甲勁將盡時將，桿上繞成為合勢。甲被合，乘勢將桿收回，繞一圓圈，復刺乙左膝；乙被刺，提左足，再左撥上繞，復成為合。

總之，甲乙兩人，甲專刺發，乙專化合。如甲欲化合，可乘乙合勁將盡時，將桿向上翻繞，合乙桿；乙被合，隨以桿刺甲左膝，此時甲即成為化合，乙即成為刺發。

如右足上前，左手刺發亦同。惟刺為右膝，兩人繞圈方向相反耳。此種扎桿，藝高者在一繞一合之際，能使敵連桿帶人向後離地騰出，與推手時發截勁者，有同一之妙用也。

◆ 雙人動步刺心、刺腿、刺肩、刺喉四桿法

此四桿與活步推手意義相同，亦求上下周身化發動作合一，於手法、身法、步法頗為重要。故欲練之純熟，亦非易事。然學者欲求扎桿深奧功夫，則此四法非深切研究不可。

練法：兩人對立，各出左步。甲將左步復踏出半步，右步隨上，以桿刺乙心窩；乙同時右足復往後退半步，左足收進半步，以桿合逼甲桿。甲被合，向右側上右步，隨上左步成為側形（即甲偏於乙之左邊），將桿收回繞圈，刺乙腿部；乙同時退右步，收進左步，以桿向下往右撩開甲桿。甲被撩，復上左步，隨上右步，與乙相對，將桿向左往上繞圈，刺乙肩部；乙在將被刺到時，退右步，收進左步，以桿向上繞圈，合逼甲桿。甲被合，再上左步，隨上右步，以桿向右往後繞圈，化開乙桿，復刺其喉；乙在將被刺到時，退右步，收進左步，以桿繞圈，合逼甲桿。

如是，甲進步四桿已畢，以後改為退步；乙則改為進步。乙在化甲刺喉後，上左步，隨上右步，以桿往上繞圈，刺甲心窩；甲同時退右步，收進左步，將桿向上繞圈，合逼乙桿。餘勢同上，即甲改為乙，乙改為甲可也。

俟乙四桿刺畢，復改為化退，甲又改為進刺。兩人四

桿進退，循環練習，須練至腰、腿、手、足進退攻化一致，而兩桿相遇，毫無聲息者為佳。

練時必須注意內勁不斷，精神煥發，動作靈敏，無僵滯狀態。至於身體中正，含胸拔背，虛領頂勁，氣之升降有時貼於脊背，有時沉於丹田，亦為主要條件。此乃初步四桿之練習方法。

若至功深時，則不分次序，或心、或腿、或肩、或喉，可隨意刺發；化者亦可隨化隨刺。總之或攻或化，或進或退，可無一定之規則也。

‖ 太極散手對打 ‖

散手，在太極拳中，亦為重要功夫之一，能補助推手與大捋之不足。凡在推手或大捋時，如人手易丟，或無沾黏掤化諸勁，則散手尚焉。

太極拳中之散手，完全與他派不同。其沾黏連隨，捨己從人，內勁化發，綿綿不斷。一如推手大捋，勿論一手或一式，均有化有發，出乎自然，全以腰腿為主，而無硬施強行等動作。學者練習推手、大捋至相當程度後，則散手之應用，萬不可不研究；否則如九仞之崇，所欠一簣，豈不惜哉。

太極散手，分單人練習與雙人練習兩種。單人練習方式甚多，或用掌，或用拳，或用腕，或用肘，或用臂，或用腰，或用胯，或用膝，或用足（共九節，節節能發人）。

凡拳架中，任何一勢一手，皆可單練。惟姿勢、應

用、內勁及運氣等法，則非由名師傳授不可。雙人練習，係將全套十三勢拳架中各式，一一拆開，隨每手用法，互相聯貫，合成散手對打。其間接連之處，可謂天衣無縫，千變萬化，奧妙無窮，誠拳中之傑作也。

學者如能將其全套上下手各式熟記，並能應用，則在單人盤架子時，姿勢既能準確美觀，而興趣愈覺濃厚，心身獲益，恐非筆墨所能形容。至推手、大捋時，更可左右逢迎，出奇制勝，實為太極拳中之結晶，希學者切勿漠視之。

☯ 太極拳之體用論

——黃元秀

‖ 練拳次第方法及用法 ‖

（一）

練太極拳全套架式，每日學一二式，繼續不斷，以常人資質，約一月可以學全。須經兩月之改正，再加一月之苦練，共計四個月。其式樣姿勢，即離開師傅一年，可以不致變換。

若僅一月光陰，粗知大略；一經改正，則不得謂之學會。因稍有間斷，其方向與動作早已走變矣。

但每日仍須複習，不可間斷，若每日兩遍，能使純熟；每日三遍，能增功夫；每日一遍，不過不忘而已。

（二）

學習拳架，自第一動起至末尾止，謂之一套。其中名目百餘，式式皆要綿密周到，而且要輕靈沉著，無有一式可以隨便，無有一式可以丟頂。丟者，離也；頂者，僵也。

四肢百骸，從輕、從綿、從柔。輕而不可忽，綿而不可斷，柔而不可疏，若注意而起僵勁，此所謂頂，便離太極門徑矣。學者切宜注意之。

（三）

練太極拳一遍，其經過時間是愈長愈妙，有練一遍需一小時以外者。練慢之後，亦須練快，有以數分鐘內練五六遍者；無論慢快，總以均勻為貴，譜曰：「毋使有缺陷處，毋使有凹凸處，毋使有斷續處。」

初學之人，練一遍最少八分乃至十分鐘。如經五六年後，功夫已深，則可練快，惟須式式到家，不可因快而草率。

至於架式，分三種。初練以高架子；繼則四平架子（眼平、手平、腿平、襠平）；再則功夫日深，逐漸而進於低架子矣。由高而平、而低，皆從功夫上來，不可強求；否則弊病百出，無益於學者。

（四）

練架式，外面注意動作，務使勻靜，譜曰：「由腳、而腿、而腰，總須完整一氣。」內部氣分呼吸，亦要勻靜，若無事然，萬勿逆氣，心意不可呆滯，譜曰：「精神能提得起，則無滯重之慮，所謂頂頭懸也；意氣須換得

靈，乃有圓活之趣，所謂變化虛實也。」

此外各變勁功夫，例如本係「提手上勢」之勁，一變而為「白鶴亮翅」之勁，再變而為「摟膝拗步」之勁。各式各氣，各氣各勁，由此式而變彼式。交接之間，換式換法，換法換意，由換意而換氣，由換氣而換勁，此中變換轉動之間，與學者內部之意氣運用、外部之四肢伸轉開合，有極大關係，務須依照譜中各論而適合之。

（五）

所謂增功夫者，即學者之氣，日增漸長，不致氣喘身搖；手足日漸輕靈，腰腿日漸柔順；手掌、足底，日漸增厚；頭部與兩太陽穴日漸充滿。精神充足，思慮周到；發聲洪亮，耐飢耐寒；能鎮定，能任勞，飲食充分，睡眠酣適等事，可以證到。

（六）

第拳法雖皆有益，而學者身體，卻有相宜不相宜，乃有博學與選學之分別。如年富力強，環境許可者，不妨由博而約，各家門徑，均可涉獵，結果則專修一門。

若年事已長，且有業務關係者，則選其與己相宜者習練之，易於得益也。

（七）

例如身軀肥大者，可學通臂拳、摔角等技。如身材中等而強壯者，可學搓角拳、八極拳、太祖拳、形意拳等技。如身輕靈小巧者，可學地淌拳、猴拳、醉八仙等技。

如年事已長，身體乃弱者，可學八卦拳、太極拳、金剛十二法等技。

中國拳技繁多，今余不過舉其大概而已。

（八）

專練拳架，是為運動衛身之術，修己之事也。學推手與散手，為攻避方法及練勁之術，敵人之事也。

若年事已長，身有宿疾者，專練拳架，亦可卻病延年。如年力富強，環境優裕者，盡可專聘名師，為升堂入室之研究。

（九）

據友人云，太極拳中各式，實兼備各家拳式。全套中有八種法，如掤、捋、擠、按、採、挒、肘、靠。又有八種勁，如退步跨虎為開勁，提手上勢為合勁，海底針為降勁，白鶴展翅為提勁，摟膝拗步為進勁，倒攆猴為退勁，拖虎歸山為右轉勁，肘底槌為左轉勁。

又有八種式，如十字手，少林門為平馬式；摟膝拗步，少林門為攻步式；下勢，少林門為撲腿式；獨立金雞，少林門為獨立式；手揮琵琶，少林門為太極式；搬攔捶，少林門為坐盤式；栽捶，少林門為麒麟式；胯虎，少林門為懸腳式；共為八式。無論何種拳法，總不外此八式，故稱拳師為把勢者，即實八式之訛也。

八快歌：行加風，站如釘，升如猿，降如鷹，錘賽流星，眼如電，腰如蛇行，腳賽鑽。

太極拳中八法八式之外，尚有八腿，如翅、蹬、起、擺、接、套、襯、採。清末時所練者僅四腳，如左右翅腳、轉身蹬腳、二起腳、擺連腳；現在竟致僅練翅、蹬、擺三腳，其他四法更無所聞。

　　如接者，見敵腿來時，以我之腿，接其腿而踢之，謂之接腳。套者，見敵腿來時，套出而踢之。若敵從左方踢來，我套在右方踢之；敵從右方踢來，我套在左方踢之；謂之套腳。襯者，以我之腳，踢敵腳之內側方，如襯其內，謂之襯腳。採者，即以腳橫斜而採之；用在敵來我側方時踢之，謂之採腳。此四腳極不易練，亦不易用，須有長久單練功夫為之補助，不然，不能應用自如。

　　想後來一般教太極拳者，因不能使人人普遍學習，且年長身弱之人更難習練，故除去之。但其應用之巧妙，踢法之齊備，不可不表而出之也。

　　踢腿要領有「直起風波」四字。

　　直者，踢腿、蹬腳無論向前、向側，總需要直，若不挺直，不能貫徹功夫。

　　起者，高也；踢腿、蹬腳皆要高，能高可滿足企圖，最小限度，亦得踢過腰；練時能高，用時可以如意。

　　風者，踢出、蹬出時，快而有風聲，此言其快；不快無風，即不能出勁。

　　波者，踢出之腿，自腰際至腳尖，有波浪形狀，表示腿勁貫到腳尖之意。

　　有此四字，可以稱踢腳要領齊備，不僅太極拳如是，無論何門何拳，基本要領，莫不如是也。

　　踢腳與踢腿不同。以腳尖、腳邊、腳掌打人者，謂之踢腳、蹬腿。以腿之全部打人或以腿之後跟打人者，謂之踢腿，其要領同。據此道中人云：「手如兩扇門，全靠腿打人」「八式無真假，指上便打下。」足見用腿之重要矣。

（十）

習練拳術，最要注意手、眼、身、法、步五大項。所謂手者，即掌拳肘合腕等動法。所謂眼者，即左顧、右盼或向上、向下等看法。所謂身者，即肩、腰、胯等動法；如含胸拔背，轉換等事。所謂法者，即拳術各種名式；如太極拳中各名稱，紅拳中各名稱，花拳中各名稱，各拳各路，各套各法，不勝其述，要皆拳路中，打人之方法也。所謂步者，是練拳人最易疏忽，而最要之事；步為根基，快速在步，穩固亦在步，著與不著在步，巧與不巧亦在步。此道中人曰「手到腳不到，自去尋苦惱，低頭與彎腰，傳授定不高」，此兩句話，五種方法皆說到矣。

武匯川曰：

練太極拳之要旨，務須身體中正圓滿，氣要鬆。手按時，要從肩肘蠕蠕搓出，兩肩要鬆，兩肘要下沉，尾閭要收。

腳落地時，先虛而後實，上下一致，式式均要圓滿。頭要提頂，氣沉丹田；練時要慢，快則氣即上浮。如有知心好友，可教一二，以便互相研究推手，亦易進步，身體亦能健康矣。

田兆霖曰：

（一）

「化勁」之最重要者，是順人之勢。尤其是快慢要相合，過快則敵勁易生中變，太慢仍未能化去。

（二）

「發勁」先要化勁化得好，才有發勁的機會，機會既

得，即宜速放；其勁要整，要沉著。

（三）

「攻人」全在得機得勢，機會未到，不當攻人。「雙分」「單分」時候要合得上，掤勁亦甚重要。靠勁先要化得合法，靠時要快，要有一定目標。凡此種種，苟非著實久練，不能得心應手。

註：

此兩篇拳論為武匯川、田兆麟二位先賢與黃文叔先生互通書信，探討拳藝之內容。筆者在整理時未將其他與拳無關之客套內容錄入，有興趣之學者，可自行查找原文研究。

‖ 漫談推手之練法用法 ‖

（一）

習練拳架，係一人虛擬，其勁之如何？究屬渺茫。故進一步練推手，即實現其掤、捋、擠、按、採、挒、肘、靠之用法；換言之，以循環的攻避方法，來試用太極拳打人、避人手段是也。其中最難者，即聽、化、拿、發此四字功夫。

所謂聽者，即以我之手腕、身軀與對方接觸時，剎那間知其動作變化，謂之聽。同時避其攻擊，謂之化。同時定其作用，謂之拿。同時攻其弱點，謂之發。詳言之分此四段，而實在是一剎那間為之。

故此四字功夫，甚難甚難，雖畢生研究，亦無止境，其總訣在一圓圈。其化也、發也、避也、攻也，無不以圓

圈為之，所謂太極者在此，所謂妙用者亦在此（採、挒、肘、靠同）。

（二）

以余個人之揣擬，初練習推手者，於掤、将、擠、按中先以兩人合作五個大圓圈，來試演之，名為基本方法。

1. 平面圓圈。
2. 直立圓圈。
3. 斜形圓圈。
4. 前後圓圈。
5. 自轉圓圈。

先將此法習演純熟，以後可以變化各種圓圈，而妙用之。但此五圈，非面授不可，筆墨之間，難以盡其動作。

初試圓圈大而笨；繼則小而活；再則其圈不在外而在內，有圈之意，無圈之形。一剎那間，而妙用發矣。

到此地位，可以意會，不可以言傳，莫知其妙，而妙自生，非有長久刻苦功夫，不能到也。

（三）

推手為太極拳實驗之方法，已如前言之。此外需要注意者有三。

第一，不可存爭勝負之心。彼此既為同道，自有互相切磋之誼，動作稍有進退挫折，並無勝負榮辱之可言，何可在此計較而生嫉妒之念。

第二，不可存賭力之心。太極之妙，是在巧，非在蠻力。譜上云「察四兩撥千斤，顯非力勝」。若恃蠻力，是非研究太極拳之道矣。

第三，不可存捉弄之心。凡屬同道，皆當互愛互助，彼高於我者，應謙恭而請教之。彼不如我者，當誠懇而指導之。語云「他山之石，可以攻玉」，勿以其力弱可欺，而出我之風頭，似非同道者所可有也。

（四）

兩人一交手，即須研究手、眼、身、法、步五項，並練掌、拳、肘、合、腕、肩、腰、胯、膝、腳各勁，及掤、捋、擠、按、採、挒、肘、靠、前進、後退、左顧、右盼、中定十三勢，方始為推手之目的，推手之本事。每見普通學者，不按上列諸法習練，俗語所謂磨豆腐者，雖千遍萬遍，有何益焉？

（五）

初習此者，最好選身體大小相等之人，靜心細想而琢磨之。或有不對處，不領會處，請師詳細指導之，勿憚繁勞，勿稱意氣，而專心一貫研究，自有水到渠成之一日。

（六）

今將拳論上所述之聽、化、拿、發等功夫，分注如下。王宗岳先師論曰「人剛我柔謂之走，我順人背謂之黏」此二語，即言我與敵接著時，敵以剛硬來撲我，以柔化之；是為化勁。借其勁使陷於背勢，而我處順勢，仍不與敵脫離，是為拿勁。上句是聽勁中帶化勁，下句是化勁中帶黏勁，能使敵陷於背，我處於順；向其背處，稍一發勁，則敵必如摧枯拉朽而撲跌之；能得此機會，謂之拿。又曰「曲中求直，蓄而後發；蓄勁如開弓，發勁如放箭；發勁須沉著鬆靜，專注一方」是為發勁。

但以上聽、化、拿、發四步功夫，須從「沾」字中練出來，又曰「動急則急應，動緩則緩隨，即謂敵來步快，快應之；來得緩，緩隨之；但我總不與敵脫開，是為沾勁。若手臂不沾連，腳步不跟隨，如何能聽、能化？更不能拿，不能發矣。其《行功心解》曰：「往復須有摺疊，進退須有轉換」，此言與敵靠近時之變換身法也。續曰：「極柔順而後極堅剛，能呼吸然後能靈活」，係指示內部運化功夫。再曰「邁步如貓行，運勁如抽絲」，形容其舉步如貓行之輕靈，穩固運勁如抽絲之不斷不猛，係指外表功夫。

要實驗以上所云，皆離不了論中所謂「由著熟而漸悟懂勁，由懂勁而階及神明」；換言之，欲懂勁，非由接著與熟練不可。且如階級的一層一級，而達到神而明之之地位也。但學者從何而懂勁？從何而接著？從何而熟練？只有從推手做起。

（七）

凡學習推手者，身體切不可前傾、後仰。若前傾，重心偏於前方，對方用採勁，易於向前跌倒。如後仰，重心偏於後方，對方用挒勁，亦必向後跌倒。此其一也。

彼此一交手，他方必有攻誘方法，我方必須保留轉換變化之餘地。惟身軀中正，則有餘地，可以左右前後迴旋也，此其二也。

在推手時，遇對方手腕沉重，或來勢猛烈，一不可兩手縮緊，二不可使用蠻勁，三不可胸中迸氣，四不可身向後退。如兩手縮緊，長度必定減短，不能觳著對方。使用

蠻力，全身必定僵硬，猶如笨伯，其原理是與太極相反，所學方法無可使用矣。至於胸中逆氣，血液停滯，面色逐漸變青，實屬有礙生理。身向後退，被人隨勢進攻，無有不敗。學者於此四弊，切宜注意。

（八）

凡初學者，無論練拳、練推手、大捋、散手等技，一要觀人練習。凡有身法好，手法純，步法靈，可為學範式者，皆須一一留意而深記之。

二要聽人講解。如遇前輩及同學中有心得之談、經驗之論，均宜虛心靜聽而領會之。三要實地鍛鍊。此為實際功夫，而達到能實行地位，若只知鍛鍊而不知觀與聽，古人所謂盲修瞎練，小則勞而無功，大則有害身心，結果所得與目的相反也。

（九）

推手與練拳，既已如上述。其屬於本身者，即以虛、實二字，四肢百骸，均要有虛實之分，剛柔之別；如進退、起落無虛實，必定笨滯，不能輕靈也。

兩足固宜分虛實，一足亦須有虛實；非但兩手有虛實，一手亦須有虛實；論中云：「虛實宜分清楚，一處有一處虛實，處處總有一虛實。」王宗岳先師曰：「每見數年純功，不能運化者，皆自為人制，卒不能制人，則雙重之病未悟耳。」所謂雙重者，即虛實不分。先師又曰「雙重則滯」；滯者，運用不能輕靈，便為人制。又曰「偏重則隨」；若偏重一手，或偏重一足，而不寓有虛實者，必隨人受制。又曰「欲避此病，須知陰陽；陰不離陽，陽不

離陰，陰陽相濟，方為懂勁，懂勁後愈練愈精」；所謂陰陽者，包含虛實也，剛柔也，收放也，開合也，進退也，起落也，閃轉也，騰拿也，皆在其中矣。

所謂剛柔者，與人推手時，兩手相接，神氣外揚，肌肉堅硬，轉變擴大，發勁能動中心者，是人練械多，而練拳少，其勁屬於剛也。兩手相較，動作綿而細，步法、身法輕靈，接著如有力，打去猶無物者，是人練械少，而練拳多，其勁屬於柔也。若能神氣安舒，身穩如山，上下相隨，發勁沉長，而震動全身者，是人剛柔具備，其勁陰陽相濟矣。

學者須知柔勁與剛柔，並非如物理化學之專科，吾人終年練習，有時屬於剛勁，有時偏於柔勁，惟剛柔相濟，為最少耳。練劈掛、八極等拳者，發勁大半偏於剛勁。練八卦、太極者，往往偏於柔勁。其實無論何門何拳，均須剛柔兼備，陰陽相濟，方為拳藝之正宗也。

（十）

推手，操作表面上，雖在手腕，而實際上，全在腰中。亦可以說，手是三分，肩是一分，胸是一分，腰是五分。若肩不能鬆，胸不能涵，腰不能活，全仗手腕，決不能化人，亦不能發人。此事在練拳架時，即須注意。

此外，步之穩不穩，係在襠勁。細言之，即胯、腿、腳三部分聯繫動作。換言之，能沾連否？是在上身，即手、肩、胸是也。能跟隨否？穩定否？是在下身，胯、腿、腳是也。但上下運用之樞紐，完全在腰。譜上云「其病必於腰腿間求之」；腰勁一事，不但太極拳所重視，如

形意、八卦均極注重；即少林門，亦無不注意之也。

以上所言，係形質之談。至於內部「氣」之一字，先從「意」字起，意之所到，雖未必是氣之所達；氣之所達，未必即血之所充；但非由此，無從入手。故先以意導氣，以氣行血，久之意與氣，自能合一；氣與血，自能相隨。其行功心解曰：「以心行氣，務令沉著；以氣運身，務令順遂。」心者，意也。身者，血肉也。但運行之間，於「沉著、順遂」兩語，切宜重視，否則非流入漂浮，即陷於彆扭。

至於「沉著」之法，即氣沉丹田。「順遂」之法，即活用腰腿，內外一致，方合其義，須用默識揣摩功夫，而後能從心所欲。

一般練拳與推手者，大半注重在上部，手法如何如何，身法如何如何，前已言之。但不知下部之關係，實比上部為重要；其變化與進步，須從實地試練出來。

練拳人，初則高低大小不能自然，動作不能穩定。繼則動作漸勻，步法漸穩。再進則舉止輕靈，隨心所欲。

至於推手經過，初則腰腿硬直，搖擺不定。再則旋轉進退，逐漸穩固。再進則心手相應，腰腿一致。

‖大 捋‖

太極推手功夫，分作三步。其初則原地推挽，為第一步。繼則活步推手（即此進彼退、彼進此退之法）為第二步。其意為原地練習既熟，進而練行動中掤、捋等法，但此不過直線之行動而已。此法練熟，繼而練四斜角行動方

法。大捋者，即練習四斜角之方法也，為第三步。

　　練大捋之靠者，前進必須三步，方與捋者成正直角；若用兩步必斜。至於捋者，必退兩步，若用一步，不能避對方之攻擊。此方捋，彼方靠；彼方捋，此方靠；往復循環而演之。無論何方，在捋在靠時，其架式要低，腰胯要正，方合其要領也。

‖散　手‖

　　第四步為散手，計分兩種。

（一）

　　利用太極拳中之各式，兩人對打。例如，甲用雙風貫耳打乙，乙用雙按破之。甲用捋打乙，乙用單靠破之。二人聯續對打，如花拳中之對子，惟轉變發勁不同耳。

　　若不習之，則太極拳各式之應用不知，直等於學單人跳舞矣。

（二）

　　上列散手對打，皆係預定方式，雙方編練成套。第二種則不然，雙方均無預定，亦無式樣，各方一作準備姿勢，即開始攻擊。或緩或急、或高或低、或方或圓，用拳用腿，各聽自由。大致歷來相鬥方式，一為圓形方式，如甲在中心，乙游擊四周。其次縱形方式，直來直往，二人中你來我往，我退你進，成一縱形決鬥式與比試，大半不外此二式。

　　二人一交手，謂之一合。戰鬥合數之多少，全在平日練架氣分之長短。拳足之準否，發勁之大小，全在推手大

扸之精粗。此段工夫，完全實用功夫，亦可謂最後一步功夫。習此者，非常練、苦練不可。

初期與師父對打，為師者，常要讓生徒撲擊。此道中人，所謂餵腿、餵拳是也。為師者，若不餵之，生徒無從得其三昧，是為師者最難、最苦之教授。

一則難得機會，既要精神充足，又要無人偷視，且須身授撲擊，不免痛苦。

二則防生徒學成，而有欺師叛道行為，或者忌其優勝於師，而師自失其地位與生計。故為師者往往不肯教授，實有不得已之苦衷存矣。

學拳如是，學器械亦如是，其困難更甚於學拳。

‖ 練 勁 ‖

無論練拳與練器械，總須將內勁練到四肢。如練器械，不論劍、槍等藝，則須將內勁達到器械之尖；劍則劍尖，槍則槍尖。

至於勁之大小，因先天秉賦之不同，不能苟論。能到器械之尖，武藝功夫，可算到家矣。但練習程序，不可躐等，先在徒手時將身軀之勁，貫通肩、臂、腿、腳四部；而後到手尖、足尖。要此步功夫做到，亦須三四年。然後再用短器械，練到長器械，要使內勁貫到器械上，甚難，非徒手功夫可比。

個中人謂透三關。第一關，將勁貫到械上。第二關，由械柄通過械中心。第三關，達到械尖。此三關功夫，不在本身力之大小，而在平日水磨功夫如何，由科班出身者

（從徒弟出來），下過苦功，大半能透三關，一般票友中，所能者無幾矣。

練勁之經過既如上述，今將太極拳勁之種類分述如下：

一、

柔勁，又名「黏勁」，此太極門最初之練勁法。拳譜上所謂「一舉動，周身俱要輕靈，尤要貫串；無使有缺陷處，無使有凹凸處，無使有斷續處」。初練拳架時全用柔勁，否則不能貫串，必有缺陷與凹凸、斷續之病。王宗岳先師論曰，「人剛我柔謂之走，我順人背謂之黏」「不偏不倚，忽隱忽現，左重則左虛，右重則右渺」（此係與人交手之柔勁功夫，推手時便可用之）。

《十三勢行功心解》云：「極柔軟而後極堅剛。」又曰：「邁步如貓行，運勁如抽絲。」

楊鏡湖先生約言曰「似鬆非鬆，將展未展，勁斷意不斷」等語，即將柔勁之理，說得極其明顯。其效用在能黏能吸，與敵黏住，總不使其離，將其吸住，使其為我制。初學者均須從此入手；若初學之人，不注意於此，便離太極門徑，決難成就。

二、

剛勁，又名「斷勁」，有稱「冷勁」，有稱「捌勁」，其名不同，其法則一。其性激烈，發時如砲彈爆炸。譜上云：「運勁如百煉鋼，無堅不摧」；「靜如山岳，動如江河」；「蓄勁如開弓，發勁如放箭」；「曲中求直，蓄而後發」；「發勁須沉著鬆靜，專注一方」等語，皆指示剛勁

之法。其效用，是將敵人掃蕩無餘。

練此勁時，注意在猛而長。若發勁短促，雖剛烈，亦無多效用也。

三、

接勁，又名「借勁」，其勁中包含聽勁、化勁、剛勁、柔勁諸法。此勁最難練，是為最後功夫。敵勁到，我勁亦到，譜上云「彼微動，我先動」，換言之，敵勁之到我身，我即化其勁而發之。有時敵勁將到時，我已先敵而發之。總之，我接敵之勁，借敵之勁，而發之。

其方法是在一圓圈，敵勁到身時，起一極小圓圈而發之，此圓圈非目力所能見，非初學所能知，非到微妙程途不能領會。語云「可以意會，不可以言傳也」，譜云「得機得勢」，又云「將物掀起加以挫之，其根自斷，」歌曰「引進落空合即出」「牽動四兩撥千斤」「妙處全憑能借力，無窮變化洵非誇」等，皆言接勁要領。此中方法，全須面授，又須熟練，非筆墨所能盡也。

‖ 比　試 ‖

即由散手中學習而來，學習散手，有經驗，有進步，再下苦功，到比試時，定有幾分把握。雖然遇到強敵，不能取勝，總不至意外吃虧。

考散手一步功夫，實為練武者最後功夫，亦為練武者最後目的。若練武人不會散手，便不能比試，便何能與人決鬥，在倉卒中何能獲到效益？

此西人所以譏我中國武藝為單人跳舞也。今將關於比

試之管見，試述如下。

比試在教練中，謂之散手。在角逐中，謂之比試。在衝突中，謂之決鬥。其名目雖異，其效用則一，是爭勝敗於俄頃也。

吾人五官四肢皆同，雖秉賦同異，而性靈則一。我能見，彼亦能見；我能打，彼亦能打。所以能取勝者，是在方法，是在熟練。有方法，而不熟練，雖有等於無；單靠熟練，而無方法，所謂盲修瞎練，亦徒勞也。

方法與熟練之要素有三。一要狠，二要快，三要準。一狠者，能取攻勢，出手時能到家，能盡力，能克敵。若心一柔，便無用矣。二要快，是在同時並發，彼發我先發；彼發短，我發長；彼發軟，我發硬；彼發柔，我發狠；是我勝矣。三要準，準字為最重要，若出腿、出手皆不準，心雖狠，手雖快，皆無用也。

☯ 推手八法名稱釋義及其應用

—— 李先吾

推手一名打手，亦曰搭手，靠手。乃兩人以手互推，旋轉不已，渾圓如球，所以練知覺，供應用也。

其基本八法，曰掤、挒、擠、按、採、挒、肘、靠，而千變萬化，胥由此八字以生。

初學時，謹守成法，循序漸進，使觸覺日增靈敏。迨至純熟，則無不靈活，一觸即發，不拘定式，變化無窮。

蓋對方之動靜，虛實，無不預知，自能不丟不頂，隨屈就伸，能黏能走，雖四兩可以撥千斤矣！

（一）掤法

【釋義】捧也，兩手承物曰捧。為太極拳推手之術語。

【應用】敵以手擊來；我借其力，以手由下而上斜捧敵手，以化去彼力，且因而擲出之。

（二）挒法

【釋義】讀如呂；舒也，布也，散也。用手指順著摸過去之意，亦術語。（註：民國時期之挒字為左邊提手旁，右邊有個履），疑為挒字之訛。

【應用】敵用掤法，擠法時，我即因其力向斜角下方挒去，以舒散敵勁，則敵落空而前傾矣。

（三）擠法

【釋義】排也，推也，推之使不得前進也。亦術語。

【應用】敵用挒法時，我即曲肱，以手向前排推敵身，而外擲之，敵自不能穩立，而跌出矣。

（四）按法

【釋義】抑也，止也。亦術語。

【應用】敵方擠我時，用手下抑以制止之，使敵勁失效，而加以挫擲之。

（五）採法

【釋義】摘也，取也。亦術語。

【應用】敵用掤法，靠法時，我以掌摘取敵手，向側牽引，以制其力，使不能變動，我可隨意擊之。

（六）捌法

【釋義】拗也，捩轉也。亦術語。

【應用】敵靠我時，我以掌捩轉其力，使敵勁中斷，且因彼力以還制之。

（七）肘法

【釋義】臂中部彎曲處，其外側曰肘。本為名詞，今引申為動詞；謂以肘擊人也。亦術語。

【應用】敵欲擊我，即趁勢以肘擊其胸脅等部。

（八）靠法

【釋義】依也，倚也，依倚於他物也。亦術語。

【應用】敵用捋法時，我趁勢前進，以肩靠之，如敵勢不變，則跌出矣。

◆ 許禹生

許禹生（1879—1945），字靄厚，太極拳名家，著名武術活動家。

自幼熱衷武術，並研習多家技藝。從 6 歲起，他便在父兄的督促下習練查拳、潭腿等拳術，到 13 歲時，便掌握了查拳一至十路、潭腿一至十二路。20 歲那年，恭請河北滄州的劉德寬先生至家中傳藝。劉先生住滿三個月時，確信許禹生人品、學識、功底均為可心之才，才開始教他六合門拳械與奇門兵器「呂布方天畫戟」。每天傳藝達 6 個小時，直至 4 年後劉先生離開許家。

許禹生 24 歲時，有山東濟南府的一位趙姓查拳名家投貼拜訪。許禹生與其交手，結果是三勝二負。自此許聲

名鵲起，各地好手個個心動技癢，都以赴北京找許禹生比試一番為快，許禹生的家中成了武術行家相互交流的場所。在各路訪客中，既有清廷的當差護衛，也有鏢局的鏢師和拳把式教師，甚至還有綠林好漢。

在他們的交流中，許禹生也受益匪淺。只要誰擅長的技藝有獨特性、實戰性突出，就想方設法討教。期間他多次見到太極名家楊健侯以獨特的太極柔勁輕鬆化解掉來勢剛猛的拳勢，深為歎服，就虛心請教。楊健侯見許禹生雖然技藝在身卻謙恭誠實有禮，就決定收為弟子，傳授予太極真諦。

民國時期許任禹生北平教育部專門司主事。為雪「東亞病夫」之恥，建議在學校設置國術課，以增強青少年體質，並成立體育學校，首次將武術列入學科考試科目。

1912 年 11 月，許禹生邀集北平武術界著名人士吳鑑泉、趙鑫洲、耿誠信、郭志雲、葛馨吾、紀子修、恆壽山等創辦北平體育研究社。社長由北平市長兼任，他任副社長。該社以「普及武術運動、研究武術理論和拳史、培養武術人才、達到強民報國」為宏旨，盛極一時。京師各校漸向該社聘請教員，教授武術，一時形成北平各校延聘武術教師的一種風氣。

1916 年，又由許禹生倡導，作為該社的附設機構成立了北平體育講習所，除自任課外，還延聘吳鑑泉、楊健侯、楊少侯、楊澄甫、孫祿堂、劉恩綬、張忠元、佟連吉、姜登撰、紀子修、劉彩臣等名家任教。講習所以培養大、中、小學校武術師資為目標，其術科以國技為主，包

括徒手和器械。徒手包括太極、形意、八卦、少林等各類拳術，以及長拳短打、擒拿格鬥諸術；器械包括刀、槍、劍、棍、鉤、鐧、戟等。

1929 年 12 月，許禹生順應時變，在該社的基礎上成立了北平市國術館，北平市長兼館長，他任副館長，並主編發行《體育月刊》。該館做做中央國術館的機構設置，設教務、編審、總務等處，總管全館工作。下設高級研究部、普通研究班、專修班、民眾練習班，培養武術師資，審定武術教材，傳習各類武術技藝和理論。

1937 年上海「八一三」事變後（亦說 1931 年「九一八」事變），該館成立刀術速成班，傳授刀術，為抗擊日寇輸送將士。

許禹生著述頗豐，先後著有《少林十二式》《羅漢行功法》《太極拳勢圖解》《神禹劍》《陳式五路太極拳》《中國武術史略》等。

許禹生一生致力於武術的研究和推廣，為我國武術的繼承和發揚做了很多卓有成效的工作，對於武術的推廣和挖整亦做出了傑出的貢獻，可以說他本人除了是一位著名的武術家，更是一位傑出的武術活動家、教育家。

☯ 論太極拳推手術

推手，或曰搭手，一曰靠手，各派拳術家多有之，以練習進身用著之法者也。太極拳術以懂勁為拳中要訣，而懂勁以使皮膚富感覺力為初步。此感覺力練習之法，在二

人肘腕掌指互搭，推蕩往來，以研磨皮膚。由皮膚壓迫溫涼之覺度，以察知敵勁之輕重虛實，及經過方位。久之感覺靈敏，黏走互助，微動即如，斯為懂勁矣。

太極拳經曰：「懂勁後愈練愈精。」習太極拳者，不習推手，等於未習。習推手而未能懂勁，則運用毫無是處，嗚呼！升階有級，入室知門，學者於推手術，盍注意焉。

推手術，有單搭手式、雙搭手式之別。單搭手者，隻手單推。雙搭手者，雙手並用。此均指搭外而言（以胸懷為內，外指臂之外部也）。又有所謂閉合手者，則一方兩手均在內，一方均在外，互換為之，往復雙推也。單推手，研手門，及閩省拳，靠手、五行手（其手分金、木、水、火、土，五者互相生剋運化），多用之。

余幼從劉師敬遠先生習單推手術，甚有心得。嘗取太極拳各姿勢，參酌各家，一一為之規定練習方法，編成推手術，以輔原來四正四隅各方法之不足。茲僅擇堪為太極正隅各手之初步者，略為述及，取便學者云爾。

☯ 推手術八法釋名

◆ 掤

捧也，上承之意；膨也。如蓄氣於皮球中，用力按之，則此按彼起，膨滿不已，令力不得下落也。《詩·鄭風》：抑釋掤忌。杜預云：箭箭也。又通作冰。《左傳·

昭二十五年》：執冰而踞。（注）箭筩，蓋可以取飲。又以手復矢，亦曰掤。

太極功搭手訣內，逆敵之勢，承而向上，使敵力不得降者，皆為之掤。

将（註：民國時期之将字為左邊提手旁，右邊有個履）

讀作呂，擬係攄之訛。舒也。班固《答賓戲》：獨攄意乎宇宙之外；又布也。司馬相如《封禪書》：攄之無窮；又散也。揚雄《河東賦》：奮六經以攄頌；又猶騰也。張衡《思玄賦》：八乘攄而超驤。

太極功搭手時，凡敵掤擠我時，用攄字訣以舒散其力，使敵力騰散，而不得復聚者皆是。

◆ 擠

擠，《說文》：排也，推也，以手向外擠物前進也。《左傳》：小人老而無知，擠於溝壑矣。《史記・項羽本紀》：漢軍卻為楚軍擠。莊子《人間世》：其君因其修以擠之。

凡以手或肩背擠住敵身，使不得動，從而推擲之。皆擠也。

◆ 按

按，《說文》：下也。《廣韻》：抑也。梁・簡文帝《箏賦》：陸離抑按，磊落縱橫。《爾雅・釋詁》：止也。《史記・周本紀》：王按兵毋出。《詩・大雅》：以按徂旅；釋

遏止也。《前漢‧高帝紀》：吏民皆按堵如故。（注）按次第牆堵不遷動也；又據也。《史記‧白起傳》：趙軍長平，以按據上黨民；又撫也。《史記‧平原君傳》：毛遂按劍歷階而上是也；又按摩也。古有按摩導引之術，《前漢‧藝文志》：黃帝岐伯著按摩十卷。

蓋太極拳術，遇敵擠進時，甩手下按，揭抑以制止之，使不得逞，謂之按。

◆ 採

採，採取也。《晉書》：山有猛虎，藜藿為之不採；又擇而取之曰採。

太極拳以採制敵之動力為採，如靜坐家抑取身內之動氣，為採取也。《陰符經》曰：「天發殺機。」悟此，則思過半矣。

◆ 挒

挒，捩也、拗也。韓愈文：捩手復羹；又繆也，轉移之意。

太極拳以轉移其力，還制其身，謂之挒。又挒去之意。

◆ 肘

臂中部彎曲處之骨尖，曰肘。拳術家以此處擊人為肘，蓋動詞也。太極拳用肘之法甚多，本書僅就推手時所應用者，略述及之。

◆ 靠

靠，倚也，依也，依附於他物也。太極拳近身時，以肩胯擊人曰靠，有肩靠胯打之稱。

☯ 太極拳應用推手

◆ 第一節　太極拳之椿步

太極拳術之椿步，多用川字式者。由立正姿勢，左足向左前方踏出一步，兩足尖方向均向前。其左右距離，以肩為度。

身下蹲，兩膝微屈，使全身重點寄於後足，若丁虛步然；惟前足尖上翹，或平置於地，微不同耳。

上體宜立腰、空胸，氣注小腹。頭正直，頂虛懸，尾閭中正，精神貫頂。脊背弓形，兩臂略彎，向前平舉，手掌前伸，坐腕，指尖微屈，分張向上。前手食指約對鼻準，後手約居胸前，掌心參差遙對，若抱物然，削肩而垂肘。其肩、肘、腕與胯、膝、腳，三者相合，全身宜靈活無滯，各逞自然狀態（右式同此），斯為善耳。

◆ 第二節　單搭手法

兩人相對立，各右足向前踏出一步。右手自右脅旁做圓運動，向前伸舉，如前之椿步姿勢。兩手腕背相貼，交叉作勢，是為單搭手式。

◆ 第三節　雙搭手法

此式如單搭手式之做法，惟以在後之拗手前出，各以掌心拊相手（即對面之人）之臂彎處，四臂相搭，共成一正圓形。以兩腕相搭處為圓心，兩人懷抱中所占據之部分，各得此圓之半，儼如雙魚形太極圖之兩儀焉，是為雙搭手式。

◆ 第四節　單手平圓推揉法

兩人對立，做右單搭手式。

1. 甲右手手掌下按乙右腕，向乙胸前推。乙屈右肱，手向內懷後撤，平運退揉，做半圓形，手腕經左肩下向右運行，至胸骨前。

2. 乙身向後坐，肘下垂，覆手貼於脅旁，手腕外張，脫離甲手之腕，還按甲腕。

3. 乙手再向甲胸前推，如 1. 之動作。

4. 甲手退揉，如 2. 之動作，亦成半圓形，往復推揉。

俟熟習後，再習他式，此為推手法基本動作。左搭手式與右搭手式，動作相同，惟左右互易耳。

◆ 第五節　捋按推手法

兩人對立，做雙搭手右式。

1. 甲右手手掌下按乙右腕，左手按乙之右肘，向乙胸分推做按式。

2. 乙屈右肱，手向懷內後撤，平運退揉。左手拊甲之右肘後，右手腕經左肩下向右運行，左手隨之，向右下方屈肱做挒，雙肘下垂。

3. 乙雙手按甲之肘腕，向甲胸前推做按式，如 1. 之動作。

4. 甲雙手退挒，如 2. 之動作。

◆ 第六節　單手立圓推手法

兩人對立，做右單搭手式。

1. 甲以右手掌緣下切乙腕，（乙隨甲之切）指尖向乙腹部前指。

2. 乙屈肱隨甲之切勁，由下退揉，畫下半圓形，經右脅旁上提，至右耳側。

3. 乙右手接前之動作，做上半圓形，伸臂前指甲額。

4. 甲身向後坐，屈右肱，手貼乙腕，隨其動作向身側下領，至脅旁做前推式。

附註：

此式可練習太極拳中倒攆猴及下勢二姿勢。如甲動作即仿倒攆猴勢，乙即仿下勢之動作也。

◆ 第七節　挒擠推手法

兩人對立，做右雙搭手式。

1. 甲坐身立左肘，向後斜挒乙右臂。

2. 乙趁勢下伸右臂，進身向甲拊肘手之接觸點前靠，並以左手拊內臑，向外擠之。

3. 甲俯身向前，以緩乙力，並橫左手，以尺骨或腕骨搭乙之上膊骨中間處，使乙臂貼身，並以右手由肱內拊其接觸點，前擠之。

4. 乙揉身向內，走化甲力。坐身立左肘，向後斜将甲之右臂，如 1 甲之動作。

5. 甲如 2 乙之動作。

6. 如 3 甲之動作。

◆ 第八節　單壓推手法

兩人對立，做右單搭手式。

1. 甲右手貼乙右腕，向外平運，隨即抽撤，翻手下壓乙腕。仰掌屈肱，以肘近脅（肘彎宜成鈍角）。

2. 甲因前動作，仰手壓乙腕，伸臂向乙腹前插。

3. 乙隨甲前進之力，覆手平運，屈肱退後隨之。俟甲指將插至腹前時，吸身垂肘，翻手下壓甲腕，如 1 甲之動作。

4. 乙伸臂前插甲腹，如 2 甲之動作。左式同此。

◆ 第九節　壓腕按肘推手法

兩人對立，做右雙搭手式。

1. 2. 甲壓乙腕前插如前，惟以左手掌指下按乙肘助力。

3. 4. 乙退後覆腕抽撤時，左手掌心向上仰捧乙肘，為不同耳。

◆ 第十節　四正推手法

四正推手者，即兩人推手時，用挒、擠、按、掤四法，向四正方週而復始，做互相推手之運動也。做此法時，兩人對立，做雙搭手右式。

1. 甲屈膝後坐，屈兩臂，肘尖下垂，做琵琶式。兩手分攬乙之右臂腕肘處，向懷內斜下方挒。

2. 乙趁勢平屈右肱，成 90°角形，向甲胸前前擠，堵其雙腕，並以左手移撫肱內，以助其勢。

3. 甲當乙擠肘時，腰微左轉，雙手趁勢下按乙左臂。

4. 乙即以左臂擠推，分作弧線，向上運行，掤化甲之按力。同時右臂亦自下纏，上托甲之左肘，以助其勢。

5. 乙掤化甲之按力後，即趁勢挒甲之左臂。

6. 甲隨乙之挒勁前擠。

7. 乙隨甲之擠勁下按。

8. 甲即掤化乙之按力後挒，自此週而復始，運轉不已，是謂四正推手法。

◆ 第十一節　四隅推手法

四隅推手者，一名大挒。即兩人推手時，用肘、靠、採、挒四法，向四斜方週而復始，做互相推手之運動，以濟四正之所窮也。做此法時，兩人南北對立，做雙搭手右式。

1. 甲右足向西北斜邁一步，做騎馬式或丁八步。右臂平屈，右手撫乙之右腕；左臂屈肘，用下膊骨中處，向

西北斜挒乙之右臂。

2. 乙即趁勢左足向左前方橫出一步，移右足向甲襠中，插襠前邁一步；同時右臂伸舒向下，肩隨甲之挒勁，向甲胸部前靠，左手撫右肱內輔助之。此時甲乙仍相對立，乙面視東北方。

3. 甲以左手下按乙之左腕，右手按乙之左肘尖下採；同時左足由乙之右足外移至乙之襠中。

4. 乙隨甲之採勁，左腿向西南方後撤，做騎馬式；左臂平屈，左手撫甲之左腕，右臂屈肘，用下膊骨中處，向西南方，斜挒甲之左臂。

5. 甲趁勢右足前出一步，移左足向乙襠中，插襠前邁一步；同時左臂伸舒向下，肩隨乙之挒勁，向乙胸部前靠，右手撫左肱內以輔助之。此時甲乙仍相對立，甲面視東南方。

6. 甲左臂欲上挑，乙即隨甲之挑勁，左手作掌，向甲面部撲擊；右手按甲之左肩，斜向下捯。

7. 甲隨乙之捯勁，撤左足向東北方邁；左手撫乙之左腕；右臂屈肘，向東北斜挒乙之左臂。

8. 乙趁勢上右步，移左足，向甲襠中前邁；左臂隨甲之挒勁，用肩向甲胸部前靠；右手輔之；面視西北方。

9. 甲以右手下按乙之右腕，左手按乙之右肘尖下採；同時右足由乙左足外，移至乙之襠中。

10. 乙隨甲之採勁，撤右足向東南方邁；右手撫甲之右腕；左臂屈肘，向東南斜挒甲之右臂。

11. 甲趁勢上左步，移右足，向乙襠中前邁；右臂隨

乙之挒勁，用肩向乙胸部前靠；左手輔之；面視西南方。

12. 甲右臂欲上挑，乙即隨甲之挑勁，右手作掌，向甲面部撲擊；左手按甲之右肩，斜向下挒。甲退右腿，雙手挒乙之右臂腕肘處，還右雙搭手式。此為一度，可繼續為之，是謂四隅推手法。

☯ 太極拳原理

——喻潤川

太極拳的作用是以活動氣血、強健身體為目的，其原理係根據物理力學和搏擊之技藝而演成。

關於力學方面的

練拳時，手臂不斷扭動，如鋼鑽一樣，所謂螺旋勁、麻花勁、纏絲勁，都是鋼鑽式的轉動。如人以鐵一般的力擊來，我用纏絲勁接彼之力，彼雖力大，我之纏絲黏勁，足以引其落空。照力學原理必須具螺旋形運動，並含槓桿作用方可將對方牽動；譬如鐵軌上的機車，有時越出軌外，一人用螺旋形名「千斤頂」者，即可由槓桿螺旋力量，將機車搬上軌道，此係以輕制重實例。

拳譜規定，「運勁如抽絲，偏沉則隨。無力打有力，以柔克剛」，又按力學原理必須走內圈，運用離心力，方可生效。試觀三尺之輪，其中心車軸只有一尺，若車軸一轉 45°，所移之弧形距離約當三寸九分，而外部車輪移轉

之弧形距離約當一尺一寸八分，內部車軸與外部車輪移轉之比例是一與三之比，以一秒鐘走中心一尺弧形，可與三秒鐘走外部弧形距離具有同等之速度。

太極拳以走內圈為變化之基礎，而圈又分大、小、平、立、斜、正、有形圈、無形圈各種區別。並且圈又分以大克小，以斜克正，以無形克有形。

何謂無形圈？就是在出手動作中，隨時都在螺旋力量範圍內，那就每手都是螺旋力，在行使這種螺旋力量，要成為動作中習慣力量，雖就在形式上是用手直出直入，但只要接觸對方的某部，便顯示出直進是由螺旋力量在推動。由於這種螺旋力的主導作用，就能隨著對方的來手上下進退，並在順隨之中，發揮螺旋力，以入手克敵。還有將對方誘入我的無形圈內，對方失去主動力量，受我螺旋力牽制即可得到四兩撥千斤的效果，是以小力勝大力。

至於太極拳手法，合乎力學原理的，如手揮琵琶、提手上式，合乎槓桿之理；如海底針、扇通臂、蛇身下式、撇身捶，與滑車之力相合；野馬分鬃與尖劈之力相合。此係就物理學之大概情形也。

又太極拳對技擊方面也有很多方法，因為太極拳動作柔緩，無強度屈伸，可避免對方隨屈就伸之弊，且阻力甚微，故其作用於落點之力轉益沉重，肱臂不為強度之伸縮外形，雖若遲緩，而發出之力，借足踵為源泉，同時腰、肩、肘各關節之激動，即可得強烈之加速衝力，隨意用力，變動與發勁，引避與進擊，同時並作。

例如發人時，下肢上步，不失穩定身法。又如人來擊

我，我只就彼力進行之方向，作一閃避，同時加力於其重點上，則彼之重點不能支持，重心下落，身必隨之傾撲，此時務必順人之勢，借人之力，我力所加，必求不失其時，不失其拗處。

依物理之定律，運動量之大小是質量與加速度之乘積，借肌肉敏活之動作，固可以柔緩之外形，成加速之內容，所謂以慢擊快者此也。

例如，掤要兩手和臂圓撐。用捋的方法破掤勁，擠的方法破捋勁。按勁係用雙手同對方腹上胸下推按，或在已將對方的掤勢封閉後使用。再用按勁時須進步向對方當中衝擊也，可用身子傾撲備加壓力，此係就四正而言。再和對方交手時，還要尋找對方的四隅角，為的是轉移對方的正方，先破他的中心力，就是用我的正方以襲取對方的側面，也就是先發制人，不一定專以靜待動。

對方如果進攻過猛，我用一手抓其腕，一手找其肘，用力向側後方猛帶，這叫截法。我用截法將他帶動，他趁勢用肩靠我，我即用屈肘的方法向外橫擊，並轉身以增加橫肘的力量，使對方被肘擊跌出。彼若與我接觸太近，必須封閉其來勢或掤手時，須用採挒的手法，以解脫他的鋒銳。如果與彼搏鬥難分或勁路糾纏不解，就用驚彈勁向外發射，或用轉環力卸去來勢，以化彼得手進著之勢。

與彼交手時，要上前逼近，才可以發著進手。但必須把自己的三前（手、足、眼）顧住，又必須注意到對方七個進攻部分（頭、手、肘、肩、胯、膝、腳），以免被彼擊到身上。推手時必須剛柔相濟，快慢相間，蓄發相變為

原則，始終貫串著纏絲勁，並以內勁為統御。

太極拳法門中又有所謂十三法者，前六個半法即掤、捋、擠、按、採、挒、肘、靠，前進、後退，左顧、右盼、定，後六個半法即正、隅、收、放、吞、吐、剛、柔、虛、實、單、雙重，以定、重合為一法，故稱十三法。前六個半法解釋甚詳，後六個半法解釋如下。

正隅者，就是以我正方向彼之隅方進攻，如果正對正，就犯衝撞，也是雙重，叫作頂勁；如果角對角，就犯輕對輕，全落空。必須以重擊輕，以輕避重，才可致勝。

收放者，先誘彼深入，向我懷中帶進，然後放手發出。彼交手時，要利用正、偶兩方的機會進退，再按收放的方法進擊。

何謂吞吐法？吞就是以柔當先，剛勁緊隨其後，儘量使用推法。如掤、捋、擠、按四正推法，要脆、快、冷、急。吐是以剛勁進擊，儘量施展打法，也要脆、快、冷、急，如散手的推法。和彼交手後，由開合、吞吐來發揮剛柔的勁，至於輕重方面有單重和雙重之別。如在練拳上說，前腿虛、後腿實，重心在後腿，此叫單重；雙腿著地，前後力均叫雙重。

按實際運用上說，單雙重的意義不在將重心放在前後腿上，而是在運用勁的出發點上。即隨重用輕，隨輕用重，才能發揮輕重的效能。雙重是力與力爭，力大制力小。單重是我用力擊出時，使彼失去抵抗力，達到我發著用手的目的。此種功夫，必須有純熟隨的功夫。單重用得好，使彼落個空字，能使對方處處落空，才算好手。

此外還有「重」和「中」字須解釋明白。按重和定合為一法，因為重和定有聯帶關係，定是穩定，重和中不能離開穩定。例如技擊上，用我的重心力向對方的中心點進擊，就叫以重擊中；定就是將全身之力集中於掌和拳上以擊人，也叫作以定用手的方法。

楊氏太極拳每式用法

——喻潤川

練太極拳原以活血行氣、強健身體為第一要義，技擊術次之。但為學者增加興趣、持久鍛鍊起見，又不得不將每式用法略予說明，作為學拳者進一步探討，茲分述如下。

1. 預備式

兩手提起與肩平，前臂有黏勁，肘往下墜，兩掌緣向裏收；意味著對方用雙手在我手下向我胸撲來，我即含胸、用雙掌緣切於對方手上向裏收，使對方站不穩，趁其拗式，往對方胸前撲之，使跌出。

2. 左掤和右攬雀尾

兩手有黏掤勁，是由腰勁運出的。兩手合時，手臂外面有黏掤勁，手臂裏面意味著一手按對方肩、一手搓對方腰。如果對方用右手接勁，即趁勢採其右手，用左手掤其

腋窩和胸前，由左掤轉右掤，左手右轉有黏按勁，右手向右轉走，外臂與對方右手相接觸時，隨對方的方向而變化之。

如對方手臂向上，即用纏絲勁順其方向而掤之。如對方手臂向下，而用纏絲勁順其方向向我左或右邊捋之，使對方腳跟拔起而發之。

如對方捋我右手，即順其捋勢用腰勁一轉，使意思集中在右手脈門外，用左手加於脈門內，即是合勁，翻右前臂而擠之。如對方在我兩手上用按勁按我胸部，我雙手分開，用臂黏勁向上，同時兩肘下墜，以緩其來勁，再用雙手向對方按去，使其騰空躍出。

3. 單鞭

如對方用左手擊我右邊，即趁勢用右肘化其右捶，同時用右腕擊之。我左手護右前臂中節而掩護正胸之用，下用臀峰擊其下部。

如對方用右手擊來，即以左手纏裹其右臂而還擊之。

4. 白鶴亮翅

如對方用左手擊我胸部，左足踢我下部，即順其來勁，用腰勁化開，同時右肘反擊，右肩反靠，後再用右肩正靠，右手摟開彼左腿。

如對方抓我右手，即以左手挑之，騰出右手進擊，或用提勁將彼身引至傾斜，以左手進擊之。

5. 提手上式

對方以左手擊我右胸，我以右肱夾其左外臂，我左手執其左腕，兩手合而搓之。此式右肘尖正當足厥陰肝經章門穴，如肝炎等病，可常用此式治療之。

此式右手在上，左手在內，左足坐實，臀峰略外放後而內收，腿襠都要圓，全身有感覺，心中極安靜。

6. 左右摟膝拗步

人以左右手擊我面部和胸口腹部等處，我以左右手從面部和胸部、腹部摟開。

人以手或足，攻我中下部，我左右下摟左右掌，先以指探其勁路，再以掌發之，此謂大摟，要用腰勁。

7. 手揮琵琶

人以右手打來，我以左手按其右肘，以右手扼其右腕，兩手用冷勁一挫，使人右手肩肘都被制用，拿而後發的手法將人發出。

8. 進一步搬攔捶

人以右捶擊來，我以右手臂纏繞勁沉壓人手，同時以右腳蹬人腿部迎面骨，左臂肘纏繞其右臂外部；人因擊我不得勢，必將右臂抽回，趁其抽回之際，左手向左順其抽回之勁而捋之，右捶擊其胸口。

9. 如封似閉

人以左手推我右捶時，我左手在右肘下推人左手，右手用纏絲勁內收，兩手變掌，按人左肩外部，使其站立不穩而傾倒。

人之一身分為九部，上部以手臂來說，肩為根，肘為中，手為末。以腿來說，胯為根，膝為中，腳為末。就全身來說，腳為根，腰為中，頭為末。

人身以腰為主，手足的勁全由腰發，所謂「中節不明，全身是空」，肘膝的用處也很多。

10. 十字手

人自右側來擊，我以右臂分開其勁。倘人再趁虛擊我胸口，我雙手交叉向上掤住，即封閉其臂。

凡兩手相連，轉折不方便者，均可架十字手以資銜接。十字手法就是一顧一進，兩法要用在同時，不可有快慢。

11. 抱虎歸山

人以左手從右側擊來，我以右手摟開其臂，以左手迎面擊之，同時左臂向裏轉，以臂外面之勁制其左臂，使不得逃脫，這是採勢。

倘人左手上抬外逃，或左轉擊我頭部，即進身以右肩承接，用左手臂抱人腰向右轉。設人欲逃遁，即回身以右手閃捯其面部。

12. 小肘底看捶

我左手向左斜方出手接人右腕，我右手握拳撲捶擊其來手，兩手一上一下，須相配合，內有擒拿手法。定式時，須含有外三合（肩與胯合、肘與膝合、手與足合）。此式還可鍛鍊呼吸深長。

我左手執拿人右臂稍向前引，復轉腕上託人肘，同時用右捶擊人胸口和肋部。此式須用腰勁。

13. 倒攆猴（又名倒轉肱）

人以右手擊來，其勢甚猛，我退左步，左手向下攔格，或用纏絲勁和黏勁向外扭開，而以左掌撲其面部。此式係運動督脈，後退時足掌有蹬意，足大趾落地時有旋轉意。所謂地針，意味著足大趾落地時，貼人腳背而旋轉，使人足背疼痛而制服之，和雙手搓其腕肘而擒拿之。兩腿微屈，鬆腰胯，不可忽高忽低，練習腿勁。

14. 斜飛式

我右手被人抓捋時，立即墜身坐肘，反轉手腕，手心向上，以解對方之力；同時用左手採住人手，向右轉身，肩有意靠，右手背有反擊意，即肩未靠準，再用手背擊之。

15. 海底針

人以左手下沉我右手，並以右手擊我頭部。我先以左

臂掤開其右肱，右手由下轉至左肱外，執拿其右腕，右手緣往裏勾人手，虎口向外，制人虎口；並用左手摟膝，以右肩靠人胸，使其傾倒。

16. 扇通臂

我右手執人右虎口，使人右手受制。如人右手上提，即趁勢隨其上揚而反刁，我右手墜肘，右足下蹲以蓄勢，用腰腿勁畫半圓圈，左手直射其腋窩或胸部，手掌和左肋骨隨有向前撲之勢，同時右邊之勁須貫通於左手，以練腿與肩背之勁。

17. 轉身撇身捶

人自身右擊來，我即轉身向後，兩手同時右轉，左手招上，右手招下；左手自左肋下纏繞以防人右手擊，兩肘有橫擊意。右手變捶反擊人面和胸口，左手自肋下繞圈後從右臂上化走其手和橫擊其面和胸口，右手用沉勁壓人手，同時收回再擊。兩手出擊，所謂「一出三不歸」。

18. 雲手

人從右邊擊來，即以右手掤化；在與人互搭右手時，用左手從人右臂下向上穿出，用左肩直抗人腋，把人右臂微抗起，並急用力反抖，力點在反抖上，即是由螺旋力變成驚抖力發出。右手亦然。此式須用腰旋轉，兩手從肩起，均要有黏掤勁，不離人手臂。

又有所謂雲手有掤去身內肝肺濁氣之說，因肺為華

蓋、肺朝百脈，主呼吸。肝者將軍之官，主藏血，肝氣最旺，氣火上攻巔頂，則頭痛頭昏最烈，甚則中風不省人事。

19. 高探馬

人用左手擊我胸部，我以左手採執人左手，並以左腕背疊住人左手，我右掌撲其面部或胸口，外家所謂「美女抱瓶」是也。

20. 右分腳

右手隨腰腿右轉圓圈勢，右手在外，左手在內，兩手用力搓人右腕，人身必拗扭不得勢，趁勢以右腳緣踢之。

分右腳時，左臂要有微彎，意要用重一點，以平衡其力。左邊亦然。

21. 轉身蹬腳

左分腳擊人後，倘有人從身後擊來，我即轉身避開，兩手合住，上架人手，以左足底蹬其腹部；同時左手假撲其面部，以防人摟我左腿。右腿宜微屈，全身重點寄於右腿，身子不可前傾後仰。

22. 進步栽捶

人以右捶擊我胸口，我以右手臂黏化其勁，人必左俯；我則趁勢上左步，並以右拳往下擊之，頭頂不可傾斜冒過足尖。

23. 右蹬腳

人自左側用右捶擊來，我雙手往上用十字架開，並以右手虛擊其面部，同時用右足尖向上直踢其手腕、肘或腋窩。

24. 左右打虎

人以雙手握我左右臂，我腰右化，用右手擊人左太陽穴，左手擊人肋部。

如我腰左化時，左手上提，擊人右太陽穴，右手擊人左肋部。

25. 雙峰貫耳

我以雙手叉人喉嚨，人以雙手來格，我即趁勢用雙手反轉成拳，擊人雙耳門；或以食指根節骨，反擊人的左右太陽穴，用雙對的方式猛擊。

26. 右式野馬分鬃

人以左手自我正面擊來，我以右臂外部之黏勁，纏繞其手引其向左；復以左手假擊其面，並採執其左腕，同時上右步逼於人足後，用右臂自人左腋下往上掤擊之。

27. 左式野馬分鬃

人以右臂橫捌我胸口，至勢背時，我趁勢用右手執彼右腕，撤右步，上左步，將左臂自其右腋下向左往前掤擊

之。

此式左肱外部掤人左臂外部，右肱外部掤人右臂外部，左右亦可聯環運用。

28. 玉女穿梭（一）

人由右側以右手托我右肘，或擊我頭部，我即轉身膝擊人膝部，臀擊人臀部，以左手從右肘下制人右手；我右手向裏引轉，左手向外格，右腳向前一步，左腳亦踏上一步，扣住人右足跟，以右掌按擊人胸口或肋部，兩手左按右掤引，同時用勁不可或先或後。

29. 玉女穿梭（二）

人自背後擊來，急轉身，右背有反靠意，左臀擊人，兩手交叉，以架人手。

人從正面擊來，如人握我左肘，以右手從左肘下化去人手，左肘手往裏收，引化人手，右手反刁人的手腕，左手擊其右肩或胸口，此種左右手互穿的手法謂之「護中節」。

30. 蛇身下勢

下式的運用，要以腰、胯、膝三關節為主力。倘人以手擊來，勢甚猛，我以左手沉化，左肩轉化，以洩其勢；下蹲後退，以避其鋒。我即用貼隨的手法，並用腰、胯、膝三關節之勁，向前衝進，用手撩人襠部或腹部，所謂「閃展無全空」。

如人雙手被困，勢必起右腳踢我襠部，我即以左手握人右足跟往上提，右手按其足心湧泉穴，起身以雙手向前放出。

31. 金雞獨立（右式）

人後退並以左手擊來，我趁勢將身向前往上升起，右手拿閉其左手麻穴，右膝攻人小腹或襠部，並以右足踢人或蹬之。

如我和人糾結不開時，可以腳腿抬起，用腳跟對準人的腳面，猛力下踏；同時另腿上提，以增加下踏力量，使全身重力墜在一個腳跟上，以踏傷人腳面。

32. 金雞獨立（左式）

我以右膝攻人腹部時，人以左手往下沉化我右膝，並以右手擊來，我隨其勢放下右腿，右手沉採人左手，我左手拿閉人右手麻穴，以左膝攻人襠部。

33. 轉身白蛇吐信

應用時與撇身捶相似，撇身捶係用反捶，擊人面和胸口。此式係用指擊人，如彈物狀，或叉人胸口肋部或喉嚨。

34. 穿掌

前式高探馬以右手撲人面部。假令人以左臂上掤，我即以右臂向下，沉化人左臂；同時我左手掌穿過右肱，以

手指向上叉人喉部和胸口。

35. 轉身單擺蓮

人從右後用右腿或右手擊來，我轉身用左手採其右手或右腳；我以右腳背反撲其腿，右掌反撲其面或右肋，使人傾倒。

倘人從右後以手擊來，我向後轉身，以左右手架開人手，以右腳板蹬其迎面骨，此式又謂之「十字腿」。

36. 摟膝指襠捶

人以左手擊來，我以右臂化開，右手順轉纏絲勁由腋邊上行，自肩髃穴斜纏至手，擊其襠部；如果人將我手臂採捋下帶時，就順其捌勢急進步，用右肩衝其胸部。

37. 上步七星

人以右拳擊來，我將身上升，用頂勁以雙拳交叉向前朝上掤住，同時以右腳踢彼下部；或左拳上架，右拳擊彼胸口，並以右腳踢之。

七星有兩說：一雙手交叉形象七星。又一說是頭、兩肩、兩肘、兩胯、兩膝、兩足、兩手七處攻人謂之「七星」。

38. 退步跨虎

我右手擊人，人以左手往下採沉，我右腳不能抬高，隨勢放下右腳，分人兩手，以挒其勁，以左足踢彼下部或

腹部。

39. 轉身雙擺蓮

人以右手擊我胸口，我右手採執彼手。倘人向前追擊時，急轉身假避至原方向，復以左右手執人右手，用右腳緣踢人右肋或腰；轉身時如圓球形旋轉，倘被人擊來，即可彈出。

40. 彎弓射虎

人以右邊，擊我右肩，即隨其動作轉半圓形，以柔化其力，並趁勢提拿之，使彼落空；雙手借腰腿勁，隨化隨轉，左手擊人胸口，右手擊人左太陽穴。

☯ 太極拳之體用詳解

—— 金倜生

‖ 練習太極拳之預備 ‖

練習拳技之人，在入手之前，必有相當之預備。如坐步柔腰等基本法則，皆須達到相當之程度時，始進而練成趟之拳法。此亦猶小兒讀書，以識方字為入手之初步也。外派拳技如此，即太極拳亦未能獨異；惟預備之法則，不能盡同耳。

蓋外派拳技，純以力行；而太極拳則純以氣行。力主剛而氣主柔，剛柔既判，則練習之法，亦自在異矣。

今之學太極拳者多矣，往往以時間之關係，入手即從整趟而不及於預備。此種練法，雖可以達到成功之境，但其間必多阻障、手足生硬等弊，固所不免；而行氣致柔之道，尤難稱意；比皆準備不足之害也。若入手之前，對於種種緊要之關鍵，而有充分之預備者，進而練習整趟之太極拳，則駕輕就熟定，可收事半功倍之效，不至發生不良之反響矣。

其所應當預備之事，亦非一端。在動作之表面，以柔和、勻稱為最要條件。在動作之實際，以運氣、化力為不二法門。能知比二事，始可與言太極拳。然表面之柔和勻稱，易於練習；實際之運氣、化力，難於見功。故往往有練習甚久，姿勢亦頗悅目，而並未得其實益者，即未得運化之道也。故《太極十三勢行功心解》云：「以心行氣，務令沉著，乃能收斂入骨；以氣運身，務令順遂，乃能便利從心。」又云：「行氣如九曲之珠，無往不利。」又云「氣若車輪。」於此亦可行氣之道矣。

凡練習太極拳之人，不能僅以動作柔和勻稱，即謂盡其能事；務必達以心行氣，以氣運身之目的，然後始可得其實益。

茲將基本之各種方法，分述於後，以為入手之準備。庶學者可以循軌而進，不致誤入迷途也。

‖ 外部動作之預備練習 ‖

所謂外部動作，即為有形之姿勢。吾人可以目見者，舉手投足，進退起落是也。夫太極之形，本為渾圓，拳之

所以名為太極者，實循其理而象其形也。

故太極拳之動作，無論身手足步，不動則已，若動則終不脫於圓圈。一趟太極拳，實為無數圓圈所組成，雖有縱、橫、平各勢，但其為圈則一也，此即內派拳家所謂：圈中自有妙理者是矣。拳法既不離乎圈，則學此者對於圈，自當重視而熟習之。

故入手之預備，亦即以此為標的，茲分身、手、足三節，述之如次。

◆（甲）身部之圓轉

身部圓轉之法，可分平、縱、橫三種姿勢。平圓之動作，則先並足正立，兩手高舉，扶持頭部，掌心向前；次乃將上身徐徐俯下，兩腿挺直，至全身成 形為度。至此即向左向移動，至正左方為度。再徐徐移向正右方，成半個平面圓，如此左右更迭移動，以八次為止。

縱圓之動作，亦先並足正立，兩手如上法舉起，平直而掌心向前；繼乃徐徐將上身俯下，兩膝亦宜挺直，至掌心向內，指尖靠足尖貼地，而成為∩形為度，按此即俗稱為打躬式者是也。

俯至極度之時，更徐徐昂起，而回覆正立之式，此無異在縱面成半個大圓也，亦以俯仰各八次為止。

橫圓之動作，亦先並足正立，兩手高舉，與以上兩勢完全相同；次將兩腿坐實，上身向左方旋轉，至正左方時，即徐徐向下俯，兩手繞過足尖，徐向右移，緩緩拗起，轉上而回覆正立之勢。繼再旋身向右，亦依上述之

法，反行一次，在迎面扲成整個橫圓，如此以順逆各行四次為止。

以上各法，行時務須凝神運氣，且行時徐緩為貴，起落務必停勻，否則即為無益。

◆（乙）手部之圓轉

手部圓轉之法，亦分平、縱、橫三種圓，特此三種圓中，又有長、短、中之別。其間中手之式樣最多，而短手最少。茲分別述之如次。

平圓，可分為頭上、臂下兩種。全身正立，兩臂上舉，屈肱交錯，橫置額上，然後參差向後移去，至後腦之外，即分向左手劃開，轉前攏入，仍置前額之上，兩手在頂上，挽成平面之圓；此係順勢。若逆勢，則先向前移，轉向左右，繞後出前，至原處為止，此係中手。順逆各行四次而畢。

至於臂下之平圓，身步亦如上式正立，先將臂舉起平肩，屈轉肘節，使肱疊置上臂之下，掌心向上，指尖對脅，然後徐徐向後移動，劃開向左右轉前，各在臂下挽一平面之圓，此為順勢。若逆勢，則反行之，亦係中手，練習時順逆各四次而止。

依上述之同一方法，臂平而肱直垂，單將手腕前一部分屈轉，亦掌心向上，指尖對脅，依上述之動作，而挽成平面圓者，是為短手，即俗稱為腕旋轉者是也。練習時，亦以順逆各行四次為度。

至於縱勢之圓，亦可分長、中兩手，惟不及短手，皆

在兩肩之外側行之者。先全身正立，兩臂舉平肩，屈轉肘節，使肱前各部直垂，指尖向下，掌心向內，然後徐徐移向後方，各就臂外拗起，出前而落下還原，此係順勢。若逆勢則先向前面拗起，轉後落下，而挽成縱圜，此為中手。練習時，順逆各行四次為止。

至於長手縱圜，其預備之姿勢，亦全身正立，先將兩手高舉，雙臂夾持其頭，指尖向上，掌心相對，然後徐徐向前落下，至兩腿側面時轉後抄起，仍還原處，此係順勢。若逆勢則先向後落下，轉前抄起還原。練習之時，以順逆各行四次為度。

橫圜者，即在迎面所挽之法也，亦可分中、長兩手，而不及於短手。中手圜之先，全身正立，兩臂屈肱平舉，肩、肘、掌三部，成銳三角形，指尖相向，掌心向內；然後將兩肱徐徐壓下，至垂直之時，乃向左右劃開，轉向上方拗起，落下而回至原處，此係順行之法。若欲逆行，則依預備之式，先將兩肱向上豎起，然後劃向左右，落下由腹抄起還原，此係單用肱之一部，在迎面所挽之橫圜，故為中手。練習時以亦順逆各行四次為止。

長手圜之先，亦各法正立，兩臂平舉左右，掌心向下，肘不可屈，然後徐徐將臂壓下，經過兩腿之前面至少腹之前，參差成為交叉勢，而兩臂各向其反對方向抄起，當至額前時，又成一交叉式，乃分向左右劃開落下，而回至起手時之原處，此為順勢。

若逆勢則先將兩臂向上抬起，攏入額前，而成一交叉，乃在迎面各向其反對方向落下，至腹前再成一交叉，

乃分向左右劃開，各向上抄起而至原處，此乃用臂之全部而行者，故為長手。練習時以順逆各行四次為止。

以上各種手法，初時宜就每勢單獨練習。至純熟後，則不妨將各勢加以聯絡，錯綜相間而練習之，循環往復；既可以增加活動之能力，亦可以提高學習之興趣，洵一舉兩得之法也。

◆（丙）足部之圓轉

足部圓轉之法，亦分平、縱、橫三種圓式，但足為人身支點之所在，勢不能如手臂之雙方同時並行，只能以一足支拄全身，而以一足為過圓之用。且腿部以骨體之關係，其轉動亦不若臂部之靈活，故除中手之圓可以照行外，其餘長短兩手，皆不適用。

茲將三種法則，分述各次。

足部平圓之先，全身正立，兩手叉腰，將右足坐實，左足提起屈膝，然後將膝以下之各部，徐徐向外移動，漸漸轉後而從右膝之內側抄出，轉前而回至原處，此為順勢。若逆勢，則先向內移動，由右膝內側轉後，抄至左方轉前而回原處。如此左右各行四次而止，即將左足落下踏實，乃將右足提起，如法亦順逆各行四次。

此種平圓，無論足之為左為右，凡由外轉內者，為順勢；由內轉外者，為逆勢。行時皆以先順後逆為宜。

縱圓之先，亦宜全身正立，兩手叉腰，手之位置則拇指在後，餘四指在前，虎口適當腰隙，亦先將右足用力坐實，腿部宜挺直，不可任其動搖。繼將左足提起屈膝，使

上下腿成曲尺形為度，然後小腿徐徐抬起，使足之位置至前面之斜上方，乃漸漸向前伸出，至膝直時，則向下降，至離地少許處，則向後拖，經過右膝之後側而轉向前面，回覆原處，此係順勢。

若為逆勢，則先向後移，經過右膝後側，漸漸下降，而向前衝出轉上而折回原處。練習之時，亦取順逆各四次為止。左足既畢，即落下踏實，提起右足，依上述之法，亦順逆各行四次而止。

此種縱圈，其圈形之太小，亦與平圈相等。兩足宜先左後右，行時宜先順後逆。

橫圈之先，亦全身正立，兩手叉腰，與以上二勢之起手時完全相同。惟在坐實右腿之後，而其左腿則並不屈膝上提，但向前出挑起，足部離地約三四寸，膝亦不屈，使左腿全部，躺直於前面之斜下方，略如拳法中之寸腿。如此舉定之後，乃徐徐向右方移動，經過右下斜轉上而至正右，再抄起而經右上斜以至正中，乃左移經過左上斜落下而至正左，再下降經過左下斜而至原處，此為順勢。

若逆勢，則先左移，經過左下斜、正左、左上斜、正中，再抄右而經右上斜、正右、右下斜而回原處，如此順逆各行四次而止。乃將左足踏實，右足挑起，依法行之。惟以右足行者，則先左下斜、正左、左上斜、正中、右上斜、正右、右下斜、還原者為順勢，反是則為逆勢，亦順逆各行四次而止。

此種圈法，較以上兩種之圈形較大，惟終不及以全臂行之者耳。

‖ 內部運化之預備練習 ‖

外部之動作，為有形之表演；內部之運化，為無形之作用。無形為先天，有形為後天。凡物皆從無形而至有形，太極拳之注重於運化，亦此理也。

此種拳法，在表面上觀之，其動作有如柔技嫩葉，弱不禁風。但其作用，則深合於太極之理。蓋以心行氣，以氣運身，其理固非俗人所易悟也。以心行氣，則氣無不達；以氣運身，則身無不遂。心之所至，即氣之所至，亦即身之所至，所謂如九曲環者是也。行氣之道，其理玄微，非片言所可盡，亦非於此拳有深切之研究者，不能悟其奧旨。

茲將預備之種種方法，分述如次。俾學者得入手之門徑，以後逐步做去，待造詣既深之後，自能逐漸領悟也。

◆ （一）呼吸之要義

人之氣息，必須調勻，始可心中無滓，而神志靜定。此可於吾人熟睡時驗之，凡安然酣睡之人，其呼吸必甚為停勻；呼氣吸氣之間，其時間長短，毫無參差。蓋此時其內部之精氣神三者，凝固異常也。

吾人行氣之初步，即當從呼吸入手，平時則注意於「調勻」二字。

靜止之時，固宜使呼氣、吸氣之時間，毫無參差；即動作之時，亦宜如此。

外派拳術，則以屏氣為事，往往一路未終，已氣喘如

牛，面紅額汗，即不注意於調和呼吸之所致也。蓋一呼一吸，本自然之機能，若強抑之，則失去自然，而發現種種不良之現象矣。

太極拳之法，以自然為第一要義，又重行氣，故絕不準有強抑之事，此係屬於平時者。

至若吾人於睡眠之前，晨起之後，往往感覺濁氣太甚；則宜至空曠之地，而行吐濁納清之法。此種法則，甚為簡單，即今體操中之呼吸運動耳。

行時宜雙手高張，使肺部開展，然後徐徐從鼻中吸氣一口，再落下其手，使肺部收縮，乃徐徐從口中呼氣一口。行時亦須調勻，如此呼吸，各十二次，則將內部之濁氣，完全吐出，而易清氣。

此法，朝暮各行一回，非但可以使內部清潔無滓，且可以卻除疾病，法又簡而易行，如能將此法每日多行數回最佳，吾人能使內府無滓，而平時之呼吸，又能停勻不亂，則深得自然之旨矣。

此中禁忌，亦頗眾多，即喜怒哀樂之事，亦不得縈於心。因此種種，皆足以亂神擾心，心不寧，則氣亦渙散矣。故欲達到其目的，必先忘卻種種，方始得也。

◆（二）運行之程序

運行其氣之法，雖非一端，而入手之初，則跳不出「設想」二字之範圍。所謂設想者，即以意想達之也。

譬如，我以指指一物，指端並無氣出，我乃假想，此一指者，我之氣已由丹田而達於臂，繼乃由臂、而腕、而

指，終且一縷由指端透出，而及於所指之物。此種設想，在初時自無所表見，然久而亦能成為事實，此即所謂以心行氣之法也。

然其練習，亦有一定之法則，其維何，即係靜坐。夜深人定之後，獨坐靜室中，初時但默念目觀鼻、鼻觀口、口觀心，此無非欲其凝神斂氣寧心，使六賊不生，萬慮皆絕也。

然在初時，猶每感不能收攝，亦須功行到時，始能寧靜。次即以設而行氣，即於靜坐之時，暗想我之氣本凝聚於丹田，今乃運之下行，而達海底，抄尾閭而起，緣脊上行，經玉枕等穴而下，過前額、人中、喉結、心窩、臍輪處，而仍歸於原處。此種設想，本係平空，但久而久之，則心神相合，氣亦竟能隨之運行。惟在行功之時，切不可操之過急，須純任自然；能達此目的，則以後心之所至，即氣之所至，無往不利矣。

惟此一步功夫，頗費時日，大可與太極拳並行。若必先練成此功後而再練拳法，則太費時間矣。

‖練習太極拳之注意點‖

吾人對於有形之表演，及無形之作用，既有相當之預備，乃可進學習其拳法。惟此種拳法，與少林派之拳，完全不同。

蓋動作皆主柔和，勁蓄於內，非若外家拳之專以跳擲剛暴為能事也。茲將練習此拳所應注意之點，分述於下，以資參考焉。

◆（一）姿勢

太極拳之姿勢，固極繁多，然就大體言之，則不出十三總勢。此十三勢者，乃按五行八卦之理也，進、退、顧、盼、定五勢，暗合五行；掤、捋、擠、按、採、挒、肘、靠八勢，暗合八卦；其餘各種姿勢，皆由此化生而出。故此十三總勢，實為練習太極拳所必經之途徑而不容忽視者也。

使能逐日練習，不稍間斷，則若干年後，歷練既深，自能探索此中之精奧，而有益於身心。若貪得之心重，反足以為害。蓋先天之理，難言難悟也。

◆（二）動作

練習外家之拳法，見效雖較為迅速，然流弊極多。太極拳則不然，收效縱不如外家拳之速，而絕無弊害。

蓋專以活動筋骨為主，故一切動作，以柔和停勻為上。惟慢始能柔，勻始能和也。且各種動作，咸成圓形，一圓之中，虛實變化生焉。其無窮之奧妙，悉在此虛實變化之中。特此妙用，在初學之人，絕不能有所領悟；習之既久，始能逐漸悟其意，而練習此拳之奧趣，亦必因之而逐漸增加也。

◆（三）用意

凡練習太極拳之時，以自然為主旨，不尚用氣力，而尚用意。蓋用氣則滯，用力則笨，故以沉氣、鬆力為要

著。氣沉則呼吸調和，力鬆則發展其先天之力，而排除後天之力。先天之力為固有之力，故在勢為順。後天之力為勉強之力，在勢為逆。太極拳以逆來順受、以順制逆為不二法，故注重先天而排除後天。

行時純任自然，不用過分之氣與力，全憑意志為進退；惟其能用意，故能使力蓄於內而不外露，氣沉於丹田而不停滯於胸。惟其不用過分之氣與力，故習之既久，積蓄之氣力愈大，乃能運用自如，毫無困難與勉強。意之所欲，無不可達之境矣。惟所費之時間較多耳。

彼外家之拳法，其力完全流露於外，毫無含蓄。練習之時，表面雖見功效，內部之力，並無加長，此即勉強之故耳。

故習太極拳者，必先知運意行拳之理，與夫自然運化之機，始可望其進步之速，否則徒尚拙力，勉強而行之，則流入外派之歧途，而無成功之望矣。

◆（四）發勁

勁有二端，即剛柔之分也。吾人之動作，固有輕重，而勁亦因之而分大小。勁之大小如何，今且勿論，但有剛柔之分耳。

何謂剛勁？即一往直前，含有抵抗性質，而絕無含蓄者是也。

何謂柔勁？即我勁並不直出，但隨敵人之勁而為運化，不加抵抗者是也。

太極拳之妙處，則全在於以靜制動、以柔克剛。譬如

與人交手之時，並不先取攻勢，彼動我靜，以觀其變。待人既至，而我卻能接受其勁；初不加以抵抗，運其黏柔之勁，而化去敵人頑強之勁；待敵人一擊不中，欲圖再舉之時，然後蹈其瑕隙，順其勢而反守為攻，則敵人力竭之餘，重心移動，則無有不受制者矣。

蓋如敵人在前，用拳擊我，其勁直出，我若迎格之，則非有過彼之力不可。今乃避過其鋒，順其勢而掖之，不費氣力，彼自必前磕矣。此歌訣所謂「牽動四兩撥千斤」者是也。

且太極拳之動作，為無數圓圈所組織。而此圓圈，即重心之所寄，處處立定腳跟，敵人發勁雖強，而可用逆來順受之法，引之入　，待其強勁既出，重心既失，然後從而制之，避實就虛，自能得心應手矣。

◆（五）靈巧

拳術以靈巧為貴，固不僅太極拳然也。即外家拳，亦莫不如是；惟外家拳法，專務拙力，欲達靈巧之目的，實非易易。

蓋拙力乃從勉強而生，今姑不論。若太極拳者，於自然中而求其靈巧之道，斯乃靈而又靈，巧而又巧。但太極拳亦非入手而即能靈巧者，亦須熟習而得之。諺云：「熟能生巧。」太極拳即本此意，而於「熟」之一字中，以求其靈巧者也。

太極拳之優劣，以功夫之深淺為斷。蓋初學之人，以生疏之故，決不能完全得到自然之妙，功夫漸深，則漸合

自然，而於各勢之虛實變化，逐漸領悟。

此虛實變化，即靈巧之所寄，但能了然於虛實變化，則靈巧自見，一舉一動，無不輕靈圓活，如珠走玉盤，無阻滯矣。以視外功之用力、用氣，專注一隅，成為死笨之勁者，迥乎不同。

故太極拳之靈巧，完全在自然中得來，絕無勉強，且亦非勉強所可致。多一分功夫，即增一分靈巧。靜若處女，脫如狡兔，豈彼外家拳之專以叫囂隳突為能事者所可幾及耶。

◆（六）養生

武術之道，尚德不尚力，重守不重攻。故凡功夫愈深之人，其待人接物，皆循規蹈矩，謙恭有禮，此無他，涵養功深也。

蓋練習拳技，所以鍛鍊體魄，使之堅強，實養生之道也。若以此爭強鬥勝之具，則失其本旨矣。太極拳實為養生之不二法門，無論男女老幼，皆可練習。

夫身體之發達，貴能平均，不能失之偏頗。太極拳之動作，處處以輕軟鬆緩為主，一動則全身皆動，任何部分，莫不遍及。動作柔和輕靈，尤合於調和氣血、陶養性靈之旨，而使身體平均發達。

故練此功深之人，皆能獲卻病延年之效。而於爭強鬥勝之心，亦絕不稍動，此非予之妄話，請一觀當代之太極拳家，即可為證也。

太極拳之體用答問

——陳微明

‖ 太極拳之單式練法 ‖

問：太極拳既有益於人生如此，則必須求其普及，使人人可學，而出版之太極拳書又難一覽明瞭，必須如何能使人無師而自習耶？

答：太極拳之運動均是曲線，相連不斷，頗為繁複。余所著之《太極拳術》敘之非不詳，然未學者，欲觀書而得之，亦非易事，蓋非口傳心授不可也。昔許宣平所傳之三十七勢，均為單式教練，今可取其意，將太極拳中最要之式擇出，分式練習。如八段錦等法，無相接聯貫之繁，苟敘之清晰，較易按書學習。

今特分為以下十一式：一、太極起式：二、攬雀尾左右揉手；三、左右摟膝拗步；四、十字手；五、左右扐手；六、左右打虎式；七、左右雙風貫耳；八、左右野馬分鬃；九、左右玉女穿梭；十、左右單鞭下勢；十一、左右蹬腿。每式左右運動，共有二十四次。若能練習，則於身體亦大有益，與練全套太極拳無異也。

問：太極拳起勢如何練法？

答：身正立，兩足平行分開，寬與兩肩等。兩手下垂，兩手毫不著力，向前、向上漸漸提起，提與胸平，手心向下寬與兩肩等。兩臂漸漸收屈，兩手與腰同時下按，按至兩膝處，復漸漸向前、向上提起。週而復始，如是者

練習十次。

問：攬雀尾揉手如何練法？

答：第一式，兩足分開，作丁字步，右足在前，左足在後；如右足尖向南（以下各式均以向南為準），左足尖則向東南，兩足長短之距離，以一直一曲為度。兩足寬之距離，以一足之長為度。兩手平伸，寬與兩肩等，手尖向南；此兩手毫不用力，隨腰漸漸向右轉，轉至手尖向西南，此時坐實右腿。再由右如畫圓圈，隨腰漸漸往左轉，轉至手尖向東南，此時坐實左腿。兩手隨腰復由左向右圓轉，週而復始。往右轉則坐右腿，往左轉則坐左腿，如是者十次。

第二式，左足在前，右足在後，左足尖向南，右足尖向西南，兩足寬長之距離，均如前式。兩手平伸向南如前，隨腰漸漸向左轉，轉至手尖向東南，此時坐實左腿。再由左如畫圓圈，漸漸往右轉，轉至手尖向西南，兩手隨腰復由右向左圓轉。週而復始，如是者十次。第二式與第一式，惟左右不同，其法均同。

第三式，兩足丁字步，右腿坐實在前，左腿伸直在後如前。右手伸向前、向南，高與眉齊，臂稍屈，肘下垂，手心向上、向內，手指斜向上、向東南，左手心正對右脈門處，約二寸許，手指向上；右手與左手隨腰往右圓轉。右手心隨轉向下，左手心隨轉向上，右手在上，左手在下，與腰同時往回收，至全身坐在左腿，兩手隨往後、往上轉動，轉至左肩處，左手心向前，手指向上，右手心向內，手指斜向上。兩手復隨腰前進，坐實右腿，轉至原處

不停，復隨腰往右圓轉，週而復始，如是者十次。

第四式，兩足丁字步，左腿坐實在前，右腿伸直在後如前，左手伸向前、向南，高與眉齊，臂稍屈，肘下垂，手心向上、向內，手指斜向上、向西南，右手心正對左脈門處，約二寸許，手指向上；左手與右手隨腰往左圓轉。左手心隨轉向下，右手心隨轉向上，左手在上，右手在下。與腰同時往回收，至全身坐在右腿，兩手隨往後、往上轉動，轉至右肩處，右手心向前，手指向上，左手心向內，手指斜向上；兩手復隨腰前進，坐實左腿，轉至原處不停，復隨腰往左圓轉。週而復始，如是者十次，與前法同，不另作圖。

第五式，右腿坐實在前，左腿伸直在後如前；兩手伸出，寬與肩等，手尖向上。手心向前；兩手向上鬆起，使手尖向前，手心向下，隨腰往後鬆，至坐實在左腿；兩手復往前按出，兩手不可太過膝，復往上鬆。週而復始，如是者十次。

第六式，左腿坐實在前，右腿伸直在後，兩手之隨腰前進後退均如第五式。

問：摟膝拗步如何練法？

答：第一式，左腿坐實在前，右腿伸直在後，作丁字步如前；右手伸出，正對前胸，手指向上，手心向前，左手在左膝外，手指向前，手心向下。右手心漸漸翻轉向上，往下轉動，復隨腰往後轉，漸漸坐實右腿，此時右手尖向下垂，左手同時往上起，起至胸前，復隨腰由胸前往右，轉至右肩前，此時右手已漸圓轉而上，至坐實左腿

時，左手漸漸往下轉至胸下、腹上之處，右手此時由後漸漸轉至右耳邊，復隨腰往前按至當胸原處，左手亦同時隨腰往下摟，仍至左膝外，眼神隨右手轉動。週而復始，如是者十次。

第二式，右腿坐實在前，左腿伸直在後；左手伸出，正對前胸，手指向上，手心向前；右手在右膝外，手指向前，手心向下。左手同前式之右手，右手同前式之左手，隨腰轉動。週而復始，如是者十次。均如前法。

問：十字手練法？

答：身正立，兩足平行分開，兩手相交作斜十字形，正當胸前，兩手向上、向左右分開，分至與兩肩平時，隨腰下坐，兩手復由左右向內漸漸相合，隨腰上起，起至胸前仍作斜十字，兩手如同畫一大圓圈，隨腰上下。週而復始，如是者十次。

問：抎手練法？

答：兩腿作平行線分開，約距離兩足半之譜；兩手先平分，與肩成為一字，手心向下。右手隨腰往下、往左圓轉，漸漸轉至手心向上，轉至左肩前，手心漸漸向內，坐實左腿，此時左手不動；左手亦隨腰往下、往右圓轉，漸漸轉至手心向上，轉至右肩前，手心漸漸向內，坐實右腿，先坐實右腿之時，左手轉動，右手同時隨腰復往右轉，隨轉手心隨轉向下，與肩成為一字。坐實右腿之時，左手轉至右肩，亦不停，同時隨腰復往左轉，隨轉手心隨轉向下，與肩成為一字，此時右手復轉至左肩處，坐實左腿。兩手隨腰一往一來，圓轉如輪，右手至左肩處，眼神

隨右手轉，左手至右肩處，眼神隨左手轉。週而復始，如是者十次。

問：左右打虎式練法？

答：兩足分開作平行線，如扢手式。先坐實右腿，右手伸直與右肩成一「一」字，手心向下，左手屈在右肩處，手心亦向下，兩手隨腰往下、往左轉，左手由左復向上轉，轉一大圓圈，轉至額上握拳，手心向外，右手轉至胸前握拳，手心向內，兩拳虎口相對，此時坐實左腿；兩手轉動時，眼神隨左手轉動。左拳復向左、向下轉，轉至與左肩成為「一」字，復隨腰向下、向右圓轉，轉至胸前，手心向內，右拳隨左拳同時向左、向下，復轉而向右、向上，轉一大圓圈，轉至額上，手心向外，兩手虎口相對；眼神隨右拳轉動。兩拳左右旋轉，一往一來，如是者十次。

問：左右雙風貫耳練法？

答：右足在前，左足在後，作丁字步。先坐實左腿，兩手相交在左膝上，手心向上，兩手向下，左右分開，開至與兩肩成為一字時，復向前轉，漸轉漸合，合至額前握拳，手心向外，兩拳相對距離約二寸許，腰亦同時前進，至坐實右腿。稍停，兩拳復鬆開為掌，變至手心向上，復向下左右分開如前狀，腰同時向後坐，至左腿坐實。兩手復向前相合，至坐實右腿。如是者十次，若左足在前，右足在後，亦同前法。

問：野馬分鬃練法？

答：兩足作平行線分開，如扢手式。單式練習，步法

不能不變通。若身向南，先坐實左腿；兩手相合，在左膝上，右手在下，手心向上，手尖向東南，左手在上，手心向下，手尖向西南，兩手如抱球狀。

兩手漸漸分開，右手斜向上、向西南分去，手心仍向上，手尖漸轉向西南，左手斜向下、向東北分去，手心仍向下，手尖漸轉向東南，腰隨兩手分時，漸漸移右，坐實右腿，眼神隨右手向西南。稍停，右手心本向上，漸漸往回收，轉至向下，手尖漸轉至向東南，左手心本向下，漸漸往右轉，轉至向上，手尖漸轉至向西南，與右手相合，右手在上，左手在下，兩手如抱球狀，在右膝上。

兩手漸漸分開，左手斜向上，向西南分去，手心仍向上，手尖漸轉向東南，右手斜向下，向西北分去，手心仍向下，手尖漸轉向西南，腰隨兩手分時，漸漸移左，坐實左腿，眼神隨左手向東南。稍停，法如前。如是者往復十次。

問：玉女穿梭練法？

答：右足在前，向南，左足在後作丁字步。先坐實左腿，左手在上，手心向下，右手在下，手心向上，兩手相合，在左膝上。

右手漸漸向上、向前轉，轉至額上，手心向外，手尖向東南，左手同時向前按出，略與胸齊，手心向外，手尖向上，兩手動時，腰亦同時向前進，至右腿坐實。

稍停，右手隨腰向右略轉，轉至手心向下，左手同時亦略向右轉，轉至手心向上，右手在上，左手在下相對，隨腰往回收，隨收隨轉，轉至右手仍在下，左手仍在上，

兩手相合，坐實左腿，與前起式同。

復往前進，如是者十次。如左足在前，右足在後，則先坐實右腿，兩手相合在右膝上，一切均如前法，惟左右手上下交換耳。

問：左右單鞭下勢練法？

答：左腿坐實，右腿伸直，兩足寬之距離約一足長。左手伸出，手心向前，手尖向上，與左足尖同一方向。左臂略屈，肘正對膝，不可太伸直，右臂向後伸直，五指下垂，與右腿同一方向，眼神看左手，作單鞭式。

身隨腰漸漸收回往下坐在右腿上，愈低愈好，低至左腿伸直。身不可太俯，頭仍要有頂勁，左手隨腰向回收。收至右肩處，轉而向下，至左膝處。

復隨腰向上起，起至與眉齊，手心仍向外，右手同時隨腰向下、向左轉一圓圈，向上轉至左肩，左手又復隨腰向回收，轉而向下，右手復向右轉，至伸直如前。兩手隨腰上下，如輪圓轉，如是者十次。右足在前，左足在後，作單鞭勢，均如前法。

問：左右蹬腿練法？

答：先正立作十字手式向南，兩手略向上，漸漸分開，如半月形。右手向西，左手向東，分開之後，兩手指均向上，右腿同時提起，向西蹬出。右腿收回，右手由右往左，與左手手心相對，左手略在上，右手略在下，同時隨腰由左往右、往下圓轉，右足同時隨腰隨兩手往西邁步坐實，兩手由下圓轉往上相合，作十字，兩手同時分開，左手向東，右手向西；左腿提起，向東蹬出。

　　左手復由左往右，與右手手心相對，右手略在上，左手略在下，同時隨腰由右往左、往下圓轉，左足同時隨腰隨兩手，往東邁步坐實，兩手由下圓轉往上相合作十字，兩手復分開，左足蹬出。如是者十次。

‖ 太極拳之推手 ‖

　　問：初學推手可用力否？

　　答：不可用力。《打手歌》云：「掤、捋、擠、按須認真。」掤、捋、擠、按四字要分清楚，擠、按坐前腿，掤、捋坐後腿，先照規矩，每日打數百手或數千手，則自然兩腿有根，腰極靈活。一年之後再彼此找勁（找勁者，彼此不照規矩，隨意攻擊化解）。找勁不可太早，太早則喜用力，成為習慣，不能得精巧之意。

　　問：掤、捋、擠、按四字能包涵無窮之變化耶？

　　答：此四字內含之意思無窮。即如一「按」字，有輕靈而進者，有重實而進者，有左重右虛而進者，有左虛右重而進者，有兩手開之意而進者，有兩手合之意而進者。

　　如一「擠」字，有正擠者，有偏擠者，有加肘擠者，有換手擠者。而用臂之各點，又時時變換，如此點之中心已過，即改用彼點。節節是曲線，節節是直線；處處是黏勁，處處是放勁。所謂曲中求直者是也。

　　又有摺疊而擠者，或翻上摺疊，或翻下摺疊，均隨敵人之意而變換之。

　　如一「掤」字，或直掤，或橫掤；或在上掤，或在下掤。黏在敵人之臂或手，隨時變換方向。

　　總之，不要敵人在我臂上或身上得有一目的而可以放勁。若敵人將得有目的，即立時改變其方向。惟須黏住不可丟離，若敵人丟離，速速打去，所謂逢丟必打是也。

　　如一「捋」字，有向上捋者，有向下捋者，有平捋者。捋之中有攦，有機會則用，若用勁整快，則手臂或斷矣。

　　問：不動步推手與動步推手孰要？

　　答：不動步推手，所以練腰；腰若靈活，化人之勁而有餘，則可不用步。

　　動步推手，兼練腰步，若敵人敏捷，則不得不運用步法與之周旋。既有腰而步法又活，則變動方向更速，得機得勢，遊刃有餘。

　　問：大捋之用如何？

　　答：大捋是走四隅，採、挒、肘、靠。「採」是採住敵人之手，使之不易變動；「挒」是用掌挒之，使敵人欲放勁之時而中斷；「肘」是用肘；「靠」是用肩。大捋之步法更大而速，非兩腿有勁不能輕靈變化。

　　問：除掤、捋、擠、按、採、挒、肘、靠八法之外，尚有他法否？

　　答：聞尚有抓筋、按脈、閉穴、截膜、擒拿、弸放、抖擻、切錯諸法。余不過略聞其名，尚未知其用也。

　　問：推手全不用力，若敵力太大直逼吾身，將奈之何？

　　答：推手雖不用力，然練之數年，自然生一種掤勁。此種掤勁，並非有意用力，而敵人之力自能掤住不能近

身。初學者鬆開練習數年，使全身毫無僵硬之處，亦可練習掤勁推手。雖用掤勁，須隨腰轉，俗也謂之老牛勁。

問：太極拳推手之意以何為宗？

答：自以王宗岳先生《太極拳論》為宗。若違乎《太極拳論》之意者，則敢斷言其錯誤。

問：《太極拳論》之外，尚有發揮精意者否？

答：有李亦畬先生之《五字訣》，發揮拳論之意亦甚扼要。茲錄其訣如下。

一曰心靜。心不靜，則不專一。一舉手，前後左右全無定向，起初舉動未能由己，要悉心體認，隨人所動。隨屈就伸，不丟不頂，勿自伸縮。彼有力，我亦有力，我力在先；彼無力，我亦有力，我意仍在先（**按此數語，略有語病，應云無論彼有力無力，我之意總在彼先**）。要刻刻留心，挨何處，心要用在何處，須向不丟不頂中討消息。從此做去，一年半載便能施於身。此全是用意，不是用勁，久之則人為我制，我不為人制矣。

二曰身靈。身滯，則進退不能自如，故要身靈。舉手不可有呆象。彼之力方礙我皮毛，我之意已入彼骨裏，兩手支撐，一氣貫穿。左重則左虛，而右已去；右重則右虛，而左已去。氣如車輪，周身俱要相隨。有不相隨處，身便散亂，便不得力，其病於腰腿求之。先以心使身，從人不從己；後身能從心，由己仍從人。由己則滯，從人則活。能從人，手上便有分寸。稱彼勁之大小，分釐不錯；權彼來之長短，毫髮無差。前進後退，處處恰合，工彌久而技彌精。

三曰氣斂。氣勢散漫，便無含蓄，身易散亂。務使氣斂入骨，呼吸通靈，周身罔間。吸為合、為蓄。呼為開、為發（按先天之呼吸之體，吸開呼合；後天呼吸之用，吸合呼開）。蓋吸則自然提得起，亦拿得人起；呼則自然沉得下，亦放得人出。此是以意運氣，非以力運氣也。

四曰勁整。一身之勁，練成一家。分清虛、實，發勁要有根源。勁起於腳跟，主宰於腰，形於手指，發於脊背。又要提起全副精神，於彼勁將出未發之際，我勁已接入彼勁，恰好不後不先；如皮燃火，如泉湧出；前進後退，無絲毫散亂；曲中求直，蓄而後發，方能隨手奏效。此謂借力打人，四兩撥千斤也。

五曰神聚。上四者俱備，總歸神聚。神聚則一氣鼓鑄，練氣歸神，氣勢騰挪，精神貫注。開合有數，虛實清楚，左虛則右實，右虛則左實（按此係指自身之虛實而言）。虛非全然無力（按此「力」字改作「意」字佳），氣勢要有騰挪；實非全然占煞，精神要貴貫注。力從人借，氣由脊發。胡能氣由脊發？氣向下沉，由兩肩收入脊骨，注於腰間，此氣之由上而下也，謂之合。由腰形於脊骨，佈於兩膊，施於手指，此氣之由下而上也，謂之開。合便是收，開便是放。能懂得開合，便知陰陽。到此地位，工用一日，技精一日，漸至從心所欲，罔不如意矣。

尚有《撒放秘訣》四句。一曰擎。擎開彼身借彼力，中有靈字。二曰引。引到身前勁始蓄，中有斂字。三曰鬆。鬆開我勁勿使屈，中有靜字。四曰放。放時腰腳認端的，中有整字。以上乃李亦畬先生所傳，亦甚精要。

問：二人比手之時，究以身壯力大為占便宜，然否？

答：二人比手亦猶用兵，多算勝少算，無算者雖勇必敗。比手則意多者勝，無意者敗，蓋彼用之力我知之甚悉，我用之意虛實無定，奇正相生，一意方過、二意又發，二意方過、三意又發。老子所謂一生二、二生三、三生萬物，變化無窮。喜用力者，必為力所拘，不能隨時隨處變化。用意者，屈伸自由，縱橫莫測。機至發動，如電光之閃、炸彈之發，彼雖跌出，尚不知所以然，此意之勝於力無疑也。

問：推手聽勁（知覺對方用力之方向、長短，謂之聽勁）只用兩臂，他處亦須聽勁否？

答：聽勁功夫，先練習兩臂，久而久之，全身皆需練習聽勁。黏在何處，其處皆有知覺，皆能懂勁。敵掌或拳，挨近吾身，皆能化去其力，使之落空。方能謂之真懂勁也。

問：黏住敵人，一動手彼即跌出，是用何法？

答：《太極拳論》云：「有上即有下，有前即有後，有左即有右。」此三語最宜注意。所謂誘之以利，攻其不備者也。孫武子曰：「備前則後寡，備後則前寡，備左則右寡，備右則左寡。無所不備則無所不寡。」寡者，不備之意也。蓋備前則忘後，吾攻前正所以攻後；備左則忘右，吾攻左正所以攻右，與兵法正同矣。

問：不黏也可聽勁否？

答：亦或有此理。內家拳不外煉精化氣，煉氣化神、煉神還虛三種境界。若能煉精化氣，則體魄堅剛，外力不

入。若能煉氣化神，則飛騰變化，意動形隨。若能煉神還虛，則人我兩忘，形神俱遣。至此境界，雖不黏而亦能制人矣。

問：八卦掌步行圓式，移步換形，變化無窮，不知太極亦有圓轉之步法否？

答：昔楊少侯先生曾教余二人右手相黏，由下往上畫一圓圈，兩人之步亦作圓形向右旋轉，右步在內，一起一落仍在原處，左步前邁，步落地極輕，所謂邁步如貓形者是也。左手相黏，則左步在內，右步前邁向左旋轉，此係功人黏手練習。聽勁之意，亦在其內，而移步換形，步法之變法與八卦無異。

問：黃百家內家拳法有應敵打法色名若干，如長拳滾砍、分心十字、擺肘逼門、迎風鐵扇、異物投先、推肘捕陰、彎心杵肘、舜子投井、剪腕點節、紅霞貫日、烏雲掩月、猿猴獻果、縮肘裹靠、仙人照掌、彎弓大步、兌換抱月、左右揚鞭、鐵門閂、柳穿魚、滿肚疼、連技箭、一提金、雙架筆、金剛跌、雙推窗、順牽羊、亂抽麻、燕抬腮、虎抱頭、四把腰等名目。今之太極拳亦有之否？

答：此皆用法之名。太極拳用法，聽人之勁，隨機應變，本無定法。昔時以形之近似面假以名，歷時既久，未敢強解以說；然其用法，未必盡失其傳也。其要為敬、緊、徑、勁、切五字。

敬者，時時留意不敢散漫也；緊者，即沾連逼緊之意也；徑者，近也，用最近捷之法也；勁者，堅剛之意，極柔軟然後極堅剛也；切者，相密切而不丟離也。

問：太極拳必求其柔，柔之利益何在？

答：求其柔者，所以使全身能撤散而不連帶也。假如推其手，手動而肘不動；推其肘，肘動而肩不動；推其肩，肩動而身不動；推其身，身動而腰不動；推其腰，腰動而腿不動，故能穩如泰山。

若放人之時，則又由腳、而腿、而腰、而身、而肩、而肘、而手，連為一氣，故能去如放箭。若不能柔，全身成一整物，力雖大，然更遇力大於我者推其一處，則全身皆立不穩矣。柔之功用，豈不大哉！故能整、能散、能柔、能剛、能進、能退、能虛、能實，乃太極拳之妙用也。

問：太極拳不用抵抗力，何以推不能動？

答：太極拳雖不用抵抗力，然不用力而練出之掤勁，極為圓滿；不但兩臂有之，全身處處皆有。故功夫深者，彼雖有時不用化勁，而亦推之不動，其抵抗力實為極大。此非有意之抵抗，所謂重如泰山者是也。

問：有時用力推之而覺無有，何耶？

答：此即是化勁。能不丟、不頂，其長短、緩急，均與來者適合，如捕風捉影，處處落空。看是甚輕，而不知乃是提起全副精神運用腰腿，所謂輕如鴻毛者是也。

問：推手之拿法如何？

答：太極之拿，並非用大力按住，使之不能動也。其原理有三。

一，所拿之直線方向，能背住對方之力，不能用力翻過。

二，對方之力雖大，我不與抵抗，略隨之起轉一圓圈，則彼力自斷，復隨我之曲線而轉至原處，不能翻過。此皆含有幾何及力學之理。

三，內勁充足，雖輕輕黏住對方，亦不能動。一、二，法也；三、勁也。知法而無勁，有勁而不知法，皆不能拿人，皆不可缺者也。

問：《太極拳論》云：「捨己從人。」豈自毫不作主張乎？

答：論所謂「捨己從人」者，即老子所謂與之為取也。隨彼之長短，則視我之功夫之大小，功夫小者，則隨之必長，必俟其力盡後，方能回擊。功夫漸大者，則隨之亦可漸短，俟其力之半途斷時，即可回擊。功夫愈大者，則隨之極微，彼力已斷，即可回擊。有時黏住彼力，竟不能發出，即可放勁，則不必從人而自作主張矣。

問：放勁時沉著鬆淨、專主一方，是否全身之勁皆去？

答：是，全身之勁去，故放之必遠。若只兩臂之勁，則有限矣。太極放人之勁極長，而功夫愈大者，則其動愈短，有時不見其動，而人已跌出。蓋其動雖短，其勁仍甚長也。

問：《太極拳論》云：「動中求靜靜猶動。」如推手之時，動中如何求靜？

答：推手與人相黏，隨人轉動，動之中，須有靜意。如動中無靜，是為流動，則動必不能穩。假如敵人乘我之動而放勁，流動必為人放出。動中有靜意，隨時能聽勁變

化，不易為人放出。靜之中須有動意，如靜中無動，是為死靜，則靜必不能活。假使敵人乘我之靜而放勁，死靜必為人放出，靜中有動意，隨時能聽勁變化，不易為人放出。此最精之理也。

問：推手掤、捋、擠、按用同一之法，有施之甲而能放出，施之乙不易放出則又何故？

答：此各人身體剛柔動作之性質不同也。有臂軟而腰硬者；臂硬而腰軟者；有臂腰俱軟者；有臂腰俱硬者。故用同一之法而效則異。此則須捨其活動難放之處，打其不動易放之處；捨其活動難放之時，打其動完易放之時，則每發必中矣。

問：何謂難放易放之處？

答：譬如甲此處甚活、彼處不活，即打其不活之處、易放之處。

問：何謂難放、易放之時？

答：譬如甲正動之時，方向已變，不得中心，是難放之時。此時中心將過得第二個中心，彼來不及變動，則是易放之時也。

問：何謂退中求進？

答：假使敵人進迫，我不能不退，然有時手臂黏住之處隨彼之進而回屈者，而同時身步反往前伸進，彼力完時，我手隨腰放勁，則彼跌出更遠。

問：太極拳最要是不丟、不頂。假使對方能聽勁，二人不丟、不頂，則永遠不能將人放出，將如之何？

答：假使對方兩臂均能聽勁，不能得其機會，而身上

尚未能聽勁，忽然乘機丟斷，速往身上放勁，亦有時能將
對方放出。所謂勁斷而意不斷也。

問：前言不黏之時亦能聽勁，其情形如何？

答：黏住人不能將我打出，是能聽黏住之勁；不黏住
人即能將我打出，是不能聽不黏住之勁。不黏住之勁亦要
能聽，無論不防之時，人不能將我打出，則是功夫純到而
能聽不黏住之勁也。

‖ 太極拳之散手 ‖

問：太極拳之散手如何用法？

答：太極拳七十餘式均是散手。既有散手，何必又習
推手之法？蓋太極拳散手之變化均由推手聽勁而來，能聽
勁則散手方能用之而適當。若不黏住敵人，不知聽勁，則
用散手，亦猶外家拳之格打，未必著著適當也。《太極拳
論》云：「由著熟而漸悟懂勁（著即是散手），由懂勁而
階及神明。」可見「著熟」是第一層功夫，「懂勁」是第
二層功夫。著熟不難，懂勁最難。

譬如敵人打一拳來，若不先黏住，則不能聽人之勁；
不能聽人之勁，則不能或左、或右、或高、或低、或進、
或退而施用散手。既黏住之後，若敵人手往上起，則亦隨
之而起，即可以左手擊其胸部；若敵人手往下落，則隨之
下落，以左手擊其面部。若敵人手往前進，勁偏於左，則
隨之向左化去其力，即可分手以左手黏之，騰出右手擊其
頭部；勁偏於右，則隨之向右化去其力，以左手擊其頭部
或肩部。若敵人抽拳，則趁勢向前放勁。

此略言其大概也。

總之，太極之散手與他種拳之散手不同。太極拳之散手是由黏住聽勁而出。他種拳之散手是離開而各施其手腳，遠則彼此不相及，近身則互相抱扭，仍有力者勝焉。

許君禹生所作《太極拳勢圖解》，每式之後，均附以應用，甚為詳細。余曾叩之楊澄甫先生，云：「太極拳術若將散手用法加入，則更備矣。」先生曰：「太極拳散手隨機應變，無一定法。若會聽勁，則聞一知百；若不會聽勁，雖知多法，亦用不好。」故余所著之書，未將散手加入也。

孫武子曰：「知己知彼。」後人發先人至。太極聽勁，全是知彼功夫。能黏住敵人，彼不動，我不動；彼微動，我先動。彼不會聽勁，一動即跌出矣。若太極拳聽勁功夫尚不能到，不能黏住敵人，則不必與人動手可也。

問：若遇他派拳家手腳極快，一時不能黏住，將奈之何？

答：他派拳均以離開見長，然離開過遠，亦不能打上吾身。若欲打上吾身，必繫手足能相及之處，彼近吾身，則吾可黏之矣。黏住之後，則可聽彼之勁，急動則急應，緩動則緩隨，若遇此時，不可膽小，急進身黏之。黏住則無危險，不黏則彼可得勢矣。

問：二人黏手聽勁之功夫略等，亦能施用散手否？

答：此則不易施用。蓋俱能聽勁，則不使之脫離故也。若一方能丟離而施用散手，則其功夫必較深。故精於太極者，黏住人，則對方決難施其散手。故黏手之功夫至

為重要，而不可輕視之也。

問：攬雀尾之用法如何？

答：敵如右拳打來，我以右手黏之，敵如又用左拳打來，則左手黏其手腕，進右步。如右步本在前，則不必進。以右臂将之，彼如向後奪，則趁其奪勁擠之或按之，看其形勢如何而應用之可也。

問：單鞭之用法如何？

答：單鞭之用，係應付左右兩面之敵，有時亦用雙掌。

問：吊手有何用？

答：吊手是捲勁，用時先以指，繼以手指之骨節，繼以手背，繼以腕骨，如輪之向前、向下轉動。

問：提手用法？

答：我進右拳或右掌時，敵若以右手下按我之右腕，則隨其按勁而下鬆，以左手分其右手，騰出右手由下而上提，由腹、而胸、而下頦、而鼻，此向上之提勁也。

問：白鶴亮翅用法？

答：我進右掌或右拳，敵若以左手往下按我右腕，以右拳回擊，則吾右手隨其下按之勁而下鬆，以左手黏其右拳略往下採，右手從右邊旋轉而上，以手背擊其太陽穴，此名為反珠掌。

問：摟膝拗步用法？

答：敵擊右拳，我以左手往外摟，以右掌擊其胸部；反之敵若擊左拳，我以右手往外摟，以左手擊其胸部亦可。

問：手揮琵琶用法？

答：敵若以右拳打來，其臂甚直，我以右掌接其腕，以左掌接其肘，往右用腰勁；兩掌相錯，則彼之臂必受傷；若勁整時，則肘處之骨節或斷也。此即捋勁，亦謂之撅勁。

問：進步搬攔錘用法？

答：敵若以右拳打我胸部或腹部，則以右拳由上往下接按其腕，手心向上，以左掌擊其面部。彼若以左手接吾左掌，則速以右拳擊其腹部或胸部，即所謂緊三錘也。

問：如封似閉用法？

答：我擊右拳時，彼若左手橫推吾肘，我則以左手由肘外接其腕，隨彼推勁而往右領，右手騰出，適按其肘節，兩手齊按，則彼跌出矣。

問：十字手用法？

答：此我兩手黏住彼之兩手，有時欲用分勁或用合勁時用之。

問：抱虎歸山用法？

答：抱虎歸山乃應兩面敵法，故先分手。敵若由右面斜進來打，我即以右手由上接黏之，以左掌擊其面部。設又有敵人由左面來攻，則轉身以單鞭擊之。楊少侯先生云：抱虎歸山，尚須下身抄虎之前後腿，蓋又一種練法也。

問：肘下錘用法？

答：此連環三手也。以右掌或拳橫擊敵之太陽穴，設敵以左手由外來格，則抽回，藏左肘下，以左掌擊其面

部。設彼又格我左掌，則右掌由肘下擊其胸部，三手必有一中也。

問：倒攆猴用法？

答：敵若以右拳擊我胸部或腹部，則以左掌採其右腕，含胸坐後腿，以右掌擊其面部。敵若以左拳擊我胸部或腹部，則以右掌採其左腕，含胸坐後腿，以左掌擊其面部。

問：斜飛式用法？

答：吾擊右掌或右拳時，敵若以左手往右推吾右肘，則以左手從右肘探其左手，騰出右手，向其太陽處擊之，此即挒勁也。

問：海底針用法？

答：敵若握吾右腕時，則用海底針式，彼即不能得力，手必鬆散。

問：扇通臂用法？

答：敵握吾右腕，即用海底針化去其力；彼若上奪，則順勢右手上抬，進左步以左掌擊其胸部。

問：撇身錘用法？

答：我用右掌擊敵，彼若以手下按，則隨其下接之力沉肘，以拳下擊其胸部，左掌擊其面部，此亦謂之觔斗錘。

問：抎手用法？

答：抎手本為練腰之要式，兩手如輪，所以捋敵之手也。或敵由後面來擊，我轉腰以臂接之，翻掌擊其肩部。

問：高探馬用法？

答：敵擊右拳，我以左掌接之，以右手擊其面部。

問：右分腳用法？

答：敵若以左掌或拳來擊，吾進右步以左手接其腕節，以右臂撅之，起右腳踢其腹部。敵若以右掌或拳來擊，吾進左步以右手接其腕節，以左臂撅之，起左腳踢其腹部。

問：轉身蹬腳用法？

答：敵由後面來擊，則轉身分手擊其面部，隨以足蹬之，使之不能防也。以下蹬腳大概相同。

問：栽錘用法？

答：設敵伏身以手擊吾下部或摟吾之左足，即以左手摟開，以右拳下擊之。

問：白蛇吐信用法？

答：與撇身錘相同，不過此用掌耳。

問：披身伏虎式用法？

答：敵雙手握我右臂，則右臂隨腰往下、往右轉動，則可化彼之力；以左手握其右肘，騰出右手，可以繞上橫擊其頭部。

如雙手握我左臂，則向左轉動，以右手握其左肘，騰出左手，繞上擊其頭部。

或敵左手推吾右腕，吾以左手由臂下接其左腕，騰出右手，以拳擊其腰部。反之，敵若右手推吾左腕，吾以右手由臂下接其左腕，騰出左手，以拳擊其腰部。惟兩足亦必隨勢而邁動，如練拳時之步式。

問：雙風貫耳用法？

答：設吾雙手前按時，敵以兩手下壓，則順勢由下分開，上擊其耳門。

問：野馬分鬃用法？

答：敵若右拳擊吾頭部或胸部，則我以右手往左採之；進左足，邁至彼之身後，以左臂進抵其胸，腰往左轉，則彼身必往左跌。敵若左拳來擊，吾左手往左採之，進右足邁至彼之身後，以右臂進抵其胸；腰往右轉，則彼身必往右跌。

問：玉女穿梭用法？

答：敵以右拳或掌擊我頭部，我以左臂上掤，以右掌擊其胸部；凡我臂與彼相粘時，彼手若上起，則可以玉女穿梭式擊之，勢順而易也。

問：單鞭下勢用法？

答：下勢係因敵人猛力往前，則坐身以化其力，然後起而擊之。

問：金雞獨立用法？

答：與敵貼身太近時，則以掌或拳擊其下頦，同時以膝擊敵之小腹。

問：上步七星用法？

答：敵若以拳由下往上擊吾面部，則以兩拳架而放之，此亦截勁也。或同時起右足，踢其下部，凡足虛點，皆預備用足也。

問：退步跨虎用法？

答：同上步七星法，設敵力甚大，復往前進，則退步分手，領彼之拳傾向旁側，則起左足踢之。

問：轉腳擺蓮用法？

答：敵若以右拳來擊，吾以右手往右領，以左手推其肘，則可旋轉身軀，以右足踢其背部。

問：彎弓射虎用法？

答：敵若往右推吾右臂，即順其勁往右鬆，彼力盡後，則以右拳轉至彼右脅下，用腰勁回放之。

以上所舉散手用法，不過言其大概，然敵之來勢無定，我何能執一定之法而禦之？

總之，非隨機應變不可。若欲隨機應變，非平時推手練出極靈敏之感覺，雖手疾眼快，亦不能用之密合而無間。故用散手，仍須由黏手變化而來，不然雖記得打法、解法數百手，亦不能應付千門萬派之拳腳。

太極唯有一「黏」字；千變萬化，皆由「黏」字而出。《太極拳論》云：「人不知我，我獨知人，英雄所向無敵，蓋由此而及也。」蓋推手之法，全是練習知人功夫。他派拳法雖好，惟無推手，故全靠手疾眼快。然一黏住，則不知勁來之方向長短，不免有抵抗或落空之弊。孫子曰「知己知彼，百戰不殆」，即此意也。

問：黏住敵人之手，彼若用腳，則將如何？

答：亦可隨時知覺，彼用腿則身必動。彼將起腳我往下採其手，則彼腿自不能抬起而落下。或彼將起腳我進步插襠放之，則彼自立不穩而跌出。蓋兩足立地，尚有時不能立穩，何況一足？敵若用掃腿，均可前進放勁。

彩色圖解太極武術

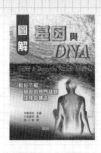

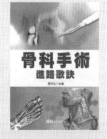

品冠文化出版社

快樂健美站

運動精進叢書

太極武術教學光碟

太極功夫扇
五十二式太極扇
演示：李德印 等
(2VCD)中國

夕陽美太極功夫扇
五十六式太極扇
演示：李德印 等
(2VCD)中國

陳氏太極拳及其技擊法
演示：馬虹(10VCD)中國
陳氏太極拳勁道釋秘
拆拳講勁
演示：馬虹(8DVD)中國
推手技巧及功力訓練
演示：馬虹(4VCD)中國

陳氏太極拳新架一路
演示：陳正雷(1DVD)中國
陳氏太極拳新架二路
演示：陳正雷(1DVD)中國
陳氏太極拳老架一路
演示：陳正雷(1DVD)中國
陳氏太極拳老架二路
演示：陳正雷(1DVD)中國
陳氏太極推手
演示：陳正雷(1DVD)中國
陳氏太極單刀・雙刀
演示：陳正雷(1DVD)中國

郭林新氣功
(8DVD)中國

本公司還有其他武術光碟
歡迎來電詢問或至網站查詢
電話：02-28236031
網址：www.dah-jaan.com.tw

原版教學光碟

歡迎至本公司購買書籍

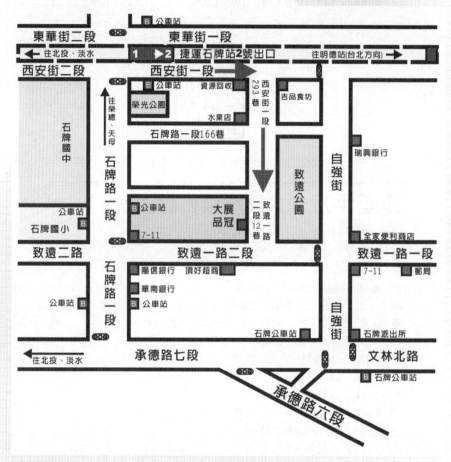

建議路線

1. 搭乘捷運‧公車

　　淡水線石牌站下車，由石牌捷運站 2 號出口出站(出站後靠右邊)，沿著捷運高架往台北方向走(往明德站方向)，其街名為西安街，約走100公尺(勿超過紅綠燈)，由西安街一段293巷進來(巷口有一公車站牌，站名為自強街口)，本公司位於致遠公園對面。搭公車者請於石牌站(石牌派出所)下車，走進自強街，遇致遠路口左轉，右手邊第一條巷子即為本社位置。

2. 自行開車或騎車

　　由承德路接石牌路，看到陽信銀行右轉，此條即為致遠一路二段，在遇到自強街(紅綠燈)前的巷子(致遠公園)左轉，即可看到本公司招牌。

國家圖書館出版品預行編目資料

神運無方—太極拳論秘譜匯宗 / 何欣委編著.
——初版，——臺北市，大展，2016 [民 105.04]
面；21公分—（武學釋典；22）
ISBN　978-986-346-110-4（平裝）
1.太極拳
528.972　　　　　　　　　　　　　　105001829

神運無方—太極拳論秘譜匯宗

編　　著／何 欣 委
責任編輯／朱 曉 峰
發 行 人／蔡 森 明
出 版 者／大展出版社有限公司
社　　址／臺北市北投區（石牌）致遠一路 2 段 12 巷 1 號
電　　話／（02）28236031，28236033，28233123
傳　　真／（02）28272069
郵政劃撥／01669551
網　　址／www.dah-jaan.com.tw
E-mail／service@dah-jann.com.tw
登 記 證／局版臺業字第 2171 號
承 印 者／傳興印刷有限公司
裝　　訂／眾友企業公司
排 版 者／菩薩蠻數位文化有限公司
授 權 者／北京人民體育出版社
初版 1 刷／2016 年（民 105 年）4 月

定價／350元

大展好書　好書大展
品嘗好書　冠群可期

大展好書　好書大展
品嚐好書　冠群可期